专利侵权合理许可费赔偿制度研究

李军 著

中国社会科学出版社

图书在版编目（CIP）数据

专利侵权合理许可费赔偿制度研究/李军著.—北京：中国社会科学出版社，2020.8

ISBN 978-7-5203-6963-3

Ⅰ.①专⋯ Ⅱ.①李⋯ Ⅲ.①专利侵权—赔偿—司法制度—研究—中国 Ⅳ.①D923.424

中国版本图书馆 CIP 数据核字(2020)第 145691 号

出 版 人	赵剑英
责任编辑	孔继萍
责任校对	赵雪姣
责任印制	郝美娜
出　　版	中国社会科学出版社
社　　址	北京鼓楼西大街甲 158 号
邮　　编	100720
网　　址	http://www.csspw.cn
发 行 部	010-84083685
门 市 部	010-84029450
经　　销	新华书店及其他书店
印刷装订	北京市十月印刷有限公司
版　　次	2020 年 8 月第 1 版
印　　次	2020 年 8 月第 1 次印刷
开　　本	710×1000　1/16
印　　张	18.25
插　　页	2
字　　数	279 千字
定　　价	108.00 元

凡购买中国社会科学出版社图书,如有质量问题请与本社营销中心联系调换

电话:010-84083683

版权所有　侵权必究

摘　　要

我国专利侵权损害赔偿存在"赔偿低、举证难、周期长"等问题，已经制约了我国科技创新发展，专利侵权赔偿中的合理许可费制度有适用简单、便捷的特点，是美、日、德等西方发达国家专利侵权损害赔偿制度的主流。但该制度在我国适用率极低，而原本兜底适用的法定赔偿适用率却达到98%以上。因此，研究改进专利合理许可费赔偿制度在我国适用有其必要性和重大意义。

我国专利侵权赔偿中的合理许可费制度起步较早，但发展缓慢。在现阶段，专利侵权合理许可费赔偿制度存在适用范围狭窄、适用顺序固化、适用模式单一、适用过程简陋的问题。存在上述问题的原因主要有：我国专利转化率低、许可贸易不发达导致可参照许可合同确定的许可费不多；我国虚假诉讼现象在一定程度上存在，导致法院对许可合同真实性保持谨慎态度；我国法官在适用自由心证时往往省略心证过程，导致裁判过程过于简陋；对我国专利侵权合理许可费制度法律条文的限缩性解释导致在没有可以供参考的相同专利的许可费时，直接适用法定赔偿。

专利权属于民事财产权利范畴，应从民事财产权损害赔偿理论探求专利合理许可费赔偿的理论基础。在以物权为代表的有形财产权受到侵害时，物权人丧失了通过在该物上设立用益物权的物权性方式或通过租赁契约的债权性方式允许他人使用自己物的权利，因此也丧失允许他人使用而获得的收益，权利人可以请求相当于用益物权使用费或租金的赔偿。人格权财产性权益受到侵害，权利人也可以请求人格权财产性权益许可费赔偿。专利侵权合理许可费赔偿是指法官以有意合法制造、销售或使用该专利以获得市场合理利润的人，在市场上所愿意支付的许可费数额，直接拟定为专利权人最低应获得赔偿额，具有财产性、预期性、属人性、确定性的事实属性和法定性、拟定性、裁量性的法律属性。三种财产权利（益）侵权损害合理许可使用费赔偿有相同之处亦有不同之处。专利权人在获得合理许可费赔偿的同时是否获得停止侵害的判决对专利侵权合理许可费赔偿的性质有影响。

专利侵权合理许可费赔偿不应适用不当得利制度。合理许可费赔偿数额应高于一般协商许可合同许可费，"高于"的幅度或数量是通过"合理"来调整的。在大多数情况下，计算基数并不是权利人与他人签订合同确定的许可费，而是和侵权行为相匹配许可合同确定的许可费。根据司法解释和司法实践，我国合理许可费赔偿的较高倍数具有一定惩罚性功能，在惩罚性功能由惩罚性赔偿承担后，合理许可费赔偿"倍数"的设置依然有保留必要。

专利侵权侵害的主要是权利人的所失利益，专利损害赔偿额难以计算，因而损害赔偿规范说更适合于专利侵害赔偿。只要有侵权行为发生，就应认定权利人受有损害。根据全面赔偿原则，专利侵权损害赔偿目的是弥补权利人所失利益，这种利益是专利权利用而产生收益的减少或丧失，是专利价值的减损。合理许可费赔偿是将许可费直接拟定为权利人所失利益，是权利人所受损害客观计算的结果，不论权利人是否因侵权行为受到损失或侵权人获得利益，侵权人都应以合理许可费予以赔偿，因此其具有补偿性质，是权利人所失利益最低保障。

合理许可费赔偿制度可以从伦理学、民法学和经济学角度论证其制度正当性。从伦理学角度看，损害赔偿制度是通过对权利人全面补偿来实现矫正正义。传统有形财产损害以存在物质性事实损害为基础，难以适用于无形财产权的专利侵权，但在权利人主观处分自己财产权意志亦受到损害方面，无形财产权和有形财产权并无不同。合理许可费赔偿不考虑专利权人是否有许可事实和许可意愿，只要存在侵权行为，就认为权利人受有损害，专利权人即可请求合理许可费赔偿，从而实现对权利人全面补偿，彰显损害赔偿中人本主义价值；从民法角度看，合理许可费赔偿制度是信赖理论在侵权领域运用，意味着对未来可期待经济利益的保护，是社会信赖关系稳定延续的保障。作为损害赔偿客观计算方法，合理许可费赔偿避免了损害赔偿主观计算方法根据权利个体不同情况承担不同举证责任导致举证困难的窘态，最大限度实现补偿功能，实现了对权利人保护的周全；从经济学角度看，合理许可费赔偿制度体现了责任规则和财产规则的结合，在正常许可费的基础上加以调整以达到完全弥补权利人损害目的。合理许可费赔偿制度简单、便捷地确定权利人损失额，增强了诉讼可预期性。

我国专利侵权合理许可费赔偿制度应借鉴国外经验并结合我国实际做出改进。从制度改进总体思路来看，现阶段我国引进美国的"虚拟谈判法"确定合理许可费赔偿额制度的时机不成熟，该制度和我国现有法定赔偿制度在适用前提、考虑因素、适用过程和作用等方面存在一定重叠；裁判中要加强法官自由心证过程的呈现，增强裁判说服力。

从制度改进具体建议来看，在灵活许可费适用模式方面，我们应允许权利人自由选择适用模式，允许合理许可费赔偿和其他赔偿模式并用，实现对权利人完全赔偿；在扩大适用范围方面，法定赔偿阶段的许可费因素应提前到合理许可费赔偿阶段考虑，把适用合理许可费赔偿的基准扩大到相似专利的许可费；在明确合理许可费倍数赔偿的参考因素方面，从专利权本身权利特征、当事人之间市场竞争关系、侵权专利对于侵权人商业价值、侵权人主观状态四个方面细化合理倍数确定的参考因素，对参考因素和赔偿额关联性进行对比分析，考虑其对赔偿额正或负向影响，以增加合理许可费赔偿适用合理空间，同时提高判决可预测性。标准必要专利合理许可费赔偿应受 FRAND 许可原则指引，权利人只应获得专利所带来的利益，考虑到专利累积和专利劫持的问题，可以设置最高许可费率限制。当然许可合理许可费赔偿可以借鉴其他国家经验，赔偿额不能超过许可费 2 倍。

关键词：专利侵权合理许可费　赔偿　适用范围　参考因素

ABSTRACT

The problem of low compensation, difficulty in proof and long period in China patent infringement, has restricted the developmenttechnological innovation in China. With the characteristics of simple and convenient application, the reasonable royalty of patent infringement, is the mainstream patent infringement of western developed countries such as Germany and the United States. However, the application rate of the institution in China is less than 1%, originally as fallback for statutory damages has reached more than 98%. Therefore, it is necessary and significant to study the improvement of the application of reasonable royalty in patent infringement in China.

The patent right belongs to the domain of civil property rights, which is necessary to seek the theoretical basis of the reasonable royalty from the theory damages in civil property rights. When the tangible property right represented by real right is violated, the real right person has lost the right to establish usufructuary right on the matter, or to allow others to use their own property through the contractual way of the lease contract. Therefore, the right holder may claim compensation for the use real right. Property interests of personality rights are violated, the right holder may claim reasonable royalty of property interests of personality rights. The reasonable royalty of patent infringement refers to the minimum amount compensation that a judge directly formulated, it is based on license fee the person who legally manufactures, sell or use the patent to obtain a reasonable market profit, will be willing to pay in the market. The reasonable royalty has factual attribute in Property, anticipation, human nature, certainty and legal attribute in legality, formulation discretionary. The three types of reasonable royalty have similarities and differences.

The unjust enrichment system should not be applied to the reasonable royalty of patent infringement. The amount of the reasonable royalty should be higher than the general agreement license fee, and the "higher" amplitude or quantity is adjusted by "reasonable". In most cases, the calculation base is the license fee not by the license contract but the contract match with infringement. According to the judicial interpretation of the Supreme Court and judicial practice, the higher multiple of reasonable royalty has a certain punitive function, after the punitive function is assumed by punitive damages, the set of the "multiple" of the reasonable royalty is still necessary.

Patent infringement is mainly the lost profit of right holder, the damages of patent infringement are difficult to calculate, so the norm theory damage is more suitable for patent infringement. As long as the infringement occurs, the right holder shall be deemed to be harmed. According to the principle of comprehensive compensation, the purpose of patent infringement damages is to make up for the lost interest of the right holder. This interest is reduce or loss of the profit generated by the patent right, which is the loss of the patent value.

Reasonable royalty is thelost profit which directly set the the license fee for. and it is the result of the objective calculation of the damage to the right holder. No matter whether the lost profit or infringers profits, the infringer should make compensation with the reasonable license fee, so it has the nature of compensation, which is the lowest guarantee for the right person to lose interest, the reasonable royalty compensation is necessary, so it has the character of compensation, which is the the minimum security of right holder.

The reasonable royalty institution can demonstrate its institutional justice from theperspective of ethics, civil law and economics.

From an ethical perspective, the damage compensation system is to achieve corrective justice through comprehensive compensation to right holders. The damage of traditional tangible property is based on material damage, which is difficult to apply to patent infringement of intangible property rights, but the will of subjective disposal of rights holders is damaged, which is no different from the damage of tangible property rights. Reasonable royalty does not consider whether the patentee has the license facts and permission intention. As long as there is infringement, the rights holder is deemed to have damages, and the patentee can request for reasonable royalty compensation, thus achieving full compensation to the right holder, highlighting the value of humanism in damages.

From the perspective of civil law, the reasonable royalty compensation system is the application of trust theory in the field of infringement, which means that we can expect the protection of economic interests in the future, and it is a guarantee for the stability and continuity of social trust relations. As an objective calculation method of damage compensation, the reasonable royalty compensation avoids the dilemma of difficulty in subjective calculation method of damage based on individual rights of different rights, and maximizes the compensation function to realize the protection of rights holders.

From the perspective of economics, the reasonable royalty compensation system embodies the combination of liability rules and property rules, and adjusts on the basis of license fees, so as to to completely compensate for the damages of rights holder The reasonable royalty system makes it simple and convenient to determine the loss of the right holder, enhance the predictability of the litigation, promote the prompt settlement of the reasonable parties or the choice of litigation, avoid excessive litigation, and achieve the purpose of saving judicial resources and litigation economics.

The reasonable royalty of patent infringement in China started earlier, but it is slow to develop. At this stage, the system has the problems of narrow application scope, solidified application order, single application mode, and simple application process. The reasons are as follows: there are not many established royalties; Sham false lawsuits exist to a certain extent; judges are reluctant to apply the free confession, and even if they are applicable, the confession process is often omitted; judges are reluctant to apply free evaluation of evidence, and even if they are applicable, they often omit the process of conviction; Constriction understanding of legal provisions

From the perspective of institutional improvement, we should not introduce the "hypothetical negotiation" in the United States to determine reasonable licensing royalty, which is overlapped with the existing statutory compensation system in China; In the referee, it is necessary to strengthen the presentation of the judge's free evaluation process and enhance the persuasiveness of the referees.

From the specific proposals for institutional improvement, in terms of flexible use of reasonable royalty, we should allow rights holders to freely choose the applicable model and allow reasonable royalty tobe used in combination with other compensation models to achieve full compensation to right holders; IN terms of expanding the scope of application, the licensing fee factor at the statutory compensation stage should be considered in advance to the stage for reasonable royalty; the basis for the application of reasonable royalty should be expanded to the license fee for similar patents, Statutory compensation can only be applied if there are no similar or similar patents of the same or similar industries that meet the conditions for analysis.

In clarifying the reference factors for reasonable royalty, the Georgia-Pacific15 factors and the explicit exploration of the United States to determine the reasonable royalty must be used for reference in China.

To refine the reference factors of reasonable multiples from four aspects: the characteristics of the right of the patent itself, the market competition relationship between the parties, the infringement patent for theinfringer's business value and the subjective. And a comparative analysis of the correlations between reference factors and compensation amounts is needed, considering its positive or negative impact on the amount of compensation, to increase the reasonable license fee compensation and improve the predictability of the judgment.

Reasonable royalty compensation for standard essential patents should be guided by FRAND licensing principles, Right holders should only obtain the benefits of patents, Considering the patent holdup and royalty Stacking, the maximum license rate limit can be set. Reasonable royalty compensation for license of rights can draw on the experience of other countries, and the amount of compensation cannot exceed 2 times the license fee.

Key words: patent infringement   reasonable royalty   scope of application
    reference factors

目　　录

第一章　导　论 …………………………………………………（1）
第一节　研究背景 ………………………………………………（1）
第二节　研究意义 ………………………………………………（3）
　　一　理论意义 …………………………………………………（3）
　　二　实际应用价值 ……………………………………………（5）
第三节　国内外研究现状及评述 ………………………………（6）
　　一　专利侵权合理许可费赔偿的理论基础 …………………（8）
　　二　确定"合理"应考虑的因素 ……………………………（14）
　　三　我国专利侵权赔偿中的合理许可费制度存在的
　　　　问题以及改进 ……………………………………………（20）
第四节　研究范围和研究方法 …………………………………（22）
　　一　研究范围 …………………………………………………（22）
　　二　研究方法 …………………………………………………（23）
第五节　创新点 …………………………………………………（23）

第二章　我国专利侵权赔偿中的合理许可费制度存在
　　　　　问题及原因分析 ………………………………………（25）
第一节　我国专利侵权赔偿中的合理许可费制度的发展历程 ……（25）
　　一　积极探索阶段 ……………………………………………（26）
　　二　初步确定阶段 ……………………………………………（28）
　　三　全面确定阶段 ……………………………………………（31）

第二节　我国专利侵权赔偿中的合理许可费制度存在的问题 …… (35)
　　一　适用范围狭窄 …… (37)
　　二　适用顺序固化 …… (43)
　　三　适用模式单一 …… (45)
　　四　适用过程简陋 …… (46)
第三节　我国专利侵权赔偿中合理许可费制度存在问题
　　　　原因分析 …… (51)
　　一　可参照的许可合同确定许可费不多 …… (51)
　　二　法院对许可合同的真实性保持谨慎态度 …… (52)
　　三　损害赔偿证据采信过于严格，法官自由心证缺乏
　　　　过程呈现 …… (53)
　　四　专利侵权赔偿合理许可费制度法律条文限缩性解释 …… (54)
本章小结 …… (55)

第三章　专利侵权赔偿中的合理许可费制度的理论基础 …… (57)
第一节　民事契约上的许可费理论 …… (57)
　　一　物权使用许可费 …… (58)
　　二　人格权财产性权益许可费 …… (59)
　　三　专利许可费 …… (61)
　　四　民事契约上许可费的比较 …… (67)
第二节　专利法上合理许可费理论 …… (70)
　　一　专利强制许可中的合理许可费 …… (70)
　　二　标准必要专利许可中的合理许可费 …… (72)
　　三　专利当然许可中的合理许可费 …… (74)
　　四　专利法上合理许可费的比较 …… (74)
第三节　财产性权利（益）侵权赔偿中的合理许可费理论 …… (75)
　　一　物权侵权赔偿中的合理使用费 …… (76)
　　二　人格权财产性权益侵权赔偿中的合理许可费 …… (79)
　　三　专利侵权赔偿中的合理许可费 …… (83)
　　四　财产性权利（益）侵权合理许可费赔偿的比较 …… (101)

本章小结 …………………………………………………… (102)

第四章　专利侵权赔偿中的合理许可费制度的性质 ……………… (105)
　第一节　有关专利侵权赔偿中的合理许可费的性质的
　　　　　观点及评述 …………………………………………… (105)
　　一　有关专利侵权赔偿中的合理许可费制度的性质的
　　　　观点 ……………………………………………………… (105)
　　二　专利侵权合理许可费赔偿制度与不当得利制度 ………… (107)
　第二节　"合理"——补偿抑或惩罚 ………………………………… (112)
　　一　关于"合理"性质的争议及评析 ………………………… (112)
　　二　合理许可费赔偿和惩罚性赔偿的协调 …………………… (118)
　第三节　专利侵权赔偿中的合理许可费与专利的价值 …………… (122)
　　一　有关侵权损害学说以及运用于专利侵权的适合性 ……… (123)
　　二　有关价值理论学说及运用于专利价值的适合性 ………… (129)
　　三　专利侵权损害赔偿中的权利人所失利益是
　　　　专利价值减损 …………………………………………… (134)
　　四　合理许可费赔偿是专利权人所失利益的最低保障 ……… (138)
　本章小结 …………………………………………………… (145)

第五章　专利侵权赔偿中的合理许可费制度的正当性 ……………… (147)
　第一节　专利侵权赔偿中的合理许可费制度的伦理学分析 ……… (147)
　　一　专利侵权赔偿中的合理许可费制度的社会正义价值 …… (148)
　　二　专利侵权赔偿中的合理许可费制度的人本主义价值 …… (154)
　第二节　专利侵权赔偿中的合理许可费制度的民法学分析 ……… (157)
　　一　从契约自由到契约正义 …………………………………… (158)
　　二　信赖理论在侵权法中的运用 ……………………………… (160)
　　三　损害赔偿计算方式从主观到客观 ………………………… (161)
　　四　侵权法中的补偿功能和预防功能 ………………………… (165)
　第三节　专利侵权赔偿中的合理许可费制度的经济学分析 ……… (168)
　　一　专利制度与资源的优化配置 ……………………………… (169)

二　专利侵权损害赔偿制度中的财产规则和责任规则 ……… (171)
　　三　专利侵权合理许可费赔偿制度中的责任规则和
　　　　财产规则 …………………………………………………… (178)
　　四　专利侵权赔偿中的合理许可费制度的诉讼成本
　　　　效益分析 …………………………………………………… (180)
　本章小结 ……………………………………………………………… (182)

第六章　我国专利侵权赔偿中的合理许可费制度的改进 ………… (185)
　第一节　改进的总体思路 …………………………………………… (185)
　　一　现阶段我国引进美国"虚拟谈判法"确定合理许可费
　　　　赔偿的时机不成熟 ………………………………………… (185)
　　二　我国专利侵权合理许可费赔偿中法官自由心
　　　　证应充分呈现 ……………………………………………… (201)
　第二节　具体的改进建议 …………………………………………… (206)
　　一　灵活适用合理许可费赔偿模式 ………………………… (206)
　　二　扩大合理许可费赔偿的适用范围 ……………………… (212)
　　三　明确专利侵权合理许可费倍数赔偿的参考因素 ……… (228)
　第三节　法定赔偿的命运 …………………………………………… (248)
　本章小结 ……………………………………………………………… (250)

第七章　结论与展望 …………………………………………………… (252)
　第一节　结论 ………………………………………………………… (252)
　第二节　研究的局限 ………………………………………………… (257)
　第三节　研究的展望 ………………………………………………… (257)

参考文献 …………………………………………………………… (259)

第一章

导 论

第一节 研究背景

专利制度对激励技术创新,促进社会创新发挥了重要作用,已经成为社会持续发展的基本保障。专利制度兼具良好权利获得机制和权利救济机制才能发挥其作用。专利侵权损害赔偿制度是专利权利救济机制核心内容,是专利制度的重要组成部分。对专利侵权赔偿制度的研究已经成为专利法学研究的基础课题。2014年6月23日在第十二届全国人民代表大会常务委员会第九次会议发布的《全国人民代表大会常务委员会执法检查组关于检查〈中华人民共和国专利法〉实施情况的报告》指出我国专利保护效果和创新主体的期望存在较大差距,存在专利维权时间长、举证难、成本高、赔偿低等问题。① 同时,专利侵权损害赔偿不足、维权成本高、侵权成本低对技术创新起到抑制作用。2018年2月中共中央办公厅、国务院办公厅印发了《关于加强知识产权审判领域改革创新若干问题的意见》,要求建立体现知识产权价值的侵权损害赔偿制度,坚持知识产权创造价值,权利人理应享有利益回报的价值导向,着力破解知识产权侵权诉讼"赔偿低"的问题。② 我国已经制订了在2020年建设成为

---

① 全国人民代表大会常务委员会执法检查组关于检查《中华人民共和国专利法》实施情况的报告,http://www.npc.gov.cn/npc/xinwen/2014-06/23/content_1867906.htm,2017年10月2日最后访问。

② 《关于加强知识产权审判领域改革创新若干问题的意见》,参见新华网 http://www.xinhuanet.com/2018-02/27/c_1122462230.htm,2018年3月8日最后访问。

创新性国家的计划,在这一目标实现过程中,有效能的专利侵权赔偿制度具有重要意义。

在专利侵权诉讼中,侵权赔偿责任承担是双方争议焦点,我国专利法第65条规定了专利权人所受损失、侵权人获利、许可费合理倍数以及法定赔偿四种侵权赔偿方式。但四种方式适用比例差别巨大,原本作为兜底规定的法定赔偿被大比例适用,远远高过其他三种方式的适用。2012年中南财经政法大学完成的《知识产权侵权损害赔偿案例实证研究》对2008年6月1日至2011年12月31日期间全国各级法院关于知识产权案件做出的4768件生效判决书进行了实证研究,在专利侵权案件中,采取权利人损失、侵权人获利、许可费合理倍数、法定赔偿各占比例分别是1.67%、0.48%、0.60%、97.63%。一方面是由于专利侵权纠纷事实认定复杂,当事人举证不能或不愿举证而径行选择法定赔偿;另一方面,法院从司法效率角度考虑,也愿意适用法定赔偿。但法定赔偿大比例的适用并没有取得良好的司法和社会效果,其适用的随意、赔偿推理论证的不严密以及赔偿额和原告预期存在明显差距等问题受到了学界的诟病。

与此同时,专利侵权赔偿中的合理许可费(以下简称专利侵权合理许可费赔偿)制度适用却在司法裁判中所占比例极小,刘强等在所统计的1674件(1993—2013年)案件中,采用专利侵权合理许可费赔偿的案件只有34件(约2%)[1],专利侵权合理许可费赔偿远没有发挥应有作用。专利侵权合理许可费赔偿制度适用简单、便捷,在权利人所受损失和侵权人获利的赔偿方式中,专利权人须证明损害或获利的存在,损害或获利和侵权行为之间的因果关系,这对无形财产的专利损害赔偿是极为困难的,而在合理许可费赔偿中,权利人一般只需证明侵权行为的存在,就可以请求以合理许可费赔偿。在美、德、日等西方国家,合理许可费赔偿制度是主要的专利赔偿制度,从2008年到2013年间,美国合理

---

[1] 刘强、沈立华、马德帅:《我国专利侵权损害赔偿数额实证研究》,《武陵学刊》2014年第5期。

许可费赔偿适用比例平均为81%；德国合理许可费赔偿是最常见的方式。① 日本合理许可费赔偿的适用率过半，成为损害赔偿计算的主流方式。②

面对我国专利侵权合理许可费赔偿制度适用比例过小的困境，我们需要思考究竟是该制度不适合我国专利权保护制度运行国情，还是我们对其性质认识不清晰导致适用偏差？目前国内对专利侵权损害赔偿的研究主要集中在侵权构成、法定赔偿及惩罚性赔偿等方面，对合理许可费赔偿的研究不多。

因此本研究从专利合理许可费赔偿制度的理论基础、法律性质以及制度正当性等方面入手，对我国专利合理许可费赔偿制度存在问题以及改进等方面提出建议，以期对存在问题的解决有所裨益。

第二节 研究意义

一 理论意义

（一）充分发挥专利侵权损害赔偿制度功能

专利权侵权损害赔偿制度在专利制度中占有重要地位，专利侵权赔偿制度的良好运行对专利侵权救济、技术创新激励、经济发展促进都有着重要的作用，不仅有助于促进专利创造、运用、管理和保护，而且有助于社会资源的最大化，实现社会整体的福利。权利人在遭受侵权时，损害赔偿是最常用民事救济方式，和权利人的切身利益和专利权司法保护力度息息相关。但是，专利权损害赔偿额的确定一直以来是司法实践的重点和难点。专利权客体无形性和非物质性，使得专利权损害后果难以似侵害有形财产权一样可以直接计算损失。一般认为我国专利侵权赔偿存在侵权赔偿低，维权周期长，法定赔偿适用比例过高等问题。专利侵权损害赔偿制度的重要功能是补偿权利人损害，专利权人损害要得到

---

① L. Coury C'est, "What? Saisie! A Comparison of Patent Infringement Remedies Among the G7 Economic Nations", *Media & Entertainment Law Journal*, Vol. 13, No. 4, 2003, p. 1101.

② 徐小奔：《论专利侵权合理许可费赔偿条款的适用》，《法商研究》2016年第5期。

充分补偿，专利权人利益才能得到维护。专利侵权合理许可费赔偿制度减轻了专利权人的举证责任，专利权人更容易获得赔偿。专利合理许可费是专利价值的体现，实现了专利权人损害赔偿的最低保障。因此，改进专利侵权合理许可费赔偿制度，可以充分发挥专利侵权损害赔偿制度功能，实现对权利人充分损害赔偿救济。

(二) 本土化国际专利侵权损害赔偿制度

本书有助于深入研究、系统总结、合理借鉴国外专利侵权赔偿中的合理许可费制度的成功经验。在世界科技创新领域，美国长期处于领先的地位，这和美国长期重视专利制度建设，专利保护的强度不断增加是密切相关的。美国《1787宪法》第1条第8款第8项规定国会有权"通过使作者和发明人对其作品和发现获得有期限的专有权利，以促进科学和有用技术的进步"。该条款被称为美国宪法的著作权和专利条款。

美国在长期的专利权赔偿的实践中在制度上删除了侵权人获利而广泛适用合理许可费赔偿制度，那么合理许可费赔偿制度的理论基础和性质是什么？合理许可费赔偿制度是否有正当性？美国通过"虚拟谈判法"确定合理许可费赔偿制度是否值得我国借鉴？要想对这些问题得出正确的认识，为我国的专利侵权损害赔偿制度的创新提供理论支持，必须以严谨科学的态度加以研究。合理许可费赔偿制度是美、德、日等国运用最为广泛的赔偿制度，我国在借鉴国际专利侵权赔偿先进经验时，要充分考虑国内外专利侵权赔偿制度建构的不同，必须和我国专利制度土壤相结合，充分实现本土化，才能实现法律移植目的，产生法律移植期望的效果。

(三) 落实专利法激励创新的目的

当今知识产权保护已经成为世界范围关注的议题，世界贸易组织的《与贸易有关的知识产权协议》（以下简称TRIPS协议）规定了世界贸易组织的成员对于知识产权保护的最低标准①，由此可见，针对知识产权保护细节，诸如损害赔偿额等问题，TRIPS（Agreement on Trade – Related Aspects of Intellectual Rights）《与贸易有关的知识产权协议》并未明文规范，留待成员国自行规定。合理许可费赔偿的适用，通常在于权利人难以证明所失利益和侵权行为之间的因果关系时，为了避免权利人因此无从获得赔偿而设计的制度，目前已经成为美国专利侵权损害赔偿的主要依据。

专利法立法宗旨一般遵循功利主义理念，通过给予专利权人排他性权利从而获得垄断性利益来弥补专利权人开发专利技术的费用等成本，同时激励专利权人继续科技创新，最终达到社会福利最大化的目的。专利权人侵权赔偿额不足，专利权人创新积极性就会严重挫伤，这将与专利法激励创新最终增加社会福祉的立法宗旨相悖。而专利侵权合理许可费赔偿制度的改进和优化，使专利权人的损害赔偿最低限度也可以获得合理许可费。合理许可费赔偿制度简单、便捷的特点使权利人较为容易获得损害赔偿，从而比较好地落实了专利法激励创新的目的。

二 实际应用价值

（一）为司法裁判者、诉讼参与者提供相关参考

我国专利侵权合理许可费赔偿制度存在适用范围狭窄的特点，总体来说，我国法官对专利侵权合理许可费赔偿制度适用持谨慎态度，司法解释关于专利侵权合理许可费赔偿考虑因素的规定过于简陋，在给予法官较大自由裁量权同时，也使裁判变得不可预测，此现象长期存在将有损司法权威性。本研究对专利侵权合理许可费赔偿适用范围扩大以及合理许可费赔偿参考因素明确化等建议，试图使该制度适用具有相对可预测性，为司法裁判者、诉讼参与者提供相关参考，使当事人对诉讼结果有较为理性预期判断，在一定程度上使司法资源获得最大效益。

---

① TRIPS 协议第四十五条第一项规定，"对于故意或有充分理由应知道自己从事侵权活动的侵权人，司法机关有权责令侵权人向权利持有人支付足以补偿其因知识产权侵权所受损害的赔偿。"同条第二项则进一步规定："司法机关还有权责令侵权人向权利持有人支付有关费用，其中可包括有关的律师费用。在适当情况下，各成员可授权司法机关责令其退还利润和/或支付法定的赔偿，即使侵权人不是故意或没有充分理由知道自己从事侵权活动。"

(二)在专利商业许可中发挥"司法定价"作用

专利商业许可中许可费实际上是许可合同双方对专利在未来使用收益的分配,一般价值高的专利收益也高,因此,专利许可合同的签订首先要解决的问题之一是专利价值的确定。

由于作为无形财产的专利权客体具有无形性和非物质性特点,有形财产价值确定行之有效的成本法、市场法等方法并不能完全适用于专利价值确定,专利价值的确定也就成为难题。专利价值是由市场主导的,是市场博弈的结果,在专利侵权损害赔偿中,市场价值从财产属性和市场交易的视域来确定专利侵权赔偿的边界,相对而言具有比较强的可操作性以及可预见性,能更好兼顾和平衡专利权创造、运用的创新激励。专利技术使用者在商业许可谈判中给出的专利许可价格一般不会超出专利侵权损害赔偿额,作为理性经济人,专利技术使用者主动去寻求专利许可,会产生经济成本,如果专利使用人选择未经许可直接使用专利,最坏的结果不过是支付侵权赔偿额,而专利侵权行为还有可能未被发现。因此如果专利权人要求的许可费高于侵权赔偿额,从经济角度考虑,专利使用者不如直接侵权使用专利。从而可见司法裁判所确定的合理许可费赔偿数额对专利市场价值有着强烈的指引作用,专利司法裁判确定的赔偿额是专利市场价值形成的重要参考,市场价值形成和确定强烈依赖权威的"司法定价"。

第三节 国内外研究现状及评述

国内有关专利侵权合理许可费赔偿制度的研究不多,尚未见一篇有关专利侵权合理许可费赔偿制度的博士论文。有关专利侵权损害赔偿的博士论文,通过检索中国期刊网,笔者发现有华中科技大学 2012 届贺宁馨的博士论文《我国专利侵权诉讼有效性的实证研究》,该文主要基于管理学理论对我国专利侵权诉讼的有效性进行了理论研究,通过实证证实我国专利赔偿制度的有效性;辽宁大学 2008 届王鹏的博士论文《中国专利侵权法律制度的经济学分析》,该文主要利用经济学理论,对我国专利制度的正当性进行经济学上的论证。但两篇论文的研究内容均未具体涉及专利侵权合理许可费赔偿制度。张鹏2017年4月出版专著《专利侵权损害赔偿制度研究》，对专利侵权合理许可费赔偿有一节论述，主要阐述了专利合理许可费赔偿的基本原理和适用，但对我国专利合理许可费赔偿的存在问题分析不够深入，没有分析专利合理许可费赔偿制度和法定赔偿、惩罚性赔偿的协调和联系。

有关知识产权领域损害赔偿的研究，笔者检索中国期刊网仅有西南政法大学朱玛2015届博士论文《侵害知识产权损害赔偿问题研究——以损害为中心》，该文认为：知识产权损害应采用"规范说"，只要权利或者受法律保护的利益受到侵害就构成损害，是一种可期待利益的丧失；符合损害赔偿理念的损害计算方式实际上只有权利人实际损失和许可使用费用这两项。在国家图书馆纸质博士论文库检索到范晓波2005届博士论文《知识产权侵权损害赔偿问题研究》，该文认为：价值问题是解决损害赔偿问题的关键，运用经济学价值理论研究了知识产权价值，认为知识产权人所失利益是知识产权价值的丧失。上述两篇博士论文中仅有知识产权侵权合理许可费赔偿制度的简单论述，没有针对专利侵权合理许可费赔偿制度进行深入的研究，更无针对我国专利侵权合理许可费赔偿制度的分析。

专门论述专利侵权合理许可费赔偿制度的核心期刊论文仅见三篇，范晓波发表于2016年第8期《知识产权》上的《以许可使用费确定专利侵权损害赔偿额探析》，该文论述了我国专利侵权许可费赔偿制度的不足以及改进的措施。徐小奔发表于2016年第5期《法商研究》上的《论专利侵权合理许可费赔偿条款的适用》，该文深入地论述了专利侵权合理许可费赔偿制度理论基础以及适用条件，但对我国专利侵权合理许可费赔偿制度存在问题以及具体解决建议较少涉及。张扬欢发表于2017年第12期《电子知识产权》上的《专利侵权之许可费损失赔偿研究》主要涉及许可费赔偿和利润损失并列的问题。其他涉及专利侵权合理费赔偿的论述都集中在主题为专利侵权赔偿的文章中，仅仅是此类论文中的一段或一笔点过，论述欠深入。

国外的有关专利侵权合理费赔偿制度的文献主要集中于美国的合理许可费赔偿制度研究，重点集中于论述美国确定专利侵权合理许可费的

Georgia – Pacific 要素①的适用及改进上。

有关专利侵权合理许可费赔偿制度研究主要集中于三个方面：专利侵权合理许可费赔偿的理论基础；对"合理"的确定应考虑的因素；我国专利侵权合理许可费赔偿存在的问题以及改进。

一　专利侵权合理许可费赔偿的理论基础

传统有形财产权的损害赔偿理论主要有差额说和组织说，王泽鉴认为：损害系指权利或利益受到侵害时所生之不利益。易言之，损害发生前之状态，与损害发生后之情形相比较，受害人所受之不利益，即为损害之所在②；曾世雄指出："组织说"认为损害是因遭遇侵权行为而产生的不利益状况自身。不利益状态自身即为损害，损害范围不过是为了评价损害的金钱换算的间接事实或认识根据而已，数额的判断评价属于法官的裁量事项，即将损害事实与损害赔偿数额的确定在判断过程中严格区别开来。③

传统有形财产的损害赔偿理论对无形财产损害的解读存在不适性的论文主要有：徐银波认为：传统损害赔偿规则及理念是针对以"物"为主导的时代所建构的，在无形标的蔚然勃兴、人格权及人格权所蕴含的经济利益愈加被关注的现今，其难以应对侵害无形标的损害救济问题，与之大相径庭的获益型侵权，也无法再公平适用；④朱玛认为：损害采用规范说，即只要权利或者受法律保护的利益受到侵害就构成损害，本质上是一种可期待利益的丧失，符合损害赔偿理念的损害计算方式实际上

---

① 在 Georgia – Pacific Corp. v. United States Plywood Corp 318 F. Supp. 1116（1970）一案中，美国法院通过15个分析因素模拟进行假设性双边协商以决定合理许可费赔偿，15 因素包括：（1）已经确定的许可费；（2）相似专利许可费；（3）授权范围与限制；（4）专利权人的独占地位；（5）专利权人与被许可人之间关系；（6）附随销售；（7）授权期间；（8）专利产品商业上的成功；（9）专利技术的进步性；（10）专利商品化的程度；（11）侵权程度；（12）发明带来的利润；（13）利润分摊；（14）专家证人的意见；（15）假想协商。
② 王泽鉴：《侵权行为法》（第一册），中国政法大学出版社2001年版，第34页。
③ 曾世雄：《损害赔偿法原理》，中国政法大学出版社2001年版，第78页。
④ 徐银波：《侵权损害赔偿论》，中国法制出版社2014年版，第185页。

只有权利人实际损失和许可使用费用这两项①；林威融认为：差额因素具有不确定性，在一般市场的因素中，经济景气、市场需求及饱和，以及专利权人本身的经营能力或有不善等常见要素往往伴随着商业交易起伏的重要一环，如何举证排除之，本有困难，并非如支持此计算方式学者所述，得完全跳脱损害与侵害行为之相当因果关系，故如何合理的计算，实为一大考验。②

对于专利侵权合理许可费赔偿的理论基础，杨彪认为："许可费丧失说"的合理性表现在行为人因侵权行为而不当获得许可费，或者行为人因侵权行为不当节省本应支付给受害人的许可费③；范晓波认为：许可使用费是专利权价值的体现，是专利权损害赔偿额确定的依据④；徐小奔认为：市场获利机会应作为合理许可费赔偿的概念基础；专利许可费赔偿应在体系上被视为最低赔偿的基准额；仅仅持有专利权并不直接产生市场利益，只是使权利人具有取得市场利益之可能性，专利利益实质上乃是一种以市场获利可能性为对象的机会利益；机会损害是在确定存在机会条件降低的事实后，在价值层面全盘考虑案件中的各项不利益事实要素，最终对损害的价值予以评估并用金钱数额予以表示。因此，机会损害是以规范损害说为理论基础，本质在于对专利权人自由意志（独占支配效力的意志层面）进行价值估量；规范的损害是与差额说所不同的独立的损害概念，其损害范围的确定依赖于法官的价值判断，但并不意味着专利机会损害就是"恣意的"主观估价⑤；周汉威认为，专利侵权损害是指从侵害专利权人独占权的角度考虑，因侵权产品市场销售而导致的

---

① 朱玛：《侵害知识产权损害赔偿问题研究》，博士学位论文，西南政法大学，2015年，第23页。
② 林威融：《论专利侵权损害赔偿之计算》，硕士学位论文，台湾大学，2009年，第23页。
③ 杨彪：《可得利益的民法治理：一种侵权法的理论诠释》，北京大学出版社2014版，第45页。
④ 范晓波：《以许可使用费确定专利侵权损害赔偿额探析》，《知识产权》2016年第8期。
⑤ 徐小奔：《论专利侵权合理许可费赔偿条款的适用》，《法商研究》2016年第5期。

损害可以视为权利人市场机会的丧失①；阮开欣认为，专利侵权行为会导致许可费收入减少，以假设权利人与侵权人之间的许可合同为基础计算许可费。②

现有的研究探讨了传统有形财产损害赔偿理论对于作为无形财产的专利损害赔偿的不适应性，传统财产损害赔偿的权利人所失利益的赔偿方式不能很好地应对专利侵权赔偿，因而将合理许可费赔偿拟定为权利人损失，确定为独立的赔偿方式。但现有研究仅提出合理许可费赔偿的是市场机会损害，没有再对市场机会损害的属性进一步分析，因而缺乏对合理许可费赔偿特有的事实属性和法律属性的探讨。

关于专利侵权赔偿的前提研究，即法院在判决专利侵权损害赔偿时是否同时判决被告停止侵害，对专利侵权赔偿性质的影响。法院判决被告专利侵权赔偿的同时，如果判决不停止侵害，相当于给予被告专利司法强制许可；如果法院判决被告停止侵权，并以合理许可费作为赔偿方式，则不存在司法强制许可。

中外学者们主要集中在对美国"eBay案③"判决对专利侵权赔偿影响的研究。如美国学者德尼古拉（V. DeNicolaò）等认为：法院不颁发禁令并没有使侵权人获得好处，事实有可能相反，一方面，侵权人规避侵权设计新产品不可能；另一方面，专利使用费，甚至是"加重赔偿"（enhanced damages），又近似于事实上的禁令。④ 迈克尔·卡罗尔（Michael W. Carroll）认为：禁令仅作为增加许可谈判力量的手段时，会损害专利制度所要鼓励技术创新及公众获得技术信息的权利，eBay案是专利

---

① 周汉威：《论专利侵权损害赔偿范围及计算——专利权人所失利益之界定》，硕士学位论文，台湾铭传大学，2005年，第43页。

② 阮开欣：《解读美国专利侵权损害赔偿计算中的合理许可费方法》，《中国发明与专利》2012年第7期。

③ eBay Inc. v. MercExchange, L. L. C, 547 U. S. 388, 391 (2006).

④ V. Denicolò, D. Geradin, A. Laynefarrar, et al., Revisting Injuctive Relief: Interpreting ebay In High-Techindusries With Non - Proacticing Patent Holders", *Journal of Competition Law & Economics*, Vol. 4, No. 3, 2007, p.571.

政策的意见表示（eBay is about patent policy）。① 高莉认为，eBay 案体现了美国专利政策从财产规则向责任规则的转变。② 郭羽佼、闫文军认为，法院对颁布禁令自由裁量权有限度扩大，有利于减少专利权人利用诉讼或许可谈判谋取不合理专利费用的诱因，使得高质量的创新能更快速更顺利地商业化，并最终服务消费者。③ eBay 案中并没有提到任何有关强制许可的决定，而专利法亦没有关于此的明文规定，强制许可在专利制度下是稀有产物，最高法院拒绝创造出强制许可的要求。而在 eBay 案，最高法院的判决是否将强制许可制度引进专利制度中，在美国很多法院认为答案是肯定的。一旦法院拒绝核发永久禁令，而要求侵权人支付专利权人一定的金钱后可继续使用，此种效果如同"强制许可"。法院拒绝核发永久禁令，而要求侵权人支付专利权人一定的金钱后可为继续使用，此种效果如同"强制许可"，禁令救济的目的不仅是允许权利人阻止侵权行为发生，也可能对专利许可条款造成很大影响，由当事人自定义价码也比法院来得有效率，也是最经济的结果，因为由法院来做，对于进行复杂商业领域下估价的性质和差异难以掌握，很难迅速而低成本地完成。④

关于合理许可费赔偿的法律性质，学者有不同的看法，有的学者认为是不当得利：如王铭勇认为，相当权利金之数额，很多是参考专利权过去之授权契约、业界市价而计算决定，与权利人现实所受损害无关，系保证得请求赔偿数额之最低底限，与所失利益并不相同⑤；李素华认为，当侵权行为人从事不法侵害行为时，其所获致的利益，乃免于专利

---

① Carroll, W. Michael, "Patent Injunctions and the Problem of Uniformity Cost", *Michigan Telecommunications and Technology Law Review*, Vol. 13, No. 2, 2007, p. 421.

② 高莉：《专利法理论的偏误与矫正——基于不确定性缺陷的理论重塑》，《江海学刊》2014 年第 4 期。

③ 郭羽佼、闫文军：《eBay 案与美国专利制度改革》，《科技与法律》2012 年第 2 期。

④ Somaya, Deepak. "Firm strategies and trends in patent litigation in the United States", *Advances in the Study of Entrepreneurship, Innovation, and Economic Growth*, Vol. 15, No. 2, 2004, p. 103.

⑤ 王铭勇：《以相当权利金数额为专利侵害损害额——日本特许法第 102 条第 3 项之研究》，《科技法学评论》2010 年第 12 期。

授权契约所需支付之专利授权金①；周汉威认为，侵权行为人在专利侵权案件中，因未经专利权人同意，即实施专利权人的专利，因该行为受有使用专利之利益，自属于非给付不当得利类型②；德国学者乌尔姆（Ulmer）认为，侵权人的不当得利在于未付费而使用他人权利，因此，节约了那些合法使用他人权利时所需支付的费用，因而，根据不当得利请求权，权利人可以请求侵害人返还适当的授权报酬③；美国学者夏普（Sharpe）等认为，因侵权行为而不当节省的许可费可视为侵权人财产的消极增加部分。④

有的学者认为是权利人所受损失：如李明德认为，当权利人可以在市场上发放许可的时候，许可费用的合理倍数，就是权利人的实际损失⑤；张广良认为，合理许可费实质上更接近权利人损失的一种估算方法⑥；朱玛认为，只要权利或者受法律保护的利益受到侵害就构成损害，本质上是一种可期待利益的丧失，符合损害赔偿理念的损害计算方式实际上只有权利人实际损失和许可使用费用这两项⑦；祝建辉认为，专利使用费是专利权人在专利产品市场上未来经济利益的现值，是专利权价值的一种形式，可视为专利权人因被侵权所受到的损失⑧；范晓波认为，许可使用费是权利人损失的一种表现形式，是权利人本应获得却因侵权行为而未获得的利益⑨；中国台湾学者李孟聪认为，法律给予专利权人利用对于该专利发明需求市场机会的决定权，于权利人自行实施场合是利益，

---

① 李素华：《专利权侵害之损害赔偿计算方式》，元照出版有限公司2013年版，第36页。
② 周汉威：《专利侵权损害赔偿论"合理权利金"之增订及法理依据》，《铭传大学法学论坛》2005年第5期。
③ 许忠信：《从德国法之观点看专利权侵害之损害赔偿责任》，《台北大学法学论丛》2007年第1期。
④ R. J. Sharpe, S. M. Waddams, "Damages for Lost Opportunity to Bargain", *Oxford Journal of Legal Studies*, Vol. 2, No. 2, 1982, p. 290.
⑤ 李明德：《关于知识产权损害赔偿的几点思考》，《知识产权》2016年第5期。
⑥ 张广良：《知识产权民事诉讼热点专题研究》，知识产权出版社2009年版，第34页。
⑦ 朱玛：《侵害知识产权损害赔偿问题研究》，博士学位论文，西南政法大学，2015年，第23页。
⑧ 祝建辉：《基于经济分析的专利使用费赔偿制度研究》，《科技管理研究》2010年第11期。
⑨ 范晓波：《以许可使用费确定专利侵权损害赔偿额探析》，《知识产权》2016年第8期。

于使他人实施之场合是实施费,这些皆是市场机会丧失的对价,均应加以填补①;中国台湾学者沈宗伦认为,在他人未经同意而无权实施该专利权,将导致专利权人丧失收取许可费的利益,而受有理应获得而未能收取的利益,此等情形即为专利权人的所失利益②;和育东认为,合理许可费赔偿的共识是在专利侵权之际,将能够请求的最低限额度法定化③;胡晶晶认为,侵权获利中合理的许可费用理应被视为权利人应得而未得的损失,但将经过侵权人经营而得到的利润完全假设为权利人的损失未免牵强,尤其在权利人并未实施其知识产权的情形中,极易引发对"专利蟑螂"(Patent Troll)等恶意诉讼人的不当激励。④

现有研究中,学者们提出了合理许可费赔偿属于不当得利或权利人所受损失两种观点,但运用不当得利理论或损害赔偿理论详细论证其观点的研究有限。

对许可费"合理"的含义有补偿性和惩罚性两种观点:有的学者认为专利侵权合理许可费赔偿有惩罚性质:如崔国斌认为,合理许可费赔偿的计算结果具有一定的惩罚性质⑤;周竺、黄瑞华认为,倍数大于1,损害赔偿具有惩罚性质,侵权行为发生的概率就会降低,赔偿倍数不仅对阻止侵权有激励作用,还会激励权利人诉讼⑥;孔祥俊、蒋志培、张辉认为,故意侵权、侵权情节恶劣、多次侵权等情况,应按1倍以上3倍以下的使用费确定赔偿⑦;汤宗舜认为,我国合理许可费倍数的设置突破了

---

① 李孟聪:《专利法之损害赔偿——以日本平成修法沿革为中心》,硕士学位论文,中原大学,2006年,第48页。
② 沈宗伦:《以合理权利金为中心的新专利损害赔偿法制》,《月旦法学杂志》2012年第12期。
③ 和育东:《专利侵权损害赔偿计算制度:变迁、比较与借鉴》,《知识产权》2009年第5期。
④ 胡晶晶:《知识产权"利润剥夺"损害赔偿请求权基础研究》,《法律科学》2014年第6期。
⑤ 崔国斌:《专利法:原理与案例》,北京大学出版社2012年版,第84页。
⑥ 周竺、黄瑞华:《对专利侵权赔偿的经济学分析》,《科研管理》2007年第1期。
⑦ 孔祥俊:《最高人民法院知识产权司法解释理解适用》,中国法制出版社2012年版,第56页;蒋志培、张辉:《关于实施专利法两个司法解释的理解与适用》,《人民司法》2001年第8期。

填平原则，相对于国际承认的规制明显是重了①；美国学者格里克（M. Glick）等认为，法院在确定许可费时，会根据案情，特别是被告的侵权利润，来衡量许可费的威慑作用②；徐小奔认为，我国专利法中合理许可费赔偿的"倍数赔偿"规则与理论上恢复至"如同侵权未发生"之状态之间存在赔偿数额上的不对等现象从专利权人的角度来看，"合理的倍数"实际上产生了超额赔偿的效果。③

有的学者认为专利侵权合理许可费有补偿性质：如梅内尔（P. Menell）等认为，此种制度上先将权利赋予一方当事人，并允许其在权利受到侵害之后，事后向加害人请求赔偿的保护形式，符合"补偿法则"形式的救济概念；④范晓波认为，许可使用费作为权利人的损失的一种形式，以许可使用费确定赔偿额是补偿性的；⑤尹新天认为，规定参照许可费合理倍数确定赔偿的本意并非是突破侵权损害赔偿的补偿性原则，转向惩罚性赔偿，而是仅仅一倍的赔偿不足于弥补权利人的损失；⑥冯晓青认为：合理许可费是填平原则的变通形式，并未突破填平原则。⑦

现有研究中，对于"合理"的理解，学者们有补偿性和惩罚性两种观点。但对未来专利惩罚性赔偿进入我国专利法后，合理许可费赔偿和惩罚性赔偿协调等问题研究不够深入。

二 确定"合理"应考虑的因素

国外文献集中于专利侵权合理许可费赔偿中应考虑的佐治亚·太平洋（Georgia-Pacific）检测因素的研究，国内文献对我国专利侵权合理许

---

① 汤宗舜：《专利法解说》，知识产权出版社2002年版，第45页。
② M. Glick, L. A. Reymann, R. Hoffman, "Intellectual Property Damages: Guidelines and Analysis", New York, Wiley, 2006, p. 23.
③ 徐小奔：《论专利侵权合理许可费赔偿条款的适用》，《法商研究》2016年第5期。
④ S. Peter Menell, A. Mark Lemley, Robert P. Merges, "Intellectual Property in the New Technological Age", New York, Aspen Publishers, 2007, p. 134.
⑤ 范晓波：《以许可使用费确定专利侵权损害赔偿额探析》，《知识产权》2016年第8期。
⑥ 尹新天：《新专利法详解》，知识产权出版社2001年版，第340页。
⑦ 冯晓青：《专利侵权专题判解与学理研究》，中国大百科全书出版社2010年版，第103页。

可费赔偿中合理"倍数"确定应考虑因素研究很少。

国外学者对合理许可费赔偿制度中的下列问题做了研究。

1. 合理许可费赔偿制度适用时间做了研究：如西曼（C. B. Seaman）认为：合理许可费适用时点是：专利权人通常以授权的方式使用其专利发明，或侵权人利用系争专利发明所为销售尚未被专利拥有者发现或当对使用专利技术无法证明有惯常的授权或所失利益时。①

2. 非侵权专利替代品在确定合理许可费赔偿中作用：如道奇（R. E. Dodge）认为，虚拟谈判中，推定双方当事人相互知悉对方的事实，包括技术价值及替代产品的取得性②；夏皮罗（S. J. l. Shapiro）认为，市场替代品的有效性，对所失利益和合理许可费赔偿计算有重要影响③；爱泼斯坦（R. J. Epstein）等认为，若没有可以使用的非侵权替代品，那么有意愿的许可人和被许可人具有接受较高专利许可费的可能④；达米思·杰拉丁（D. Geradin）等认为，存在专利挟持（hold-up）情况下，专利权损害赔偿不再是与替代品相较超出的价值，这一结果可能导致矫枉过正的过度赔偿问题⑤；西布雷斯（N. Siebrasse）等提出：高科技技术中专利众多，佐治亚·太平洋检测因素运用困难，接受非侵权替代品作为合理许可费的方法。⑥

3. 技术分摊原则和整体市场原则的运用：如布里安（J. Brian）等认为，利益的核心取决于市场价值，关于其计算方法，主要可自预期与实

---

① Seaman, B. Christopher, "Reconsidering the Georgia-Pacific Standard for Reasonable Royalty Patent Damages", *Brigham Young University Law Review*, Vol. 5, No. 5, 2010, p. 1661.

② R. E. Dodge, Reasonable Royalty Patent Infringement Damages: "A Proposal for More Predictable, Reliable, and Reviewable Standards of Admissibility and Proof for Determining a Reasonable Royalty", *Indiana Law Review*, Vol. 48, No. 3, 2015, p. 32.

③ S. J. Shapiro, "More Pitfalls in Determining the Reasonable Royalty in Patent Cases", *Journal of Legal Economics*, Vol. 75, No. 17, 2011, p. 18.

④ R. J. Epstein, P. Malherbe, "Reasonable Royalty Patent Infringement Damages after Uniloc", *Aipla Q. J*, Vol. 7, No. 7, 2011, p. 67.

⑤ D. Geradin, M. Rato, "Can standard-setting lead to exploitative abuse? A dissonant view on patent hold-up, royalty stacking and the meaning of FRAND", *European Competition Journal*, Vol. 3, No. 1, 2007, p. 101.

⑥ N. Siebrasse, T. F. Cotter, "A New Framework for Determining Reasonable Royalties in Patent Litigation", *Social Science Electronic Publishing*, Vol. 8, No. 2, 2015, p. 56.

际销售业绩与利润，以及对于利润净值的增加等方面切入。若专利发明特质在物理或经济价值上仅为微小部分时，则通常双方并不会达成高额的许可费合意。①

4. 美国确定合理许可费赔偿的程序问题：如梅兹（M. J. Mazzeo）等认为：美国专利审判中的"守门员"规则要求法院辨识出与决定损害赔偿相关的因素，而且仅能依据法院确认后的方法与因素加以决定损害赔偿。这种方式使赔偿有了比较明确的准则，降低了诉讼的不确定和不必要的诉讼成本②；爱泼斯坦（R. J. Epstein）等认为：确定的许可费不再被视为一项独立的赔偿制度，而是作为计算合理许可费时的证据给法院确定许可费最终数额提供有力的参考材料③；孔特雷拉斯（J. Contreras）等认为：在审查各种专利损害赔偿的理论或在实际案件分析损害赔偿④；伯克（D. L. Burk）等认为：关于建立所失利益的精确程度，法院有时会对专利权人课以不切实际的举证责任，从而驱赶他们去寻求合理许可费损害赔偿⑤；塔萨里纳（Tassinari）等认为：法官选用虚拟授权分析法，必须将其采证及形成心证的理由详细记载，以免容易推翻的判断。⑥

5. 对确定合理许可费赔偿因素的进行分析和细化：如鲁姆利·沙皮罗（Lumley M. Schapiro）揭示了专利许可费率对赔偿额的影响机理，通过统计方法测算了 17 个产业的平均许可费率来预测产业的平均赔偿额⑦；理查德·特罗维尔（Richard Trowel）等认为：法院根据此计算方法得出

---

① J. Brian Love, "Patentee Overcompensation and the Entire Market Value Rule", *Social Science Electronic Publishing*, Vol. 60, No. 1, 2007, p. 263.

② M. J. Mazzeo, J. H. Ashtor, S. Zyontz, "Excessive or Unpredictable? An Empirical Analysis of Patent Infringement Awards", *Social Science Electronic Publishing*, Vol. 7, No. 7, 2011, p. 98.

③ R. J. Epstein, P. Malherbe, "Reasonable Royalty Patent Infringement Damages after Uniloc", *Aipla Q. j*, Vol. 7, No. 7, 2011, p. 69.

④ J. L. Contreras, R. Gilbert, "A Unified Framework for RAND and Other Reasonable Royalties", *Berkeley Technology Law Journal*, Vol. 18, No. 4, 2015, p. 30.

⑤ D. L. Burk, M. A. Lemley, "Courts and the Patent System", *Social Science Electronic Publishing*, Vol. 2, No. 2, 2009, p. 67.

⑥ V. P. Tassinari, "Patent Compensation under 35 U. S. C. 284", *J. Intell. Prop*, Vol. 59, No. 5, 1997, p. 66.

⑦ M. A. Lemley, C. Shapiro, "Patent Holdup and Royalty Stacking", *Social Science Electronic Publishing*, Vol. 85, No. 7, 2007, p. 1991.

合理许可费前,必须在判决中认定的侵权者预期利润率,以及该产品的业界一般利润率各是多少①;乔恩·赖特(Jon E. Wright)指出合理许可费,接近专利权的市场价值,但仍不同于客观的市场价值,因为它仍然考虑个案情况,由专利权人与侵权人就专利权事先谈判实施许可而达成许可②;斯蒂罗(L. J. Stiroh)等研究了权利人的市场力量与获利能力,价格弹性与需求弹性,价格下滑与价格波动的影响③;爱泼斯坦(R. J. Epstein)等提出了一种运用经济方法确切计算佐治亚·太平洋15检测规则的模型④;杜蕾(D. J. Durie)等认为:佐治亚·太平洋检测因素有重复、矛盾之处,简化佐治亚·太平洋15检测因素为四个方面:专利权人的自然情况、专利技术增加的贡献、专利发明的其他投入、真实谈判的相关性⑤;崔恩(W. Choi)等认为:佐治亚·太平洋检测因素不能被经济理论支持,有些因素支持高的赔偿,有些因素支持低的赔偿,往往还集中在两个核心经济概念:预期该技术的盈利能力和参与者的相对谈判能力;应运用纳什均衡的方法来确定赔偿额。⑥

6. 合理许可费和其他赔偿方式混合适用问题:如彼得罗夫(N. Petrov)认为:对于权利人已经证明原可获得的销售量部分,使用"所失利益"为其损害额,而以"合理许可费"为其余部分的损害,承认此种混合型的损害赔偿,基于各侵权行为以及其所造成损害均可分,故

---

① R. B. Troxel, W. O. Kerr, "*Calculating Intellectual Property Damages*", New York, Thomson West, 2015, p. 25.

② J. E. Wright, "Willful Patent Infringement and Enhanced Damages-Evolution and Analysis", *Geomason L. rev*, Vol. 97, No. 10, 2001, p. 97.

③ L. J. Stiroh, R. T. Rapp, "modern methods the valuation of intellectual property", *Nera Consulting Economists*, Vol. 42, No. 3, 1998, p. 532.

④ R. J. Epstein, A. J. Marcus, "Economic Analysis of the Reasonable Royalty: Simplification and Extension of the Georgia-Pacific Factors", *J. pat. & Trademark Off. Socy*, Vol. 85, No. 7, 2003, p. 555.

⑤ D. J. Durie, M. A. Lemley, "A Structured Approach to Calculating Reasonable Royalties", *Social Science Electronic Publishing*, Vol. 14, No. 2, 2011, p. 627.

⑥ W. Choi, R. Weinstein, "An Analytical Solution to Reasonable Royalty Rate Calculations", *I-DEA*, Vol. 41, No. 1, 2001, p. 49.

而彼此之间不应相互影响。①

7. 专利侵权特殊情况进行了考虑：如洛夫（B. J. Love）认为：合理许可费赔偿有惩罚性赔偿的趋势。要避免"heads-I-win, tails-you-lose"（正面我赢，反面你输），惩罚性赔偿的倾向会伤害无辜的侵权者、区分普通和恶意的侵权②；利瓦克（O. Liivak）认为：未实施的专利只可以得到名义上的赔偿。③

8. 美国专利侵权合理许可费制度发展趋势：如哈斯布鲁克（M. J. Hasbrouck）认为：美国法院在涉诉专利许可费率的基础上，增加了整个产业的平均专利许可费率作为确定赔偿额的基本标准，行业对侵权赔偿额有着影响④；全（H. Jeon）认为：美国将整体产品之市场价值作为损害赔偿计算基础。而此演变导致或有过度赔偿，美国联邦上诉法院的案件判决，显示对于合理许可费的决定，有逐渐增加分析难度的趋势，采取了逐渐严格的审查标准。⑤

9. 虚拟谈判法存在的问题：克里斯托弗·B. 西曼（Christopher B. Seaman）认为：因为佐治亚·太平洋规则允许考虑几乎所有可能的相关证据，并给予它认为合适的任何权重，因此很难确定专家证词中的合理许可费赔偿是不可靠的，只要专家对佐治亚·太平洋要素表面上坚持，佐治亚·太平洋要素可以很容易地被事实上的操纵者操纵以达到几乎任何结果。⑥

---

① N. Petrov, "What is Reasonable? Royalty Calculation in Patent Litigation and Competition Law: Balancing Compensation and Limitation Considerations", *Social Science Electronic Publishing*, Vol. 41, No. 1, 2016, p. 76.

② B. J. Love, "The Misuse of Reasonable Royalty Damages as a Patent Infringement Deterrent", *Social Science Electronic Publishing*, Vol. 741, No. 4, 2009, p. 909.

③ O. Liivak, "When Nominal is Reasonable: Damages for the Unpracticed Patent", *BostonCollege Law Review*, Vol. 561, No. 3, 2015, p. 1031.

④ M. J. Hasbrouck, "Protecting the Gates of Reasonable Royalty: A. Damages Framework for Patent Infringement Cases", *J. Marshall Rev. Intell. Prop. L*, Vol. 11, No. 1, 2011, p. 192.

⑤ H. Jeon, "Patent infringement, litigation, and settlement", *Economic Modelling*, Vol. 11, No. 1, 2015, p. 99.

⑥ C. B. Seaman, "The Reports of Willfulness's Demise Are Greatly Exaggerated: An Empirical Study of Willful Patent Infringement After In re Seagate", *Presenter, Intellectual Property Scholars Conference* (IPSC), 2010, p. 98.

国外学者还采用法经济学上的财产规则和责任规则来阐释合理许可费，认同合理许可费是权利人的最低赔偿额，运用法经济学中的"责任规则"的理论来阐述合理许可费的正当性，侵权人可以不经权利人同意而使用其"产权"，但必须向产权的使用者付费：如卡拉布雷西（G. Calabresi）等提出了权利保护三种规则：财产规则、责任规则和不可许可规则。在责任规则下，为了避免权利人漫天喊价，并减少纷争解决成本，故由法律或国家机关来决定客观合理价格，以作为赔偿基础①；赫尔·罗伯特·梅格斯（Hull G. Robert Merges）认为：考虑到专利权的特点及商业价值的不确定性，法院很难快速处理专利侵权纠纷，因此最好由当事人自己协商，即采取财产规则。合理许可费是责任规则的体现。②

国内学者对我国合理许可费赔偿中"倍数"的研究：如朱雪忠、陈荣秋认为：如果侵害后发现合理许可费赔偿于侵权前协商确定的许可费相同或为低，将无法达到威慑侵权的作用，也对其他不侵害他人专利的竞争者不公平③；祝建辉认为：（1）适用专利使用费赔偿时，若仅仅以专利使用费作为赔偿额往往不能使侵权造成的所有外部成本内化、消除全部负外部性，而应该以专利使用费的一定倍数作为赔偿额，我们将这一倍数称为赔偿倍数。（2）具体计算赔偿额时，当侵权发生的概率对赔偿额富有弹性时，赔偿倍数应大于1倍，并且赔偿倍数与侵权发生的概率对赔偿额的弹性和诉讼成本成正相关；当侵权发生的概率对赔偿额是单一弹性时，不论诉讼成本多大，赔偿倍数应等于1倍。④

国外学者均论述了对确定合理许可费"虚拟谈判法"起点，确定过程中分摊原则和整体市场原则的运用、非侵权替代产品的选用以及近年来出现的经济分析和纳什平衡博弈的方法。同时对合理许可费赔偿的发

---

① G. Calabresi, A. D. Melamed, "Property Rules, Liability Rules, and Inalienability: One View of the Cathedral", *Harvard Law Review*, Vol. 85, No. 6, 2007, p. 19.

② Hull G. Robert Merges, "Justifying intellectual property", *Philosophy & PublicAffairs*, Vol. 18, No. 1, 1989, p. 31.

③ 朱雪忠、陈荣秋：《专利保护的经济分析》，《科研管理》1999年第2期。

④ 祝建辉：《基于经济分析的专利使用费赔偿制度研究》，《科技管理研究》2010年第11期。

展趋势做了阐述，美国的合理许可费有过度赔偿的趋势，有可能伤害无辜的侵权者，美国法官应作为"守门员"对专家证言做出审查。从程序和实体两个方面来改进，实体上，区分善意和恶意的侵权，未实施的专利不能获得合理许可费只可以得到名义上的赔偿等；程序上充分发挥法官的自由心证的作用等。

合理许可费赔偿额确定在许可费计算基数确定情况下主要考虑的是专利技术本身特征以及侵权行为特征，一般认为是法律技术问题，美国确定合理许可费赔偿佐治亚·太平洋要素的司法适用已经比较成熟，可资我国借鉴，但这方面的研究有限，现有研究仅仅提出建议，深入论述有限。

三 我国专利侵权赔偿中的合理许可费制度存在的问题以及改进

我国学者对我国专利侵权合理许可费赔偿制度存在的问题做了探讨，如徐小奔认为：（1）将差额说应用于合理许可费将会产生问题：是否以专利权人实施专利为必要条件；倍数与完全赔偿原则矛盾。（2）单看合理许可费赔偿规则的话，不应进行倍数的设置，而应将其作为损害填补功能的实现规则，以合法授权般应支付之许可费数额作为损害赔偿额向专利权人提供救济。在单一适用合理许可费赔偿明显不足以填补权利人实际损害时，应当允许权利人根据案件的实际情况就其他两种计算方式进行举证，并综合使用以实现完全赔偿的目的[①]；贺宁馨、袁晓东认为：专利许可合同签署不规范或者专利权人不能证明被许可人已向自己支付了许可费，导致无法适用"合理许可费倍数"规则计算赔偿额[②]；范晓波认为：在司法实践中存在的问题有：（1）对许可合同的真实性未给予审查。（2）对合同的合理性未给予审查。（3）脱离侵权实践，直接将许可使用费定为赔偿额。[③]

我国学者对专利侵权合理许可费制度的改进的建议主要集中在可以

---

① 徐小奔：《论专利侵权合理许可费赔偿条款的适用》，《法商研究》2016 年第 5 期。
② 贺宁馨、袁晓东：《我国专利侵权损害赔偿制度有效性的实证研究》，《科研管理》2012 年第 4 期。
③ 范晓波：《以许可使用费确定专利侵权损害赔偿额探析》，《知识产权》2016 年第 8 期。

引进类似美国"虚拟谈判法"确定合理许可费赔偿。如徐小奔认为：(1)假想双方当事人缔结合法专利许可使用合同的许可费等于专利权人因侵权遭受的损害额。在这一等式中，合理许可费中的"合理"指的是建立在假想许可契约之上的约定许可费。(2) 合理许可费赔偿规则中建立的假想许可契约在一般情况下应以"事后的主观标准"为一般原则。(3) "参照该专利许可使用费"并未限定为"已存在的"许可费，也可以是"行业通行的"许可费甚至是"虚拟的"许可费；范晓波认为：我国可以借鉴美国的经验，扩大适用许可使用费确定赔偿额的范围，可以放宽认定合理许可使用费的条件，并明确各种考虑因素[①]；张玉敏、杨晓玲认为：(1) 按许可费计算赔偿额，属于对计算方法的选择，法官拥有自由裁量权，上诉法院只能按裁量权滥用原则审理。(2) 在权利人不能证明侵权行为与所失利润因果存在关系的情况下，只能按许可费计算，不能以侵权人获利推定。(3) 我国在专利侵权赔偿额的计算上，无论是适用技术分摊规则还是全部市场价值规则，都应以当事人的举证为前提，法院不应越俎代庖。如果当事人的证据能够证明产品倘若缺乏专利技术，顾客就不会购买，则应适用全部市场价值规则计算赔偿额。反之，则应综合考虑专利的技术特征，该专利的产品的市场价值，产品的市场竞争状况等因素，确定专利技术对整个产品的经济贡献，判决适当的损害赔偿额。[②]

在合理许可费赔偿诉讼程序上，学者们提出了建议，如李磊提出了在被侵权产品没有被授权他人使用时，可以在诉讼中通过调解，使双方当事人之间达成合理数额的专利使用费的合意，再以此为基础确定原告的损害数额[③]；唐力、谷佳杰认为：可以从诉讼立法的层面来解决损害赔偿数额的证明难题，从而对损害赔偿数额确定的方法进行重构。由法官

[①] 范晓波：《以许可使用费确定专利侵权损害赔偿额探析》，《知识产权》2016 年第 8 期。

[②] 张玉敏、杨晓玲：《美国专利侵权诉讼中损害赔偿金计算及对我国的借鉴意义》，《法律适用》2014 年第 8 期。

[③] 李磊：《美国专利侵权损害赔偿额的计算及借鉴意义》，《宁夏社会科学》2016 年第 3 期。

通过裁量来确定赔偿。①

学者们都认为我国专利侵权合理许可费制度适用范围过于狭窄，适用条件过于严苛，应引进美国虚拟谈判法，建立类似制度确定合理许可费赔偿额。但现有研究在下列方面存在薄弱：对现行合理许可费赔偿制度存在的问题分析不够深入，得出的结论不能完全说明该制度的现状，甚至是片面的；对适用顺序、适用的模式、适用的基准研究有限；缺乏美国虚拟谈判法的引进和我国现有专利侵权赔偿制度的适应性以及实施效果的深入分析。

第四节 研究范围和研究方法

一 研究范围

专利侵权损害制度的良好运行对促进社会创新，增加社会整体福利至关重要，目前我国专利侵权损害赔偿存在赔偿数额低、周期长等问题，在西方国家得到普通适用的合理许可费赔偿制度在我国的适用比率过于低下。

本书以专利侵权合理许可费赔偿制度为研究中心，以传统的民事损害赔偿理论为研究根基，结合专利权的特征，阐释和探析专利侵权合理许可费赔偿制度的理论基础和法律性质；以美日德等国关于专利侵权合理许可费赔偿制度的文本规定和司法判例为基础，完成对国外专利侵权合理许可费赔偿制度的扬弃，为我国该制度的改进提供借鉴；借助伦理学、经济学和民法学的理论，证成该制度的正当性；对我国专利侵权合理许可费赔偿制度存在问题及原因进行剖析、提出改进我国该制度的总体思路及具体建议。

本书主要研究专利权损害，在损害赔偿理论上，损害和损失是有区别的。虽然两者都是指权利人的权益受到不利影响，但损失一般只是指财产性权益的减损，对非财产性权益的减损如人身或精神上的损害不能

---

① 唐力、谷佳杰：《论知识产权诉讼中损害赔偿数额的确定》，《法学评论》2014年第2期。

称之为损失,而损害既包括财产性权益的减损,也包括非财产性权益的减损。损害概念的范畴大于损失,因此,各国法律都采用"损害赔偿"的概念。专利侵权损害只是财产权的损害,因此在本书中"损害"和"损失"系同义。

专利权人在侵权中所受的财产损失一般没有具体的物质形态毁损,是可得利益的损失,因此在本书中"权利人所失利益"和"权利人所受损失"系同义。

二 研究方法

(一) 文献研究法

文献研究法是重要且基本的研究方法,笔者通过中国期刊网、国家图书馆博士纸质论文库及北大法宝等数据库收集相关文献,国外文献通过 Westlaw 等数据库收集。就以上数据回顾及分析专利侵权赔偿中合理许可费的基础理论、法律适用等问题。

(二) 比较分析法

通过对专利侵权合理许可费赔偿制度的横向比较,比较美、德、日等国家和地区的立法、司法案例和学者研究成果,结合我国目前立法和司法实践,进一步丰富我国专利侵权合理许可费赔偿制度的理论研究,为我国立法和司法提供理论参考。

(三) 实证分析法

通过对国内外与专利侵权合理许可费赔偿制度相关的法律性文件、司法解释以及案例的梳理,研究该制度实际适用中的特点。同时分析存在的问题,提出解决问题的方法。

第五节 创新点

本书的创新点主要有三个方面。

(一) 指出专利侵权合理许可费赔偿制度彰显了人本主义价值

从伦理学角度看,损害赔偿制度是通过全面弥补权利人所失利益来实现矫正正义。财产权权利本质在法理上主要有以洛克为代表的劳动价值说和以黑格尔为代表的意志说，劳动价值说着眼于权利所指向的客观价值利益，意志说则关注主体意思自由支配的范围，反映了权利主体自由的精神。一般而言在财产侵权中，权利人财产权益会发生减损，同时权利人自由支配自己财产权的自由意志也会受到侵犯，在有形财产权侵权时，两者可以达到统一，分别从不同的侧面描述了财产权利本质内涵。在专利侵权中，专利权人难有事实上具体的损害，传统有形财产权侵权赔偿难以适用于专利侵权，但权利人主观的处分意志损害却和有形财产权损害并无二致。合理许可费赔偿不考虑专利权人是否有许可的事实，也不考虑专利权人是否有许可的意愿，只要存在侵权行为，就认为权利人受到了损害，专利权人就可以要求合理的赔偿，彰显了损害赔偿中的人本主义价值。

（二）指出了专利侵权合理许可费赔偿制度的法律属性和事实属性

任何法律制度都有事实和法律两个基本属性，事实属性是基础，决定着制度的基本范畴和性质；法律属性是核心，左右着该制度的法律地位。专利侵权合理许可费赔偿克服了传统的有形财产损害赔偿举证责任对于专利侵权损害的不适性，为权利人提供了最低的赔偿保障，合理许可费赔偿的事实属性是指合理许可费在实质存在上的特征，主要包括四方面内容：财产性、预期性、属人性、确定性；专利侵权合理许可费赔偿的法律属性在于其是被法律拟制的可救济性损害，我们可以从以下三个方面理解：法定性、拟定性、裁量性。

（三）指出我国应扩大专利侵权合理许可费赔偿的适用范围

在法定赔偿阶段考虑的许可费因素提前到合理许可费阶段；赔偿的基数扩大到相似专利的许可费；对合理许可费赔偿考虑因素按不同标准分类细化，并在判决中展示法官自由心证过程，从而在一定程度上增加可操作性和适用的规范性。

第二章

我国专利侵权赔偿中的合理许可费制度存在问题及原因分析

在探讨一项制度的改进时，我们首先要明确这项制度现阶段存在哪些问题以及产生这些问题的原因，才能对症下药，梳理解决问题的总体思路，提出较为可行解决问题的建议。本章从我国专利侵权合理许可费赔偿制度发展历程入手，勾勒出该制度发展阶段以及在各阶段适用的状况，分析了该制度在现阶段存在的问题及原因。

第一节 我国专利侵权赔偿中的合理许可费制度的发展历程

制度的发展历史是解释现有制度的重要因素，德国通常从民法中寻找专利侵权损害赔偿适用的制度依据，而美国的专利侵权损害赔偿制度是随着专利制度独立发展的，并未归入某个现有的法律制度体系框架中，我们在考察一项制度的现状时，需要放在历史环境中分析其演进的过程、动力及原因。

1985年4月1日，我国颁布实施专利法，直至1992年第一次修改专利法期间，都没有规定专利侵权损害赔偿的原则，基本适用民法赔偿原则，在司法实践中探索和总结经验；1992年最高人民法院以解答的形式确定了专利侵权合理许可费赔偿制度；2000年第二次修改后的《专利法》在法律层面第一次确定了专利侵权合理许可费赔偿制度；2008年第三次修改后的《专利法》规定专利侵权损害赔偿的严格的顺位适用原则，合理许可费赔偿制度进入了全面确定阶段。

我国专利侵权合理许可费赔偿制度的起步较早，但发展比较缓慢。笔者从立法和实践的角度对专利侵权合理许可费制度的发展做梳理，以期发现制度发展脉络，预测发展趋势，确定其发展方向。

一 积极探索阶段

这主要是指 1985 年专利法颁布实施到 1992 年专利法第一次修改期间，专利侵权合理许可费赔偿制度在立法和司法上存在的状态。

1985 年 4 月 1 日《中华人民共和国专利法》开始施行，标志着我国专利制度的建立，该法第 60 条规定："对未经专利权人许可，实施其专利的侵权行为，专利权人或者利害关系人可以请求专利管理机关进行处理，也可以直接向人民法院起诉。专利管理机关处理的时候，有权责令侵权人停止侵权行为，并赔偿损失；当事人可以在收到通知之日起三个月内向人民法院起诉；期满不起诉又不履行的，专利管理机关可以请求法院强制执行。"由该条可见，专利权人在遭受侵权时有要求停止侵权和赔偿损失的权利，但对如何计算损害赔偿额，专利法并未做出明文规定。1987 年 1 月施行的《中华人民共和国民法通则》第 118 条修改和补充了专利法对专利侵权行为承担民事责任的不足，"停止侵害"和"损害赔偿"这两种民事责任得到了保留，同时又增加了"消除影响"的民事责任方式。至此我国专利侵权损害赔偿制度初步确立。在这一时期，我国专利侵权赔偿制度基本是完全置于传统民事损害赔偿制度之下，运用传统的完全填补权利人损害的"停止侵害"和"赔偿损失"来解决专利侵权损害赔偿问题，在法律规范层面没有确定独立的专利侵权损害赔偿制度，合理许可费赔偿制度自然也就未见于法律规范。

法律规范的空白并不代表这一时期没有对合理许可费赔偿制度的探索，毕竟专利权和传统有形财产权有很大的差异，法官在裁判案件时，深受专利侵权损害赔偿认定困难的困扰，理论界和实务界开始探索其他的损害赔偿方式，合理许可费赔偿方式开始进入人们的视野。比如王河认为：权利人因侵权行为而失去的本来应该获得的利益，侵权人应予赔偿。主要包括仿造者实施发明所依法应付给专利权人的那部分使用费。由于仿造者擅自实施发明，未经专利权人同意，未向他付费，所以在计算赔偿费时，也应把这部分金额计算进去，由侵权人予以赔偿[①]；凌相权、刘剑文认为：对于专利权人及利害关系人的可得利益的范围，一般认为，主要是指仿造者实施发明依法应付给专利权人的使用费。由于仿造者擅自实施发明，未得到专利权人的同意，向他支付费用，所以在计算赔偿费用时，当然应把这部分金额计算在内。如果估计有困难，就应当以合理的使用费为基础，并考虑侵权人的赔偿能力作为被侵权人的损害赔偿金进行补偿。[②]李志敏、黄柳权认为在两种情况下使用合理许可费赔偿：（1）当确定专利权人的实际损失比较困难时；（2）当由侵权人支付的合理使用费（提成费）比专利权人证明的损失利益多的时候。[③]江苏省南京市中级人民法院开始以"合理的专利许可使用费作为损失赔偿额"的实践。[④]江苏省高级人民法院民三庭也认为：以专利权人许可他人使用时所能得到的使用费数额，作为专利权人的损失数额，由侵权人赔偿。[⑤]湖北省武汉市中级人民法院分析了适用合理许可费赔偿的条件：专利权人制造的专利产品尚未大量投放市场，或者专利权人尚未实施该项专利技术，或者专利权人已采取普通许可将专利技术实施转让，且侵权人的侵权产品为社会所需要，或侵权产品的销售不会挤占专利权人的销售市场和销售量的减少，专利权人不可能提供他因侵权行为所受到的经济损失的证据，侵权人提供获得利润的证据不足，在专利权人做出放弃制止侵权行为的谅解情况下，在依据专利权人已经实施许可的费用，或双方约定实施许可转让费，或者以侵权方获得利润作参考，作为损失赔偿额达成专利实施许可协议。按照专利许可使用费作为损失赔偿额，一般由

---

① 王河：《论专利侵权的法律保护》，《现代法学》1988 年第 3 期。
② 凌相权、刘剑文：《略论专利侵权赔偿责任》，《政法论坛》1990 年第 5 期。
③ 李志敏、黄柳权：《对认定和处理侵犯专利权行为若干问题的探讨》，《中外法学》1990 年第 2 期。
④ 文聿奎：《专利侵权纠纷案件的特点及其对策》，《人民司法》1992 年第 4 期。
⑤ 江苏省高级人民法院民三庭：《专利侵权案件审理中的几个问题》，《人民司法》2003 年第 12 期。

当事人的协商确定。当事人双方商定用其他方法作损失赔偿额，只要是自愿协商，公平合理，应予准许。①

在这一时期，法院仍然是遵循民法有形财产赔偿规则，在全面赔偿权利人损失的框架下，为了解决专利权人所受损失难以用证据证明的问题，尝试以合理许可费作为计算权利人所受损失的一种方式，而且赔偿权利人的也仅仅是许可费。这是我国法院对专利侵权合理许可费赔偿的最初探索，但这种探索无疑是有益的，在经过长期的研究和总结实践审判经验的基础上，最高人民法院在 1992 年 12 月 29 日终于出台了《最高人民法院关于审理专利纠纷案件若干问题的解答》，正式确定了专利侵权合理许可费赔偿制度。

二 初步确定阶段

这一阶段主要是指 1992 年 12 月 29 日至 2000 年 8 月 25 日。

1992 年 12 月 29 日，最高人民法院颁布《关于审理专利纠纷案件若干问题的解答（法发〔1992〕3 号）》（以下简称《最高院解答》），其中第四条是关于专利侵权损害赔偿问题，第一次规定了专利侵权损害赔偿额的计算方法：专利权人的实际经济损失、侵权人的侵权获利和不低于专利许可使用费的合理数额作为损失赔偿额，并且规定人民法院可以自由选择适用。② 此次最高院解答确定了三种计算专利侵权赔偿的方式，在传统财产损害赔偿方式权利人的实际损失赔偿外，增加了侵权人获利返还和合理许可费赔偿两种方式。合理许可费赔偿、侵权人获利成为和权利人所受损失相并列的独立的计算损害赔偿额的方式。专利侵权损害赔

---

① 姚元和：《试论侵害专利权的赔偿》，《人民司法》1992 年第 8 期。

② 专利侵权的损失赔偿额可按照以下方法计算：（一）以专利权人因侵权行为受到的实际经济损失作为损失赔偿额。计算方法是：因侵权人的侵权产品（包括使用他人专利方法生产的产品）在市场上销售使专利权人的专利产品的销售量下降，其销售量减少的总数乘以每件专利产品的利润所得之积，即为专利权人的实际经济损失。（二）以侵权人因侵权行为获得的全部利润作为损失赔偿额。计算方法是：侵权人从每件侵权产品（包括使用他人专利方法生产的产品）获得的利润乘以在市场上销售的总数所得之积，即为侵权人所得的全部利润。（三）以不低于专利许可使用费的合理数额作为损失赔偿额。对于上述三种计算方法，人民法院可以根据案情不同情况选择适用。

偿在遵循民法基本原则的基础上，开始逐渐摆脱传统有形财产损害赔偿制度的桎梏，构建适合无形财产权侵害特征的独立的损害赔偿制度。

合理许可费赔偿制度的确立受到了司法界的欢迎，上海市高级人民法院在1993年曾预测"从目前和今后的审判实践看，采用合理许可费确认赔偿额处理的案件可能越来越多，这种方式的好处是法院对确认损失赔偿额有一定'度'的自由裁量权，专利权人一般对判决结果也较满意"[①]。

最高院解答规定合理许可费赔偿应不低于专利许可使用费，较之前各地法院以许可费作为赔偿额的做法有了不同，但何谓"不低于"？最高院解答没有明确规定，在此情况下，各地法院在裁判专利案件中做了积极探索和尝试。上海市高级人民法院主要从三方面考虑合理许可费赔偿：（1）由专利权人提供不同期间的合同数份，合同签订时间最好是与侵权行为发生时间差不多，因为在专利实施许可合同中约定使用费，既有合同双方主观意志，也有客观情况，通过对时间接近的几份合同对照、比较，大体上可以确定使用费的平均值；（2）要参考专利权人许可他人实施专利的期限、地区、方式，这也是决定使用费高低的重要依据；（3）要考虑受让方的生产能力、销售、市场等。有些受让方可能本来就是从事该项专利技术领域内的企业，它们可以凭借自身的技术、生产、市场、员工等优势条件，而比其他一些受让相同专利技术又需要转产、转行业的企业获利更多，这样的企业支付的使用费可能相对要高些。天津市高级人民法院知识产权庭认为：在考虑"不低于"专利许可使用费的硬性规定的基础上，接近于被侵权人所遭受的实际损失。必要情况下，可以确定高于专利许可使用费的合理数额作为赔偿的依据。[②]

在这一时期理论界和实务界对"不低于"做了具体量化的尝试，以便在司法裁判实践中具有操作性，如程萍认为：这种计算方法得出的数额是侵权人要承担的民事责任，而非双方当事人基于平等，自愿而签订

[①] 上海市高级人民法院经济庭：《专利诉讼案件的几个问题和对策》，《法律适用》1993年第11期。

[②] 天津市高级人民法院知识产权庭：《确定专利侵权损害赔偿额的几个问题》，《人民司法》1997年第10期。

的许可使用合同中规定的许可使用费,是以使用费为依据的一个推定,这种推定数额一般应比许可使用费高1—6倍。① 上海市高级人民法院于1997年2月26日发布的《关于进一步加强知识产权审判工作若干问题的意见》的第38条规定,在难以完全准确确认权利人的实际损失和侵权人的侵权获利的情况下,可在下列范围内确定赔偿金额:"(3)以正常许可使用费2—3倍的金额作为损失赔偿额。"② 1999年6月4日湖南省高级人民法院通过的《关于加强知识产权审判若干问题的意见(试行)》第34条对合理许可费也做出了相同的规定,在难以完全准确地认定权利人的实际损失和侵权人侵权获利额的情况下,可在下列范围内确定赔偿金额:"(3)以正常许可使用费的2—3倍金额作为损失赔偿额。"③ 我们可以看出,各地法院在对最高院解答规定的合理许可费不低于专利许可费中的"不低于"做具体倍数量化时,对最高院解答规定的法院可以自由选择专利侵权损害赔偿方式实际上做了改变,专利权人只有在权利人所失利益和侵权人获利都不能确定时,才能适用合理许可费赔偿,合理许可费赔偿从自由选择变成了顺位选择。

在具体专利侵权赔偿裁判适用合理许可费赔偿的过程中,法官们逐步积累了经验,形成了不少裁判共识,但也存在分歧,在适用合理许可费赔偿是否需要专利权人有既存的、曾经的许可合同的问题上,主要有两种不同意见,一种意见认为:专利权人没有许可他人使用专利,也没

---

① 程萍:《专利侵权的损害赔偿》,《法学杂志》1999年第4期。
② 第38条规定,在难以完全准确确认权利人的实际损失和侵权人的侵权获利的情况下,可在下列范围内确定赔偿金额:(1)侵犯发明专利权、著作权、计算机软件、商标专用权以及不正当竞争的侵权行为人,一般应赔偿被侵权人人民币1万元至30万元。对于拒不悔改、有侵权前科或造成严重后果的侵权行为人,其赔偿被侵权人的金额可至人民币50万元;(2)侵犯外观设计、实用新型专利权的侵权行为人应赔偿被侵权人人民币0.5万元至15万元;(3)以正常许可使用费2—3倍的金额作为损失赔偿额。
③ 第34条规定,在难以完全准确地认定权利人的实际损失和侵权人侵权获利额的情况下,可在下列范围内确定赔偿金额:(1)侵犯发明专利权、著作权、计算机软件、商标专用权以及不正当竞争的侵权行为人,一般应赔偿被侵权人人民币1万元至30万元。对于故意侵权或造成严重后果的侵权行为,其赔偿金额为人民币30万元至50万元;(2)侵犯外观设计、实用新型专利权的侵权行为人赔偿被侵权人人民币0.5万元至15万元;(3)以正常许可使用费的2—3倍的金额作为损失赔偿额。

有与侵权人达成专利许可使用费协议,不能适用合理许可费赔偿①;另一种意见认为:对于专利权人未与他人签订许可合同或者虽有许可合同但许可费具体数额难以确定的,可以委托无形资产评估机构对专利价值进行评估,然后确定专利单位时间价值,确定侵权时间专利的价值,减去专利权人自己实施比例,最终确定侵权人合理许可费赔偿额。②

在这一时期,我国还未建立专利侵权法定赔偿制度,理论界和实务界对专利侵权合理许可费赔偿适用进行了十分有益的探讨,并提出了许多富有建设性的意见,即使在十余年后的今天看来,这些建议也是十分具有启迪意义,并值得深思的。虽然最高院解答和各地法院指导性司法文件并不具有法律层级效力,甚至难以归于司法解释的范畴,但它们的先后出台及司法实践不可避免地对随后的《专利法》第二次修改有着一定的影响。

三 全面确定阶段

这一阶段主要是指 2000 年 8 月 25 日至今。

2000 年 8 月 25 日,第九届全国人民代表大会常务委员会第十七次会议通过《关于修改〈中华人民共和国专利法〉的决定》。第二次修改的专利法首次设立了专门的"专利权的保护"一章,其中第 60 条规定:"侵犯专利权的赔偿数额,按照权利人因被侵权所受到的损失或者侵权人因侵权所获得的利益确定;被侵权人的损失或者侵权人获得的利益难以确定的,参照该专利许可使用费的倍数合理确定。"依据国家知识产权局条法司对专利法第 60 条的解释:"之所以规定可以参照许可使用费的倍数来确定赔偿额,是因为许可使用费一般低于侵权人所得的利益。正常的专利实施许可合同一般都具有双赢的性质,许可合同的双方都能通过专利技术的实施而获利,不可能约定被许可人将其实施专利所获得的利益全部交给专利权人。因此,如果规定仅仅以一倍的许可使用费作为侵权

---

① 吕国强:《上海法院加强知识产权保护的司法实践》,《人民司法》1999 年第 3 期。
② 南京市中级人民法院知识产权庭:《专利侵权案件赔偿适用的标准》,《人民司法》1997 年第 7 期;天津市高级人民法院知识产权庭:《确定专利侵权损害赔偿额的几个问题》,《人民司法》1997 年第 10 期。

赔偿额，则有悖于本条规定以侵权人因侵权所获得的利益作为赔偿额的原则，不能有效地保护专利权人的利益。从人大常委会立法过程中的考虑因素来看，规定参照许可使用费的倍数来确定赔偿额，其本意并非要突破中国民事侵权理论中有关损失赔偿的'填平原则'，转而对侵权人实行'惩罚性'赔偿原则；而是在于如果仅仅按照许可使用费的一倍来确定赔偿额，则还不足以达到'填平'专利权人所受损失的程度。当然，'倍数'是一个较为灵活的表达方式，它没有限定其上限值，从而给法官根据侵权行为的实际情况以及情节严重程度，对损失赔偿合理地做出判决留出了一定的自由裁量余地。这有利于充分地保护专利权的合法利益。"[①] 这是我国第一次在法律层面正式确立了专利侵权损害赔偿中的合理许可费赔偿制度，此方式简单易行，较为合理，具有较强的可操作性[②]，可类推适用于所有知识产权侵权损害赔偿额的计算。[③]

专利法确定的合理许可费赔偿制度和《最高院解答》相比，有了下列的变化：（1）改变了专利侵权赔偿方式的自由选择适用为严格的顺位适用，合理许可费赔偿只有在权利人损失或侵权人获利难以确定时才能适用；（2）增加了法院适用合理许可费赔偿的要求——"参照"。参照体现了法律约束力和灵活性的统一，既要遵循许可费的数额，又可以根据侵权的具体情况对许可费数额适当调整；（3）把"不低于"许可费的规定具体化为许可费的合理"倍数"。

这些变化显然体现了立法机关在最高院解答出台后，对各地法院适用过程中积累的有益的行之有效的裁判经验的吸纳，通过立法程序上升为法律，具有了全国的适用效力，成为全国法院裁判的统一依据。

但是这里的"倍数"应怎样理解？按几倍确定赔偿数额才是合理的？都给法官认定提出了新的难题。2001年6月19日最高人民法院审判委员会第1180次会议通过《最高人民法院关于审理专利纠纷案件适用法律问题的若干规定》（以下简称《最高院专利适用规定》），该规定第21条对

---

① 国家知识产权局条法司编：《新专利法详解》，知识产权出版社2001年版，第340页。
② 廖志刚：《专利侵权损害赔偿研究》，《重庆大学学报》（社会科学版）2007年第3期。
③ 张玉敏：《知识产权法》，法律出版社2005年版，第58页。

专利法第60条专利许可使用费的"倍数"进行了解释,该条规定在权利人损失和侵权人获利均难以确定的情况下,有专利许可使用费可以参照的,人民法院可以根据专利权的类别、侵权人侵权的性质和情节、专利许可使用费数额以及该专利许可的性质、范围、时间等因素,参照该许可使用费的1—3倍确定赔偿数额。该规定对合理许可费的"倍数"做了细化,规定了"1—3倍"的限制,使"倍数"的裁量有了规范性,避免了裁判的随意性。时任最高人民法院知识产权审判庭庭长的蒋志培认为:以不低于专利许可使用费的合理数额(即使用费的1倍)仍然适用于多数专利侵权案件的情况。对故意侵权、侵权情节恶劣、多次侵权等情况,应当按照2倍以上3倍以下的使用费标准计算赔偿额。① 地方法院的法官们也积极总结在司法裁判中的经验,以更有效率地适用此赔偿制度。如济南市中级人民法院的王俊河认为:适用合理许可费赔偿的前提是侵权人的侵权状况与专利许可使用状况具有可比性;在确定"倍数",则须综合考虑专利权人的损失状况,以完全补偿其损失为准,仍应坚持补偿性赔偿。② 时任北京市高级人民法院民三庭的程永顺认为:权利人要订立过专利许可合同,法院必须对权利人签订的许可合同的真实性认定。③ 为了维护知识产权人的权益,统一裁判标准,增加裁判的预期性,部分地方法院出台了知识产权损害赔偿裁判指导意见,如2007年4月24日重庆市高级人民法院发布《关于确定知识产权侵权损害赔偿数额若干问题的指导意见》,其中第15条规定"许可使用费"是指权利人在纠纷发生前就涉案专利、商标、作品许可他人使用时已实际收取或依据合同可以收取的费用。权利人应该就许可使用合同的真实性和实施情况进行举证。对经审查发现许可使用合同不真实或许可使用费明显不合理的,不能以此作为计算依据;第16条规定人民法院在确定许可使用费的倍数时,应该考虑侵权人的侵权使用是否与许可使用的情况相似,包括许可使用的方式、时间、范围以及侵权情节等因素。侵权人的侵权使用幅度小于许可

---

① 蒋志培、张辉:《关于实施专利法两个司法解释的理解与适用》,《人民司法》2001年第8期。
② 王俊河:《确定专利侵权损害赔偿数额的几个问题》,《山东审判》2003年第5期。
③ 程永顺:《实施新专利法亟待研究的若干问题》,《电子知识产权》2001年第3期。

使用幅度的，可以确定较低的倍数；对于以假冒为业或多次侵权等情节严重的行为可以适用较高倍数。许可使用费的倍数一般在 1—3 倍以内考虑。

2009 年 4 月 21 日，最高人民法院出台了《关于当前经济形势下知识产权审判服务大局若干问题的意见》，其中第 16 条规定了损害赔偿问题："增强损害赔偿的补偿、惩罚和威慑效果，降低维权成本，提高侵权代价。在确定损害赔偿时要善用证据规则，全面、客观地审查计算赔偿数额的证据，充分运用逻辑推理和日常生活经验，对有关证据的真实性、合法性和证明力进行综合审查判断，采取优势证据标准认定损害赔偿事实。积极引导当事人选用侵权受损或者侵权获利方法计算赔偿，尽可能避免简单适用法定赔偿方法。对于难以证明侵权受损或侵权获利的具体数额，但有证据证明前述数额明显超过法定赔偿最高限额的，应当综合全案的证据情况，在法定最高限额以上合理确定赔偿额。除法律另有规定外，在适用法定赔偿时，合理的维权成本应另行计赔。适用法定赔偿时要尽可能细化和具体说明各种实际考虑的酌定因素，使最终得出的赔偿结果合理可信。根据权利人的主张和被告无正当理由拒不提供所持证据的行为推定侵权获利的数额，要有合理的根据或者理由，所确定的数额要合情合理，具有充分的说服力。注意参照许可费计算赔偿时的可比性，充分考虑正常许可与侵权实施在实施方式、时间和规模等方面的区别，并体现侵权赔偿金适当高于正常许可费的精神。注意发挥审计、会计等专业人员辅助确定损害赔偿的作用，引导当事人借助专业人员帮助计算、说明和质证。积极探索知识产权损害赔偿专业评估问题，在条件成熟时适当引入由专业机构进行专门评估的损害赔偿认定机制。"该规定体现了最高院在知识产权审判中的倾向性意见，对专利侵权损害赔偿的审判工作有指导作用，在合理许可费赔偿的适用上要考虑专利侵权赔偿合理许可费和正常许可费的区别，强调了合理许可费赔偿要高于正常许可费的原则。

2009 年 12 月 26 日全国人大通过了《中华人民共和国侵权责任法》，这是我国颁布的系统的、全面的侵权责任法，其中第 2 条第 2 款明确规定著作权，专利权和商标权属于民事权益的范畴，属于侵权责任法的调整范围。侵权责任法为专利侵权赔偿制度提供了充分的理论依据，也为其发展提供了广阔的空间。

2015年1月19日，最高人民法院颁布《最高人民法院关于修改〈最高人民法院关于审理专利纠纷案件适用法律问题的若干规定〉的决定》[①]，对《最高院专利适用规定》进行了第二次修改，其中第21条关于许可费倍数的设置取消了"1—3倍"的限制，仅规定"参照该专利许可使用费的倍数合理确定赔偿数额"[②]。

专利侵权合理许可费赔偿制度也先后被商标法和专利法所借鉴，2013年8月30日我国商标法完成了第三次修正，第63条规定："在权利人的损失或者侵权人获得的利益难以确定的，参照该商标许可使用费的倍数合理确定损害赔偿额。"2014年6月6日，国务院法制办公室公布了《中华人民共和国著作权法（修订草案送审稿）》，第76条规定"侵犯著作权或者相关权的，在计算损害赔偿数额时，权利人可以选择实际损失、侵权人的违法所得、权利交易费用的合理倍数或者一百万元以下数额请求赔偿"。可以预见在不远的将来，我国三大知识产权法都将在法律的层面确定合理许可费赔偿制度。

第二节　我国专利侵权赔偿中的合理许可费制度存在的问题

我国专利侵权中的合理许可费赔偿制度体系由单行法律、司法解释、司法指导意见共同构成，经历了由无到有，再到全面规范的发展历程。在该制度的建立初期，司法界曾对此抱以期望，认为合理许可费赔偿简单、便捷，将会成为未来专利司法裁判中运用最多的赔偿方式。但合理

[①] 最高人民法院审判委员会第1641次会议通过。

[②] 权利人的损失或者侵权人获得的利益难以确定，有专利许可使用费可以参照的，人民法院可以根据专利权的类型、侵权行为的性质和情节、专利许可的性质、范围、时间等因素，参照该专利许可使用费的倍数合理确定赔偿数额；没有专利许可使用费可以参照或者专利许可使用费明显不合理的，人民法院可以根据专利权的类型、侵权行为的性质和情节等因素，依照专利法第六十五条第二款规定确定赔偿数额。

许可费赔偿制度的发展历程却恰恰和这种预期相反，在现阶段我国专利侵权合理许可费赔偿的适用在我国专利侵权损害赔偿的司法裁判中所占比例极小，刘强等在所统计的 1674 件（1993—2013 年）案件中，采用专利许可费合理倍数确定赔偿额的只有 34 件（约 2%）。2012 年中南财经政法大学完成的《知识产权侵权损害赔偿案例实证研究》对 2008 年 6 月 1 日至 2011 年 12 月 31 日期间全国各级法院关于知识产权案件做出的 4768 件生效判决书进行了实证研究，在专利侵权案件中，采取权利人损失、侵权人获利、许可费合理倍数、法定赔偿的判赔方式各占比例分别是 1.67%、0.48%、0.60%、97.63%。与在专利侵权合理许可费赔偿在我国遭遇的适用比例过小的情形相反，专利侵权合理许可费赔偿在西方主要国家成为专利侵权损害赔偿的主流方式，主要有以下原因：

1. 证明权利人所失利益的成本远高于合理许可费，专利权人获胜的难度会更高，原告常常需要向法院揭露一些商业秘密资讯，例如财务、销售及生产的相关资料，这些资料专利权人不愿提供给法院。[①]

2. 证明所失利益的证据材料往往在证明力上存在争议，例如无法明确界定专利产品所涵盖市场范围、无法找到替代商品、考虑价格弹性对产品利润影响，难以确定所失利益总额。[②]

3. 由于市场全球化的趋势导致不少专利权人本身停止生产制造产品而改用专利许可为主要收入来源，因为这类专利许可人本身不从事制造与生产，因此，难以主张实际损失（actual damages），只能请求合理许可费赔偿。[③] 也有一些大公司将自己的专利委托给专业的专利许可公司来进行许可授权，还有些主动寻求购买专利并向广大的制造与销售商寻求许可的非专利实施主体（Non-Practicing Entity）。因为以上种种因素，使得合理许可费赔偿成为计算损害赔偿的主流。

面对我国专利许可费合理倍数适用比例过小的困境，我们需要考虑

[①] L. G. Goldberg, C. M. Carr, "Remedies for Patent Infringement under U. S. Law", *Social Science Electronic Publishing*, Vol. 56, No. 4, 2010, p. 124.

[②] C. Crampes, C. Langinier, "Litigation and Settlement in Patent Infringement Cases", *Rand Journal of Economics*, Vol. 33, No. 2, 2002, p. 258.

[③] Hanson v. Alpine Valley Ski Area, Inc., 718 F. 2d 1075, 1078 (Fed. Cir. 1983).

的是我们对其认识不足导致实践适用的偏差？还是该制度不适应我国专利侵权赔偿的实践？因此，对专利侵权合理许可费赔偿适用中存在的问题做系统的梳理和分析就成了当务之急，只有找出问题所在，才能切实提出相应的对策。

一 适用范围狭窄

在西方国家合理许可费赔偿制度的适用过程中，在确定赔偿的基准时，法院一般会经过三个阶段考虑：首先，权利人曾与第三人签订的专利许可合同确定的许可费（established royalty），如果已经确定许可费满足以下五个条件就可以直接适用：许可费的支付发生在侵权前；存在一定数量类似的被许可人的支付金额；这些许可费数额相同；许可费的达成不存在威胁和调解；许可中的权利是类似的。[①] 但现实中满足五个条件的极少，所以现在已经很少适用。其次，若没有在先确定的许可费，法院则会考虑相似许可合同确定的许可费或专利许可交易市场中广为接受的惯常许可费。最后，权利人没有专利许可的历史，亦不存在惯常的许可费时，则假设侵权人和权利人通过假设谈判确定合理许可费，再全面考虑个案相关因素，法官通过自由心证确定赔偿额。在此种情况下，法官考虑的因素主要包括两个方面：（1）和专利相关的因素，包括专利的类型、专利对侵权产品的贡献度等；（2）和侵权相关的因素，包括侵权人的获利、侵权持续的时间和区域等。

我国法院在适用合理许可费赔偿制度时，首先，法院只会考虑专利权人曾经就涉案专利签订过的许可合同[②]，在没有曾经已经确定的许可合同的情况下，法院一般不考虑相同或类似行业、相同或类似专利的许可情况[③]，更不会在没有许可合同的情况下根据相关因素确定合理许可费，而会直接转入适用法定赔偿，我国专利侵权合理许可费赔偿的适用其实

[①] Rude. v. Westcott, 130 U. S. 152, 165, 9 S. ct. 463, 32 L. Ed. 888 (1889).
[②] 程永顺：《案说专利法》，知识产权出版社2008年版，第120页。
[③] 如（2012）郑民三初字第40号判决 "其提交的许可实施合同中许可的专利不是涉案专利，因此其许可费用本院不予参照"。

只是西方国家适用合理许可费赔偿的第一个阶段。① 其次，即使存在涉案专利与独立的第三方有许可经历，法院在适用时也相当谨慎，法院会严格考察合同的真实性和合理性。如重庆市高级人民法院颁布的《关于确定知识产权侵权损害赔偿数额的若干问题的指导意见》第 15 条规定，许可费是指许可他人使用时已实际收取或依据合同可以收取的费用，许可合同不真实或许可费明显不合理的，不能作为计算依据。北京市高级人民法院在《当前知识产权审判中需要注意的若干问题（2017）》中指出，当事人以许可费作为赔偿依据的，赔偿数额的认定可以参照权利人所提交的许可客体中约定的许可使用费确定赔偿数额。对许可使用费合理性的认定，应当在综合许可合同的真实性、许可合同是否实际履行、许可使用费是否在发现侵权行为之前已经支付、许可主体之间是否存在特定的关联关系、许可人是否完成纳税凭证等因素基础上，进行具体认定。最高人民法院在《关于审理专利纠纷案件适用法律问题的若干规定》条文释义中指出，在实践中适用使用费为标准计算赔偿额，要注意使用费的给付方式、数额要与侵权的范围、时间等情形相适应，双方对使用费的约定要合法有效。对审查发现明显不合理的使用费的约定，不能作为计算赔偿额赔偿的标准。也要防止有的当事人采取倒签合同等办法骗取高额赔偿。②

法院审查合同真实性一般会考察许可合同有无实际履行证据、许可合同是否备案等，权利人不仅需要提供和第三方签订的许可合同，还要提供合同已经实际履行的证据，许可合同才有可能被法院所认可。如 2012 年最高人民法院公布的中国法院知识产权司法保护 50 件典型案例之一的哈尔滨工业大学星河实业有限公司与江苏润德管业有限公司侵害发明专利权纠纷上诉案判决③："星河公司与他人的《专利实施许可合同》签订于诉讼发生前，并已实际履行，其许可费用可以作为确定赔偿数额

---

① 张玉敏、杨晓玲：《美国专利侵权诉讼中损害赔偿金计算及对我国的借鉴意义》，《法律适用》2014 年第 8 期。
② 曹建明：《新专利法司法解释精解》，人民法院出版社 2002 年版，第 103 页。
③ （2012）苏知民终字第 0021 号。

的参照"、江苏好孩子公司与小小恐龙公司专利侵权案①判决"好孩子公司与小小恐龙公司之间的《专利实施许可合同》签订于诉讼发生前,且在国家知识产权局办理了备案并已实际履行,考虑好孩子公司专利的性质、专利许可的性质、专利产品的合理利润,特别是好孩子公司专利产品的市场占有率,黄金宝贝公司的生产规模和能力、销售范围、侵权情节、侵权时间以及涉案产品的销售价格等,对好孩子公司的该项诉讼请求予以支持"等。②

相反,如果专利权人仅仅提供了许可合同,并未提供许可合同实践履行的证据,法院将不会认可该许可合同的效力。如福建省晋江晋成陶瓷有限公司诉四川华洋陶瓷有限公司侵害外观设计专利权纠纷案③判决:"尽管晋成公司与专利权人签订有专利许可实施合同,但无证据证明约定的专利许可费已实际支付,故专利许可实施合同中约定的专利许可使用费标准,不足以成为确定专利侵权赔偿金额的参考"、厦门铜冠金属有限公司与广州市泓升不锈钢制品有限公司侵害外观设计专利权纠纷案④判决"原告还请求法院参考专利许可费酌定赔偿数额,对于该专利许可费,原告确认涉案《专利实施许可合同》并未经过备案,且未提供具体款项支付的凭证,故本院对该专利许可费的数额不予采信"等⑤。

从以上案例可以看出,法院在确定许可合同的真实性时,一般只会考虑该合同实际履行的形式要件,如发票、银行汇票等履行证据,并不考察该合同是否事实履行。法院把合同是否备案作为合同是否真实的要件之一,有的法院在判决中仅仅以合同未备案而否定合同的真实性,如卢福同诉东莞市依你家用纺织品有限公司等侵害实用新型专利权纠纷案⑥

---

① (2014) 苏知民终字第 0118 号判决。
② 类似案例还有: (2013) 新民三终字第 5 号; (2012) 苏知民终字第 0021 号等。
③ (2014) 成知民初字第 103 号。
④ (2016) 粤 73 民初 46 号。
⑤ 类似案例还有: (2010) 浙知综字第 127 号; (2010) 粤高法审监民再字第 44 号; (2014) 成知民初字第 107 号; (2013) 浙温知初字第 179 号; (2013) 鄂武汉中知初字第 04039 号; (2014) 宁知民初字第 61 号; (2013) 穗中法知民初字第 515 号; (2014) 粤高法民三终字第 40 号等。
⑥ (2013) 江中法知民初字第 1 号。

判决"第三组证据中的专利许可合同未进行登记备案,在被告提出异议情况下,本院难以核实其合同的真实性和履行情况,故本院不予采信"等。① 甚至有的法院仅仅因为许可合同没有备案,没有许可费支付凭证,而认定该许可合同是伪造的。②

法院在考察合理性时考虑的因素主要有:

1. 许可合同双方当事人是否存在利害关系。如果当事人之间存在利害关系,法院将不予认定许可合同的效力。如果双方当事人存在《公司法》规定的关联关系的,一般会被认为双方存在利害关系:(1)许可方是被许可方的股东,如烟台同翔食品有限公司与蓬莱京鲁渔业有限公司侵害外观设计专利权纠纷上诉案③判决"京鲁公司提交的专利实施许可合同的许可方京鲁公司是被许可方蓬莱汇洋食品有限公司的股东,故一审法院对京鲁公司提供的专利实施许可合同证明的内容不予采信,对其主张的专利实施许可费亦不予采信"等④;(2)许可方是被许可方的高级管理人员,如四川省丹棱县富彩瓷业有限公司与福建省晋江晋成陶瓷有限公司等侵害外观设计专利权纠纷上诉案⑤判决"专利权人陈立闽系晋成公司总经理,双方存在利害关系,故专利许可实施合同中约定的专利许可使用费标准,不足以成为确定专利侵权赔偿金额的参考"、湖南广义科技有限公司、长沙深湘通用机器有限公司与湖南广义科技有限公司、长沙深湘通用机器有限公司等侵害发明专利权纠纷申请案⑥判决"专利权人郝志刚与深湘公司签订的《专利实施许可合同》不能作为深湘公司确定损害赔偿的依据,其理由,一是郝志刚是深湘公司的法定代表人,在本案一审诉讼中与深湘公司签订《专利实施许可合同》,有专为诉讼目的而签订合同的嫌疑;二是合同约定了高额专利许可使用费,与市场上相似

---

① 类似判决还有:(2015)鄂武汉中知初字第02532号;(2016)粤73民初46号;(2015)粤高法民三终字第181号;(2014)粤高法民三终字第172号;(2014)粤高法民三终字第46号。
② (2013)穗中法知民初字第67号。
③ (2016)鲁民终1949号。
④ 类似判决还有:(2015)粤知法专民初字第1131号;(2015)鄂宜昌中知民初字第00073号;(2013)粤高法民三终字第540号、(2007)长中民三初字第0172号等
⑤ (2016)川民终47号。
⑥ (2013)民提字第127号。

的专利许可使用费是否相当无证据证明；三是深湘公司一直未实际支付该专利许可使用费"等。①

2. 专利许可合同的其他不合理之处。（1）根据专利的类型认定许可费不合理，如黑河市三合盛彩砖生产有限责任公司与黑河市昌源贸易有限责任公司彩砖厂侵犯专利权纠纷上诉案②判决"虽然涉案《外观设计专利实施许可合同》明确约定了涉案外观设计专利权许可使用费为100万元，但涉案专利技术为人行步道砖的外观设计，较之其技术含量，100万元的专利许可使用费明显不合理，不能作为计算损失赔偿数额的参照标准"；（2）许可期限的重大瑕疵，如卢福同诉江苏大成羽绒制品有限公司等侵犯实用新型专利权纠纷案③判决"《专利许可合同》是以原告卢福同为许可方、东莞市远梦家用纺织品有限公司为被许可方于2010年3月15日签订，合同约定许可方将专利名称为'无底自撑蚊帐'专利号为ZL03229539.1的专利普通许可给被许可方，许可期限为2010年3月15日至2010年3月14日，其提供的《专利实施许可合同》上的许可期限存在重大瑕疵，因此，本院对许可合同约定的专利许可费不予参照"；（3）提交的是独占许可合同，法院不予适用，如深圳市鸿昊天成科技有限公司诉杨东等侵害外观设计专利权纠纷案④中，法院认定"独占许可实施合同，不能证明与本案有关，不能作为本案认定事实的依据"。

在许可合同的真实性和合理性都得到确认情况下，如果专利许可期限、范围、种类以及数量与专利侵权情况不一致，法院一般将不再参照许可费适用合理许可费赔偿，而转向法定赔偿。林少宁与卢福同侵害实用新型专利权纠纷上诉案⑤判决"卢福同主张参照专利许可费确定人民币15万元赔偿金额，但该许可实施合同针对生产、许诺销售、销售等行为，本案林少宁仅实施销售行为，参照专利许可费确定的赔偿金额过高，不符合

---

① 类似判决还有：（2015）鄂民初字第00073号；（2015）粤高法民三终字第181号；（2015）粤高法民三终字第181号；（2015）川知民终字第64号；（2016）川民终48号等。
② （2012）黑知终字第70号。
③ （2013）穗中法知民初字第632号。
④ （2013）鄂武汉中知初字第03978号。
⑤ （2012）闽民终字第656号。

卢福同因侵权行为所遭受损失的实际情况，法院不予支持"、沈阳金铠建筑科技股份有限公司与沈阳中辰钢结构工程有限公司侵害发明专利权纠纷案①判决"金铠公司提供的专利实施许可合同涉及多项专利技术，无法单独确定本案所涉专利的许可费标准"、张龙战诉河南鼎泰岩土工程有限公司侵害发明专利权纠纷案②判决"鉴于原告因被告侵权所受到的损失以及被告因侵权所获得的利益均难以确定，原告提供的专利许可合同涉及四件专利、十六年的使用期限、具体每件专利的许可费用、许可合同的履行情况亦不明确，该许可费用难以作为认定本案赔偿范围的单独依据"，等等③。

有的法院甚至形成了法定赔偿的路径依赖，在认可许可合同的真实性和合理性的情况下，拒绝适用许可费合理倍数的赔偿方式、而选择适用法定赔偿，如在淮南市顺辉锚固有限公司与济南澳科矿山工程技术有限公司侵害实用新型专利权纠纷上诉案④中，法院认定"澳科公司提供了涉案专利实施许可合同、合同备案证明、银行承兑汇票、收款收据及开具的增值税专用发票，能够证明涉案专利实施许可合同实际履行，顺辉公司关于现有证据不足以证明上述合同已实际履行的主张不能成立，本院不予支持。澳科公司另提供了代理合同，二审中补充提供了代理费发票，能够证明其维权支出，本院予以采信。故一审法院依据法律规定，采用法定赔偿方式、参照涉案专利权许可使用情况并考虑澳科公司为制止侵权行为所支付的合理开支等因素，确定顺辉公司赔偿澳科公司经济损失及合理开支35万元并无不当"⑤。

法院在考察许可合同的真实性时，一般只是从形式上考察，并不会实质性地考察合同是否真实地反映了专利的市场价值。贺宁馨、袁晓东通过实证研究也认为：专利许可合同签订的瑕疵以及专利权人无法证明

---

① （2013）辽民三终字第1号。
② （2014）洛知民初字第72号。
③ 类似判决还有：（2015）辽民三终再字第4号；（2013）粤高法民三终字第566号；（2013）榕民初字第1258号；（2008）潍知初字第130号；（2006）大民知初字第71号等。
④ （2016）鲁民终2228号。
⑤ 类似案例还有（2005）湘高法民三终字第57号判决：本院经审查认为，本案专利所涉许可合同虽已经办理了备案手续并已经实际部分履行，许可使用费本身亦无明显不合理情形，但相关法律与司法解释未规定有专利许可费，就必须参照其合理倍数来确定侵权赔偿额。

合同已经实际履行,以至于在专利侵权损害赔偿诉讼中难以适用专利许可费合理倍数的计算方式。①

笔者按时间选择"2013年1月至2017年7月",案由分别选择"侵害发明专利纠纷""侵害实用新型专利纠纷"和"侵害外观设计专利纠纷",在北大法宝上全文检索"许可费",共获得法院未采纳专利权人申请适用许可费合理倍数的请求而适用法定赔偿的生效判决57份(涉及二审或再审的,则以终审的结果为准)。不予采纳的理由有以下三种(多个理由的,只计算第一个理由):(1)合同的真实性无法确认,比例达58%;(2)合同的真实性可以确定,但不符合常理,比例为32%;(3)合同授权的种类和期限等与被侵权的专利不相匹配的比例10%。

具体理由见表2—1。

表2—1　　　　法院不予采纳许可费合理倍数理由的类别比例

类别	法院不予采纳许可费合理倍数的理由	数量
真实性58%	许可合同无实际履行证据或证据未被法院认可、许可合同未备案	33份
合理性32%	许可人、被许可人存在利害关系	12份
	许可人、被许可人均为一人	2份
	被许可人是法人,支付许可费是个人	1份
	名为许可费,实为转让	1份
	许可期限存在重大瑕疵	1份
	专利已经失效,许可费不合理	1份
匹配性10%	许可合同为独占许可,包括制造、使用和销售,被告仅涉及使用行为	1份
	许可合同涉及专利4件,许可期限16年,无法具体到每件专利	3份
	独占专利许可合同,否定适用	2份

二　适用顺序固化

对比各国关于专利侵权赔偿方式的适用顺位,可以分为两种模式:

---

① 贺宁馨、袁晓东:《我国专利侵权损害赔偿制度有效性的实证研究》,《科研管理》2012年第4期。

一种为任意模式，如美国、德国、日本、韩国及我国台湾地区，专利权人可以主张对自己有利的赔偿方式，充分维护自身利益；另一种为顺位模式，如我国。我国最高人民法院1992年颁布的《关于审理专利纠纷案件若干问题的解答》赋予原告对权利人所失利益、侵权人获利和合理许可费的自由选择权，但2008年《专利法》则明确了权利人所失利益、侵权人获利、合理许可费和法定赔偿的依次适用顺位，专利权人须首先选择在先赔偿方式，只有在先赔偿种类无法举证时才能选择在后赔偿方式。

我国现行专利法规定，在权利人所失利益或侵权人获利难以确定的情况下、适用专利许可费的合理倍数来确定专利侵权损害赔偿，由此可见专利许可费赔偿是和权利人损失、侵权人获利相并列的一种侵权损害赔偿方式，其适用有严格的顺序要求，只能在适用前两种损害赔偿方式难以确定赔偿额时才可以适用。最高院的相关司法解释贯彻了这一原则，如《最高人民法院关于审理专利纠纷案件适用法律问题的若干规定》第21条的规定："权利人的损失或者侵权人获得的利益难以确定，有专利许可使用费可以参照的，人民法院可以根据专利权的类型、侵权行为的性质和情节、专利许可的性质、范围、时间等因素，参照该专利许可使用费的倍数合理确定赔偿数额。"地方法院的司法指导性文件也做出了相同的规定，如2007年4月24日重庆市高级人民法院发布《关于确定知识产权侵权损害赔偿数额若干问题的指导意见》第2条规定了专利侵权赔偿方式的适用顺序①，合理许可费赔偿方式适用顺序位于权利损失和侵权人获利之后。

主张严格顺序的学者一般从现行的法律规定出发，对其原因和理由进行了探讨。如尹新天等认为按照民事侵权一般原理，对民事侵权行为

---

① 第二条确定损害赔偿额的计算方法按照以下顺序予以适用：（1）双方于诉讼过程中或诉讼外协商确定的赔偿数额。但双方于诉讼前虽就赔偿额达成了协议，侵权人不予履行，或者协商过程中存在违反合法、自愿原则，造成对权利人明显不公的，权利人可以不受协议的约束；（2）双方无法协商确定赔偿数额的，权利人可以在庭审辩论终结之前，依据法庭确认的事实选择以其损失或侵权人的获利请求赔偿。请求以何种方法计算赔偿额不属于增加或变更诉讼请求；（3）权利人的损失或侵权人的获利均无法查明时，人民法院可以以权利许可使用费的合理倍数确定损害赔偿数额；（4）没有可供参照的许可使用费，人民法院可以采用法定赔偿。

首先应当以权利人受到的实际损失作为确定赔偿额的依据，只有在实际损失作为损失难以确定情况下，才需要按照侵权人获利和合理许可费确定。① 朱启莉认为赔偿额的确定一般围绕着权利人损失展开，立法所追求的目标是通过其他赔偿额计算方法尽可能地推导出接近于权利人损失的赔偿额。因此，以与权利人侵权损失的接近程度为标尺，根据侵权所获利益、权利使用许可费、法定赔偿在适用时与该标尺的距离远近来确定适用的先后顺序。侵权所获利益是对权利人损失的一种推定，其在很大程度上较接近于权利人的损失额，具有较高程度的可靠性，而权利使用许可费是对权利人损失的一种拟定，其与权利人损失额并无直接的关系，只是法律为了解决知识产权赔偿额计算困难的问题而拟制出来的一种计算方法；其与权利人损失额的标准存在差距的可能性较大。因此，与侵权获益相比，权利使用许可费偏离权利人损失额基准的概率更大，准确程度更低，应排在侵权获益之后②。但也有学者主张权利人有权选择侵权损害赔偿方式，如程永顺认为，原告有权选择适用其中一种计算方法③；张广良认为，从私法意思自治的角度出发，主张三种计算方法并行不悖，排斥适用顺序上的先后之别，专利权人可以自由选择赔偿方式。④

三 适用模式单一

合理许可费赔偿适用模式是指合理许可费赔偿是否可以和其他损害赔偿方式并用的问题。各国关于合理许可费赔偿适用是否可以并用有两种模式：一种以美国、日本为代表，专利侵权损害赔偿方式采用并用模式，权利人所失利益和合理许可费赔偿，并不是互相排斥的只能选择其一的关系，而是两者可以一并请求。对于侵权人所实际销售的侵权产品中，可以证明是专利权人原本能够销售部分，得请求权利人所失利益赔偿，其他无法证明的部分，则可以主张合理许可费赔偿。

---

① 尹新天、文希凯：《新专利法详解》，知识产权出版社2001年版，第78页。
② 朱启莉：《我国知识产权法定赔偿制度研究》，博士学位论文，吉林大学，2010年，第56页。
③ 程永顺：《专利纠纷与处理》，知识产权出版社2006年版，第201页。
④ 张广良：《知识产权民事诉讼热点专题研究》，知识产权出版社2009年版，第34页。

一种以德国为代表,权利人损失、侵权人获利、合理许可费赔偿三种方式是相互排斥不允许合并计算,也不能混合使用,但允许原告在诉讼辩论终结前改变赔偿计算方式。[①] 德国不同于其他国家将合理许可费作为权利人可以请求赔偿额的最低金额,因而判决基本上拒绝在合理许可费之外,另附加其他费用作为总赔偿额。

我国专利法只规定了专利侵权损害赔偿方式适用的顺序,并未对各种赔偿方式是否可以并用予以明确的规定。在专利侵权损害赔偿中,每一种赔偿方式都是独立的,单独适用似乎是理所当然的。在我国的专利侵权赔偿司法实践中,也没有出现合理许可费赔偿和其他赔偿方式并用的案例。但这种单一的适用模式近年来遭到了学者的批评。如果否认并用模式,在单独适用的赔偿方式不足于弥补权利人损失时,则权利人面临着败诉或赔偿不足的两难选择。

四 适用过程简陋

2001年《最高人民法院关于审理专利纠纷案件适用法律问题的若干规定》第21条规定了法官在酌定专利许可费合理倍数时考虑的因素[②],明确了以"专利权的类型、侵权行为的性质和情节、专利许可的性质、范围、时间等"因素作为法官酌定的内容,同时限定了合理许可费倍数为"1—3"倍。

2015年最高人民法院修正该司法解释,不再强调以许可费的1—3倍确定赔偿额,只规定许可使用费的倍数确定赔偿。但该规定要求考虑的因素过于简单、不够全面,未细化规定法院如何借鉴现实中发生的许可费[③],这也导致在合理许可费损害赔偿的司法实践中,法院对许可合同的

---

① [德]鲁道夫·克拉瑟:《专利法》(第6版),单晓光等译,知识产权出版社2016年版,第456页。

② 有专利许可使用费可以参照的,人民法院可以根据专利权的类型、侵权行为的性质和情节、专利许可的性质、范围、时间等因素,参照该专利许可使用费的1—3倍合理确定赔偿数额;没有专利许可使用费可以参照或者专利许可费明显不合理的,适用法定赔偿。

③ 张书青:《浅议我国专利侵权损害赔偿计算方式的完善》,见国家知识产权局条法司《专利法研究》,知识产权出版社2012年版,第240页。

审查和认定过程机械，难以看到法官对许可合同确定的许可费和侵权事实相联系的分析后确定赔偿额。我国专利法规定"有专利许可使用费可以参照的"，才可以适用合理许可费赔偿，但如何"参照"法律的指引并不明确，法院在适用合理许可费赔偿的过程中，主要存在两种情况：

1. 法院缺乏对许可合同确定的许可费和侵权事实联系的分析论证，简单地将许可合同确定的许可费作为赔偿额。

在好孩子儿童用品有限公司与中山宝宝好日用制品有限公司侵犯专利权纠纷案中，宝宝好公司未经其许可生产销售好孩子专利的童车，构成专利侵权。好孩子公司主张以专利许可使用费作为赔偿额。好孩子公司曾与第三方昆山小小恐龙儿童有限公司签订了普通专利许可合同，许可期限2年（2006年4月18日—2008年4月17日），许可费每年50万元。法院认为，好孩子公司提交的专利实施许可合同在国家知识产权局已经备案并且已经履行，且该合同、专利实施许可使用费银行进账单、发票和纳税凭证相互验证，形成完整的证据链，足以证明涉案专利许可事实。该合同约定的许可费可以作为确定赔偿额的依据。判决宝宝好公司赔偿好孩子公司50万元。① 在该案中，法院仅仅依据涉案许可合同已经履行的许可费的证据，就将该许可费作为侵权案件的赔偿依据，没有进一步考察权利人与第三人签订的许可合同确定的许可费和侵权事实的联系，涉案外观设计专利仅涉及婴儿车的一个部件车轮毂，婴儿车单价仅150元。一般的约定的许可费要低于企业的生产利润，在本案中，法院应综合考察涉案专利价值占婴儿车价值比例、侵权人的产量等因素确定每年50万元的许可费是否合理，并且应将这些因素的考察分析体现在判决书中，才能使判决具有说服力，而不能直接将许可合同确定的许可费作为赔偿额。

在上海帅佳电子有限公司、慈溪市西贝乐电器有限公司与山东九阳小家电有限公司、王旭宁及济南正铭商贸有限公司发明专利侵权纠纷案件中，权利人签订的许可合同的许可期为18年，许可费为300万元，也即300万元是被许可人独占许可实施专利所需缴纳的许可费。2006年，

---

① （2007）苏民三终字第0102号。

专利权人发现侵权，诉至法院，2007年法院判决适用合理许可费赔偿，直接将许可合同约定的许可费作为赔偿额。这种判决显然缺乏合理性，法院没有考虑侵权行为持续时间、地域范围等因素，也没有考虑原告许可合同的独占许可的属性。在上海嘉洋实业有限公司诉吉林省洮儿河酒业有限公司、被告李昌佐侵犯专利权纠纷案中①，原告与第三方王毅、王政签订外观设计专利许可合同，合同有效期从1999年12月10日至2007年3月14日，许可费30万元。2006年2月，原告起诉被告洮儿河酒业有限公司未经原告许可、擅自制造侵犯原告专利权的产品，被告李昌佐销售专利侵权产品。法院支持了原告按专利许可使用费的1倍予以赔偿的诉讼请求，判决被告洮儿河酒业有限公司赔偿原告损失30万元。在本案中，被告的专利将于2007年3月到期，被告侵权时距专利权到期以及专利合同到期仅有1年的时间，法院没有考虑专利即将到期的事实以及专利侵权的时间和规模，即简单地将为期8年的许可使用合同的许可费确定为赔偿额，显然和侵害赔偿的实际情况相去甚远。

专利权人与第三方签订的许可合同所确定的许可费仅仅是确定赔偿额的参考，一般不能直接将其作为损害赔偿额，法院需要结合具体案件，综合考虑相关专利自身和侵权方面因素确定赔偿额。目前在各地法院专利侵权损害赔偿的裁判中，直接将许可合同确定许可费作为损害赔偿额的情况已经很少见了，相反，各地法院对许可合同确定的许可费持严格审查的态度。

2. 法院即使考虑了法律规定的相关因素，参照已有许可合同的许可费，确定了合理倍数作为赔偿额，但裁判过程同样缺乏合理充分的论证，判决结果缺少法官的解释和说明，缺乏法官心证呈现的过程。

法院对合理许可费赔偿数额的裁判往往过于笼统，缺乏充分的说理、论证，绝大多数法院对合理许可费赔偿应当考虑的因素都进行了简单的罗列，主要包括专利权的类型、侵权行为的性质和情节、专利许可的性质、范围、时间等因素，但却未能就所列举因素与合理许可费赔偿额的因果关系做出更加细致的说明，有可能导致诉讼当事人难以对赔偿额结

---

① (2007) 哈知初字第3号。

果信服，长此以往有损司法威信。

如在上海恒昊玻璃技术有限公司诉湖南春光公司玻璃外观设计专利侵权案中①，原告恒昊公司许可第三方辽宁省康宁沈阳实业总公司实施玻璃专利的专利使用费是 6 万元。法院在判决时"考虑被告春光公司侵权行为的性质、期间、后果、原告恒昊公司专利使用的种类、时间、范围及制止侵权行为的合理开支等因素，参照原告与辽宁省康宁公司签订的专利实施许可合同约定的实施许可费，综合确定原告恒昊公司的经济损失为 5000 元"。法院的判决没有直接将许可合同确定的许可费作为赔偿额，而是考虑了最高人民法院司法解释要求考虑的一系列因素后决定赔偿额。但是，法院对赔偿额的确定仅仅是一句话，合同约定的许可费是 6 万元，如何与本案的侵权事实，如侵权时间、侵权范围、侵权规模等相结合得出赔偿额为 5000 元？法院并没有给出令人信服的论证。

在法院适用合理许可费赔偿的判决中，类似情况并不是少数，大多数法院判决书只是在简单地照搬司法解释上的语句，直接得出酌定数额。如楚良珠与王东明侵害发明专利权纠纷案中②，法院"综合考虑侵权行为的性质、持续时间、生产规模、专利产品市场的合理利润及参照该专利许可使用费等因素，确定楚良珠赔偿王东明侵权经济损失 6 万元"；广东日昭公司、罗志昭和无锡达盛公司专利纠纷案中③，法院"故根据涉案专利权的类型、侵权行为的性质和情节等因素，参考涉案专利许可费及广东日昭公司、罗志昭为制止侵权而支付的合理费用，综合确定赔偿数额为 11 万元"；宁波厚博交通设施科技有限公司诉戴连省侵害外观设计专利权纠纷案④中，"本院根据案涉专利权的类型、被告实施侵权行为的性质和情节等因素，同时参照原告支付的许可费，酌情确定原告的经济损失数额为 2 万元。原告为制止本案被告的侵权行为支出公证费 1000 元，

---

① （2005）长中民三初字第 180 号。
② （2012）乌中民三初字第 118 号。
③ （2013）皖民三终字第 00079 号。
④ （2014）大民四初字第 26 号。

产品购买费 360 元，两项合计 1360 元"等①。

有些法院判决书甚至没有说明确定合理许可费倍数的参考因素，直接得出酌定的赔偿额，如：卢福同与大成羽绒公司、尚宝罗公司专利侵权案②中，法院认定"合同中的专利许可费 2 万元可以作为确定赔偿额的参照。本院参照专利许可费，酌情确定被告大成羽绒公司、尚宝罗公司连带赔偿原告卢福同 4 万元"；乐果（上海）企业管理有限公司等诉上海辰福投资管理有限公司等普通合伙侵害外观设计专利权纠纷案③中，法院认为"鉴于权利人的损失或者侵权人获得的利益难以确定，本院将参照两原告提交的《专利实施许可合同》约定的专利许可使用费的倍数合理确定赔偿数额"等④。

部分法院对合理许可费倍数的参考因素做了具体化的解释和说明，比如把司法解释中要求的"侵权行为的性质和情节"细化为"侵权的恶意程度"等，如在曹连涛诉郭丽萍等侵害外观设计专利权纠纷案⑤中，法院"根据被告的主观恶意、生产规模，并参照原告提交的专利实施许可备案证明中的专利使用费的数额，酌情确定被告赔偿原告经济损失及合理支出共计 5 万元"，但对"主观恶意"也仅仅一笔带过，并未见和损害赔偿额关联的详细论证。

法院自由裁量确定合理许可费赔偿数额只能是一个大致估计的数字，但是要能证明该数额是正当的且经过合理的推论过程⑥。现有我国专利侵权赔偿制度对合理许可费赔偿适用仍缺乏具有操作价值的指导，这使得

---

① 类似案例还有（2007）粤高法民三终字第 231 号；（2007）深中法民三初字第 340 号；（2006）成民初字第 118 号；（2016）鲁民终 2102 号；（2016）皖民终 173 号；（2015）浙知终字第 91 号；（2012）济民三初字第 404 号；（2014）淄民三初字第 6 号；（2013）新民三终字第 5 号；（2012）苏知民终字第 0021 号；（2009）长中民三初字第 0259 号；（2009）皖民三终字第 0013 号；（2007）粤高法民三终字第 231 号；（2007）长中民三初字第 0321 号；（2007）粤高法民三终字第 230 号；（2007）深中法民三初字第 340 号；（2006）成民初字第 118 号等。

② （2013）穗中法知民初字第 632 号。

③ （2014）沪二中民五（知）初字第 162 号。

④ 类似案例还有（2007）长中民三初字第 0321 号。

⑤ （2016）鲁 03 民初 112 号。

⑥ Story Parchment Co. v. Paterson Parchment Paper Co, 282 U. S. 555, 563, 51 S. Ct. 248, 75 L. Ed. 544（1931）.

各地法院在对合理许可费赔偿的数额进行说理论证时，往往存在"千人一面"的套话形象，有的甚至直接照搬司法解释要求考虑的因素的语句，列举的因素可以说是十分全面，但笼统的表述缺乏对不同因素对法官的参考价值以及相互之间影响的分析，难免给人法官裁判时是"拍脑袋"的感觉，有损司法权威。

第三节 我国专利侵权赔偿中合理许可费制度存在问题原因分析

专利侵权合理许可费赔偿制度在美、德、日等西方国家运用广泛，而且运行良好，但在我国专利侵权赔偿的司法裁判中却遭遇运用比例过低等问题，本文认为主要是以下原因导致我国专利侵权赔偿合理许可费制度运用的困境。

一 可参照的许可合同确定许可费不多

2008年我国开始实施国家知识产权战略，专利申请量和授权量迅速增加，2011年开始连续五年，发明专利量居世界首位。2016年，我国国内发明专利拥有量首次超过100万件，国内发明专利拥有量，是指我国居民拥有的、经国家知识产权局授权、且在有效期内的发明专利数量。国内发明专利拥有量通常是国际上衡量和评价一个国家创新水平的重要指标。但我国数量庞大的专利有相当一部分和市场脱节，我国专利权的经济价值并没有得到充分体现，创新效益并不明显。我国的专利转化率过低，仅百分之几甚至百分之零点几，已经影响到专利制度的正常运转。[①]2014年全国人大常委会《关于检查〈中华人民共和国专利法〉实施情况的报告》中也提到"专利运用能力不强，专利的市场价值没有充分表现"的问题，"重申请，轻运用"的现象比较普遍，专利整体运用能力不强，对专利市场价值认识不足，专利许可转让不够活跃，市场化水平比较低。

---

① 朱雪忠：《促进我国专利转化的供给侧改革》，中国科协创新战略研究院官网，http://www.nais.com.cn/html/guandian/2017/0103/797.htm，2019年8月1日最后访问。

过低的转化率意味着专利许可率也会很低,我国专利侵权赔偿中适用合理许可费赔偿的前提是在侵权之前专利权人和第三方签订了许可合同,许可费已经确定。我国专利转化率不高,许可贸易不发达,可参照的许可合同确定的许可费不多,这必然导致法院在专利侵权损害赔偿中无已经确定的、在前的专利许可费可以适用,以至于法院不得不适用法定赔偿。朱雪忠教授指出应改变我国现有的专利资助政策,应由企业根据市场的需要自主地申请专利,这样企业才有实施专利的动力,专利的转化率才会提高。① 目前我国专利侵权损害赔偿额比较低,这在一定程度上对未经专利权人许可使用其专利行为的增加起了刺激作用,导致人们更不愿意去通过正常商业许可获得专利的使用,而专利许可合同的稀少同时也使合理许可费赔偿难以适用。随着我国知识产权战略的推进,专利的实施率有了一定的提高,2016 年 7 月 1 日,国家知识产权局发布的《2015 年中国专利调查数据报告》显示,我国有效发明专利实施率为 50.9%,有效实用新型专利和有效外观设计专利实施率较高,分别达到 59.0% 和 60.1%,三种有效专利整体实施率达到 57.9%,比以前都有大幅度的提高。② 2015 年在国家知识产权局备案的专利许可、转让和质押达 13.7 万件,较 2014 年增长 19.1%。③ 2016 年,我国专利转让、许可质押等在内的专利运营次数达 17 万余次,同比增长 20%。④ 随着我国科技创新不断深入,专利实施率、许可率也将会继续提高,必将为专利许可费合理倍数的适用提供广阔空间。

二 法院对许可合同的真实性保持谨慎态度

近几年来,由于社会诚信缺失等社会大环境的影响,司法领域尤其

---

① 朱雪忠:《辩证看待中国专利的数量与质量》,《中国科学院院刊》2013 年第 4 期。
② 参见中华人民共和国国家知识产权局官网 http://www.sipo.gov.cn/tjxx/yjcg/201607/P020160701584633098492.pdf,2019 年 4 月 21 日最后访问。
③ 参见知识产权出版社智库统计《中国专利运营报告(2015)》。
④ 参见中华人民共和国中央人民政府网 http://www.gov.cn/xinwen/2017-09/05/content_5222869.htm,2019 年 3 月 2 日最后访问。

是民商事审判中的虚假诉讼现象比较严重①，当事人之间恶意串通伪造合同损害他人利益的现象时有发生。在专利侵权合理许可费赔偿适用过程中，法院对许可合同的审查持严苛态度，加之我国司法资源有限，法官办案量大，难以有足够的时间和精力对许可合同进行事实审查，一般仅对许可合同的真实性做形式审查，并不考虑专利许可合同确定的许可费是否真实反映了专利的市场价值，这也导致了专利侵权合理许可费赔偿适用率低。如江苏省高级人民法院颁布的《侵犯专利权纠纷案件审理指南2010》中明确规定"确定专利许可使用费的专利实施许可合同应当是实际已经履行的，许可使用费也应当是实际已经支付的。在认定许可使用费的真实性、合法性时，应当注意审查专利实施许可合同及其备案证明、使用发票、纳税凭证等证据。对于权利人将专利许可给自己或者亲属设立的公司而收取高额使用费的情况，应当严格审查"。广东高院"探索完善司法证据制度破解知识产权侵权损害赔偿难"试点工作座谈会纪要中指出："在参照许可费使用费计算损害赔偿额时，应当认真审查相关许可使用合同的真实合法性及其实际履行情况，即审查相关合同何时签订、许可费用是否合理、实际履行的发票、转账记录，等等，不能仅以许可使用合同签订双方并无争议为由认定许可使用费，防止原告为了获得高额赔偿而提供虚假的许可使用合同。"②

三 损害赔偿证据采信过于严格，法官自由心证缺乏过程呈现

自由心证制度是大陆法系国家主流的证据制度，在英美法系国家也有着和陪审团制度和判例法制度相协调的自由证明制度，其本质与大陆法系的自由心证制度是一致的。自由心证制度是指法律对证据的证明力不做预先规定，证明力大小由法官在审理案件中根据法官掌握的心证材

---

① 最高人民法院民一庭负责人就《关于防范和制裁虚假诉讼的指导意见》答记者问，中国法院网 http://www.chinacourt.org/article/detail/2016/06/id/1999004.shtml，2019年10月4日最后访问。

② 关于《广东法院"探索完善司法证据制度破解知识产权侵权损害赔偿难"试点工作座谈会纪》，http://www.xsfy.gov.cn/a/shenpanzhidaoxingwenjian/20140625/448.html，2017年11月8日最后访问。

料，依据自由的经验法则和逻辑分析，进行自由判断并形成内心确认的证据制度。

在专利侵权损害赔偿的裁判中，专利权人往往无法证明具体的损害赔偿额，如果仅仅因为程序上的僵化原则而无法获得救济，将是对实质正义的背离。我国台湾地区的"民事诉讼法"规定，法官仅在当事人已经证明损害时，可以就难以证明的损失额进行自由认定。

我国民事诉讼法长期实施的是法定证据制度，它强调证据的真实性，以及与待证事实之间的必然关联性，要求证据的合法性，证据的证明力大小往往由法律直接规定。在司法实践中，法官在处理证据不足以证明事实的案件中，常常会适用法定证明制度让举证方承担败诉结果，因为相对于自由心证，法定证据制度更符合法官认为的实事求是的价值观。

法官在处理专利侵权合理许可费赔偿案件时，即使面对证据的不充分，法官也要酌定许可费的"合理倍数"作为赔偿额。法官适用了经验法则，公开心证过程，当事人会以各种理由质疑自由心证中经验法则的正当性和合理性。为了减少风险，加之每个法官处理的案件数量众多，法官会倾向于选择简化心证过程。同时部分法官素质不足以承担自由心证的过程，也有可能导致裁判过程的简陋。

四 专利侵权赔偿合理许可费制度法律条文限缩性解释

美国联邦巡回法院在 Trell v. Marlee Electronics Corp.[①] 一案中，认为损害赔偿的顺序有三个：专利权人所失利益；已经确定的许可费；合理许可费，且巡回法院认为合理许可费计算重点不在于计算的数值是否精确，而在于是否弥补权利人的损害。

美国专利侵权损害赔偿大部分判决现在都适用虚拟谈判法来确定合理许可费，这和我国专利侵权损害赔偿的司法实践截然不同，我国专利立法与司法实践尚未发展出类似美国乔治太平洋要素计算合理许可费的规则。

我国专利法规定在没有在先的专利许可费可以参照时，将直接转入

---

① Trell v. Marlee Electronics Corp, 867 F. 2d 615（Fed. Cir. 1989）.

法定赔偿,这也无疑缩小了合理许可费赔偿的适用范围。按照目前司法实践,合理许可费必须是专利权人曾经签订过与侵权行为相匹配的许可合同确定的许可费,一般不考虑相似行业或专利的许可费,更不会在没有在先许可费的情况下,通过虚拟谈判确定合理许可费赔偿。目前的司法实践对专利法合理许可费赔偿条文存在限缩性解释,将使该条文不能达成立法目的。

从法律语义解释角度看,我国专利法规定在权利人所失利益和侵权人获利无法确定的情况下,可以参照许可费确定赔偿额,其文义并未将许可费限定为权利人已经签订的相同专利许可合同已经确定的许可费。实践的做法限制合理许可费适用的空间,因为在我国专利实施率不高的情况下,实际发生的专利许可数量毕竟不多,即便发生许可,许可的情形和侵权情况也未必相匹配。从历史解释角度看,以合理许可费作为损害赔偿的计算,是为了弥补专利法规定的权利人所失利益和侵权人获利赔偿计算的不足,在专利权人已经证明有损害,而无法证明损害赔偿额时,作为解决专利损害赔偿的困难而用,其目的在于减轻专利权人的举证责任,提供专利权人另一个可以选择的损害赔偿方式。如果严格限制合理许可费赔偿适用,将无法达到解决专利损害赔偿不足问题,此种限制将有可能使合理许可费赔偿适用难度等同于或高于它所要弥补不足的赔偿计算方式。因此,对于合理许可费赔偿的解释应以从宽为宜。

从法律体系整体解释角度看,法官在裁判中具有"自由心证"的权利,不少国家的民事诉讼法规定,在当事人已经证明受有损害而不能证明其数额或证明有重大困难的,法院应斟酌一切情况,依心证确定赔偿额。由此可见,法官本来就应该有对合理许可费视情况予以增减的空间,法官当然可以根据相关因素,酌定赔偿额,该赔偿额当然可以不以在先相同的许可费为准。

本章小结

合理许可费赔偿制度经历了探索总结、初步确定和全面确定三个发展阶段,从 1985 年 4 月 1 日施行《中华人民共和国专利法》到 1992 年第一次修改专利法期间，都没有明确确定专利侵权损害赔偿的原则，处于在司法实践中加以探索和总结阶段；1992年最高院以解答的形式确定了合理许可费赔偿制度，开始初步确定了合理许可费赔偿制度；2000年第二次修改后的《专利法》在法律层面第一次确定了专利侵权损害赔偿合理许可费制度，2008年第三次修改后的《专利法》明确规定了专利侵权损害赔偿方式的适用顺序，合理许可费赔偿制度进入了全面确定阶段。我国专利侵权合理许可费赔偿制度的起步较早，但发展缓慢，适用率过于低。

在现阶段，我国专利侵权合理许可费赔偿制度存在适用范围狭窄、适用顺序固化、适用模式单一、适用过程简陋的问题。

适用范围狭窄表现在法院只认可权利人与第三人签订的许可合同，并严格审查其真实性和合理性。法院一般会以权利人未提交履行凭证、合同未备案等原因不予认可合同的真实性；以许可合同双方当事人存在利害关系等原因认为合同不具有合理性。在许可合同的真实性和合理性都得到确定的情况下，如果专利许可的期限、范围、种类以及数量与专利侵权的情况不一致，法院一般也不予适用。

适用顺序固化表现为合理许可费赔偿适用有严格的顺序要求，只有在权利人所失利益和侵权人获利不能适用的情况下，才能适用合理许可费赔偿。适用模式单一指合理许可费赔偿不能和权利人所失利益或侵权人获利并用，妨碍权利人获得全面的赔偿。适用过程简陋是指法院在确定合理许可费赔偿额时，大多数只是简单罗列法定参考因素，没有详细论证各因素和赔偿额之间的关系，判决的自由心证过程没有呈现。

我国专利合理许可费赔偿制度存在上述问题的原因主要有：我国专利转化率低许可贸易不发达导致可参照的许可合同确定的许可费不多；我国虚假诉讼的现象在一定程度上存在，导致法院对许可合同的真实性保持谨慎的态度；我国法官在适用自由心证时往往省略心证过程，导致裁判过程过于简陋；对我国专利侵权合理许可费制度法律条文的限缩性解释导致在没有可以供参考的相同专利的许可费时，直接适用法定赔偿。

第 三 章

专利侵权赔偿中的合理许可费制度的理论基础

专利权属于民事财产权的范畴，应从传统的民事财产权损害赔偿理论探寻专利侵权合理许可费赔偿的理论基础。从通过比较分析民事契约上许可费理论、专利法上合理许可费理论以及民事财产权（益）损害赔偿的合理许可费理论，探讨专利侵权合理许可费制度事实属性和法律属性。

第一节 民事契约上的许可费理论

民事权利制度体系中，传统意义上的财产所有权制度是物质化的财产结构，其客体是物，物是指人身以外的物质，既可以是自然存在的物，也可以是人类创造出的物，都体现了物的客观存在性。随着人类社会经济、文化的不断发展，各种抽象化、非物质化的财产不断出现，不再限于有形的物，它们没有外在的形体，但同样有经济利用价值的利益。在科技、技术和文化等领域，人类智力创造出非物质性的知识产品成为无形财产权制度的重要客体，并和以物为客体的传统意义上的有形财产权制度相区别而存在。

为了发挥物的最大利用效益，传统意义上的有形财产的所有权权能存在分离的现象，物的所有权人把所有权的占有、使用、收益中的一项或几项权能通过契约授权许可他人使用。在无形财产制度中，客体虚拟占有与权能多样性的特点在客观上要求弱化无形财产权的支配功能而强化其利用功能，使得其更适合于通过许可他人使用而获得收益。无论是作为有形财产权的物权允许非所有权人使用获得使用费，还是人格权财产性权益、知识产权许可非权利人使用而获得许可费本质都是权利人出让权利的使用权能而获得对价收益，在这一点上，他们的法律属性是一致的。

一　物权使用许可费

具有占有、使用、收益和处分四项权能的物权是完整的，被称为所有权。物的占有并不是人们的最终目的，人们占有物的目的在于物的使用和收益。这种对物的使用收益的权利，统称为物的使用权。现代民法中物权制度出现从重所有权到重使用权的转化，表明使用权的地位逐步提高。物的使用价值决定了物的使用权的本质，所有人需要的满足是所有人意志和利益的体现，也是物的使用价值所在。人们利用财产并获得一定经济利益的权利是所有权的收益权，现代所有权的观念就是由绝对所有权向收益权的转化，所有权从抽象的支配到具体的利用转变是其发展的趋势。物权人占有其物，抽象的支配并不是目的，而是通过对物的支配获得一定收益。物权法通过加强对使用、收益权能的保护，从而充分激励权利人对物充分利用，以发挥物的最大效用，促进经济、社会的发展。

在现代市场经济下，所有权权能分离的现象越来越普遍。所有权人可以根据法律或合同规定，将占有、使用、收益的权能转移给非所有权人行使，使用他人之物的方法有债权的方法和物权的方法。[①] 债权性方法是指通过契约的方法取得，并依契约的约定对他人之物享有占有、使用和收益的权利，例如通过租赁等取得物的占有、使用和收益权利；物权性的利用方法也是通过契约的方式确定，这种由物的非所有权人获得物的占有、使用、收益权能被法律所规定，形成了类型化的他物权——用益物权。我国物权法规定的用益物权主要是在不动产上设立的。虽然物权

---

① 王利明：《物权法研究》（下卷），中国人民大学出版社2013年版，第775页。

性的利用方式和债权性的利用方式在权利性质、期限、流转等方面存在不同,但两者都是通过当事人的自由协商和有偿使用他人之物,实现物的价值最大限度发挥的机制。

不论是用益物权的许可使用费还是债权利用方式的租金一般都是物的非所有权人和物的所有权人通过平等协商,根据物的价值、使用期限、市场收益、物的折旧等因素确定,是物的非所有权人获得他人之物使用、收益权的对价。

二 人格权财产性权益许可费

传统民事权利的分类,以客体不同,可以分为财产权与人身权,人身权是指与权利主体的人格、身份不可分离的权利,包括人格权与身份权。人身权无法如同财产权那样变更主体,换言之,人格权无法让与。但随着社会经济发展,出现了人格要素商业化的现象,权利人通过许可授权他人使用其人格要素来获得经济利益,他人将权利人人格的某些要素运用于商品或服务中,使该类商品或服务依附于该人格的知名度和影响力,从而提高了商品或服务的附加价值。能够商业化的人格要素主要是标识型的人格要素,如姓名、肖像等。

侵权责任法理论一般认为,在某些情况下权利人可以通过同意容忍他人对自己人格的侵害,特别是对于姓名或肖像的商业使用,一般均承认个人享有同意权。由于商业使用他人的人格要素,通常会支付一定的报酬,作为使用他人人格要素的对价,此对价关系未违反法律的强制性禁止规定,也未违背公序良俗的社会观念,经同意而商业使用他人姓名或肖像的行为,不构成侵权。人格权虽无法让与实现其财产价值,但权利人仍可以通过许可他人使用的方式,获得人格权的财产价值。

美国通过设立和隐私权相区别的公开权的二元理论来解决人格权让与性的问题。权利人可以将具有财产利益的公开权部分或全部让与他人。所谓让与是最终变更权利主体。权利人也可以选择许可的方式实现公开权的财产价值。相对于让与,许可是在一定期间、地域等条件下允许他人使用,权利主体并未变更。美国联邦法院曾有判决称:"一个名人必须经过多年的投入和激烈的竞争才能使他的公众形象具有市场价值。这种价值体现在他的姓名、肖像以及其他人格标志上的形象，是他的劳动成果，是一种财产权。"①

相较于前述二元论，德国多数学者采取一元论的观点，德国学者海特曼（Heitman）提出"人格利用权"的概念②，此权利具有财产权属性，可以让与。贝蒂安施默兹（Beuthien VSSchmölz）提出"人格财产权"的概念③，他们认为姓名权和肖像权属于支配性权利，除了排他权能外，尚有用益的权能。法律未规定的人格权益，比如个人资料、信息等，个人除了享有排他权能外，亦享有用益权能，如果不承认用益权能，排他权能无法完整发挥作用。他们建议建立一个以姓名、肖像以及个人信息等为客体的支配权，相当于无形财产权，其可以让与。福克尔（Forkel）提出了"限制性让与理论"④，人格权利人所让与的是与母权利所分离的部分权利内容，此项子权利并非如金钱债权上量的分割，亦非将人格权中的个别权能完全分离出去，而是按照当事人之间的约定具体决定其内容，一旦子权利归于消灭，其权利内容自动回复到母权利，而无须任何返回行为。子权利于其尚存在的期限内，俱与母权利保有一定的联系而受其拘束，据此被许可人行使其权利时，须顾及许可人的利益。"限制性让与理论"为德国学说广为采纳。由此可见，人格利益并不等于精神利益，人格利益具有多层次性，包括精神利益、财产性人格利益和经济利益，民事主体利用人格权客体带来的经济利益本身实为人格利益的构成要素，而不能构成抹杀人格利益性质的理由。

许可他人使用是人格权财产性权益商业化利用的主要的形式，在实践中，对于自然人的姓名、肖像的商业化利用，主要是通过签订许可合同的方式，授权他人使用而获得许可费的收益，此许可费一般根据自然人的知名度、商业化的行业、商业盈利等因素确定。

---

① Uhaender v. Henricksen, 316. F. Supp. D. Minn, 1970.
② 温世扬：《析"人格权商品化"与"人格商品化权"》，《法学论坛》2013年第5期。
③ 隋彭生：《人格派生财产权初探》，《北京航空航天大学学报》（社会科学版）2013年第5期。
④ 程合红：《商事人格权论》，博士学位论文，中国政法大学，2001年，第24页。

三 专利许可费

相对于传统的物权,知识产权的价值并不在于对财产静态的占有,而在于财产动态的使用,因为只有知识产品的使用,才能促使知识产品传播,才能实现知识产权惠及社会大众的立法宗旨。知识产权无形性使得知识产权许可并不需要转移财产的占有,同一知识产权可以同时许可多人使用而并不会影响使用的效能。

专利权的实施有两种方式,一是自己行使,二是许可他人行使,在现代社会阶段,社会分工细密,除非权利人自己具有相当的资金和技术条件,都倾向于许可他人行使以获得许可收益。各国专利法均规定专利权人,有禁止他人未经其同意而实施该专利的权利,对那些缺乏自己实施专利的能力,又不愿转让专利的权利人,专利许可是获得专利使用收益的最佳方式。

(一) 专利许可的界定

有形财产因占有一定的空间,所有人只要取得占有,即可以独享该有形财产的价值,法律赋予权利人使用、收益及处分该物权的权能。专利权的客体是无形的抽象技术信息,尤其技术一旦公开即众所周知,权利人无法直接占有支配技术信息。在无法通过占有和支配而独享专利市场价值的前提下,权利人依赖国家公权力的介入,获得法律赋予的未经其许可不得行使的排他权。专利许可是专利权人和被许可人通过契约约定,被许可人可以在特定地域、特定时间实施专利的行为。被许可人通过被许可的专利开创了更为广阔的市场空间和提供更多的产品和服务;专利权人亦通过专利的许可行为实现了专利的实施,实现专利的市场价值,达到了促进市场竞争的效果,专利许可费的获得弥补了研发成本亦提升了创造发明的动机激励并促进对研发的继续投入。专利许可显然是权利人与被许可人获得双赢的局面。

专利权本质是排他的禁止权,专利权人除法律规定的强制许可外,无许可他人的义务。专利权作为无形财产权,使得订立许可合同时的交易类型要比有形财产多,通常权利人会选择对其经济利益最大的方式为之,比如根据被许可人的不同产业特点许可不同的制造、销售、使用等权利,自己仍然是专利权人,保留在许可期限届满后,仍然恢复完整权利的可能性。

(二) 专利许可的类型

专利许可合同,如以专利许可的属性分类,可分为"独占许可"和"非独占许可"。独占许可的排他性很强,一般认为其地位保障方面等同于权利人,独占许可在许可范围方面可以排除专利权人。

按照专利许可中被许可专利数量多少分类,可以分为个别专利许可和概括性许可。当个别许可交易成本高时,尤其在现代高科技产业中,个别许可的代价高昂,专利权人常以概括性许可进行许可交易。概括性许可从市场实际需要出发,当众多权利使交易复杂化,大多数使用者期望有迅速而代价低的方式使用权利人的专利,权利人也希望有足以信赖的方式收集有关使用其专利的信息。此制度除了着眼于被许可人一次实施多数被许可的专利,更在于防止权利被侵害的保障。通过一次性的概括许可,而不是烦琐的个别许可,许可人可以排除对特定对象的严密侵权监督,许可人会降低成本。

从被许可人是否可以再次许可他人的角度分类,可以分为主许可和再许可。再许可的交易安排,法律观念上类似于不动产租赁合同的次出租,非经原专利权人的同意,被许可人无权将被许可的专利再次许可给他人实施。专利权人如同意被许可人进行再许可,通常会要求被许可人披露再许可人的身份等信息,并由被许可人负担报告统计制造、使用、销售被许可产品数量的义务。

从许可人和被许可人关联关系角度分类,可以分为交叉许可和回馈许可。交叉许可是指两人以上的专利权人通过合同将专利许可于对方,亦即专利权人就其专利彼此相互许可。交叉许可往往可以整合必要技术,解决专利权人互相妨碍对方市场专利布局的困境,降低交易成本,避免高昂侵权诉讼成本等而促进竞争。交叉许可的交易安排,可以达成专利人相互抵消许可费的支出或一方减少支付许可费的效果,企业间因专利纠纷最后以交叉许可相互授权和解,是实务中常见的纠纷解决方式。回馈许可指按许可合同规定,被许可人将基于被许可技术所衍生的改良技术回授予原专利许可人。回馈许可如果是非独占许可常有利于竞争,是许可当事人间共同分担风险，并鼓励被许可人基于许可技术继续创新，可谓是同时促进创新和基于创新的再创新。回馈许可是许可人避免被排除于使用基于其技术所为改进技术的必要手段，消除了专利权人不愿许可的顾虑。非独占回馈许可，因使从事技术改进者保留将改良技术自由许可他人的空间，故较少有阻碍竞争的情形。但回馈许可如造成实质上降低被许可人从事研发动机并限制创新市场的竞争，则有垄断之嫌。

此外还有专利联合的形式，专利联合又称专利池，多数专利许可人间经由约定，将其专利委托—专利权人或独立组织将所联合的专利许可他人。专利联合可分为开放式的联合和封闭式的联合。前者指任何厂商都可以自由加入，后者则指非自由开放于任何厂商的专利联合。

封闭式的联合未必必然违法，只有具有支配市场力量的企业凭借专利联合排除他人参与时可能有碍竞争。专利联合成员间贡献与专利池的专利，需大部分是互补性的专利，且联合成员间须有保密机制，以防处于竞争关系的专利权人间交换敏感的商业资讯。联合成员需自由开发竞争产品并建立新技术规格，不得为许可产品的垂直价格约定，并得单独就其自己拥有的专利进行许可。

（三）影响专利许可费的因素及收费方式

专利许可合同属于私法契约，专利许可费是双方协商一致的结果，是在合同自由的架构下，双方就决定授权许可的专利价值的估算以及未来市场获利的预先分配合意。

专利许可费是专利权人和被许可人共同关注的重要议题，专利许可费的高低常反映出专利技术的市场价值及市场竞争的状况，它一般要低于被许可人实施专利所获得利润，被许可人在支付许可费后有获利的空间是谋求专利许可的动力。专利许可费不仅于专利许可合同谈判时重要，于技术转移时也为专利技术价格的重要参考依据，也是在专利侵权诉讼中，当专利权人无法证明因侵权行为所受事实损害时，法院判决侵权人损害赔偿的依据。

影响专利许可费的因素很多，主要有下列两个方面。

一是，专利许可当事人以及许可条件的安排对许可费有重要影响。

专利许可费首先和专利价值正相关。衡量专利价值的方法繁多，且无定论，一般而言了解专利价值，要从技术、法律及市场因素入手。就技术因素而言，专利技术对技术领域影响、技术科学基础、技术原创性、技术覆盖范围、技术关联性、技术对产业重要程度、技术商业化难易程度以及现有替代技术的数量等都是需要考虑的重要部分；从法律因素来看，则要考虑专利稳定性、新颖性、权利范围、发现侵权难度等；从市场因素来看，专利技术是否是产业所迫切需求、该产业是处于新兴、成熟还是衰退阶段、专利是否能带来商业利润等。

专利许可人可能是自然人或是法人，法人有可能是公司等营利性法人，抑或是大学、学术机构等公益性法人，许可人的性质不同对许可费有着不同的期待。

许可交易成本也会影响许可费，比如许可谈判的准备工作需要一定的搜寻成本，包括筛选潜在、适当的被许可人、许可宣传、专家咨询以及法律服务等。许可人是中小企业或是自然人，本身资源有限，无法或不愿承担过高成本，会倾向于接收市场价格较低的一次性支付（lump sum payment）、签约费（upfront payment）或入门费（entry fee）等许可费方式。

专利许可关系建立之后，许可人和被许可人会因为产品产销、技术转移、共同开发、合资经营、企业并购等原因建立市场联系，许可条款中的许可期限、地域限制、产量限制、再许可、交叉许可等安排也会影响许可费数额。专利许可中有时会伴随实验数据、特殊材料、特殊设备等的转移，许可费通常会高于单纯的专利许可。

从技术创新程度看，专利技术是原创的基础技术还是改进的从属技术，许可费会有所不同；专利许可双方当事人之间的市场态势，双方是否处于市场竞争关系，也会影响许可费的高低；专利产品或服务的差异化程度、许可费收取方式，如固定费率、定额付费、论件计价、混合付费等也会影响许可费高低。

因此，许可费的决定并没有一定之规，通常许可谈判者的谈判地位、被许可人实施许可的预期收益以及许可人因许可期间的预期损失、专利技术以往的市场表现以及市场接受度、被许可人意图进入的目标市场以及其他任何从事商业活动的市场理性人在相同的条件下可能考虑的因素等所决定。

专利许可费依产业类别可能会造成差异，一般而言，生物化学产业，尤其制药业研发期间长、投资风险高，药品一旦经过人体试验核准上市，将可能带来很高利润，专利许可费相对会较高。电子产业的专利技术更新很快，但电子产品生命周期短于机械产业，故专利许可费费会略高于机械产业。

契约自由所决定的许可费考虑因素主要包括：（1）专利许可条件方面，包括专利种类、许可性质、许可区域、专利产品销售及侵权处理等；（2）产业状况，包括市场占有率、市场潜力及竞争性；（3）技术方面，包括技术成熟度、技术应用范围、技术可替代程度、技术生命周期等；（4）特殊条件，包括技术许可的交易方式及谈判优势等。

二是，专利许可费要受反垄断法规制。

当专利许可是一个许可人对多数被许可人进行许可时，许可人提供的许可费不得涉及无正当理由的价格歧视。反垄断法如此规定是为了防止专利权人滥用专利权，造成彼此处于竞争关系的被许可人之间的竞争能力非因市场自由竞争机制运作而消长，而是被许可人所控制。反垄断法所关注的仅仅是"无正当理由"的价格歧视，"正当理由"可考虑市场供需情况、成本差异、交易数额、信用风险等合理事由。一般认为，适当的"交叉许可"可以构成正当理由。交叉许可是由专利权人通过协议将专利相互许可于地方，目的在于整合必要技术，降低交易成本。

总而言之，专利许可费为被许可人使用专利技术的对价，主要有固定金额（fixed fee）、最低许可费（minimum royalty）以及按照许可专利产品产量的"从量"计算方式，及按照销售许可专利产品价格的"从价"计算方式。不论是从量或从价计算，在各种不同的计算方式中，也可能因市场变化等实际情况订立许可费增加或减少条款。根据专利技术价值及市场对该专利的需求，部分许可人除了一般许可费条款外另要求签订"入门费"条款。许可人往往在许可合同中强调"入门费"在任何条件下都无须返还。专利许可费的给付方式在实践中也有多种，主要有一次性给付、百分比计价与固定费率计价以及入门费或签约费。

一次性给付是指许可人将专利技术许可给被许可人时，仅收取一次性报酬，被许可人在许可合同有效期间，实施许可专利技术的频率以及实施许可专利技术带来的收益高低，都和许可人无关。被许可人仅需支付一次性许可费于被许可人，即履行了许可合同的对价，一次性许可费是否分期支付，分期次数，与一次性许可费给付的本质无关。此种许可费模式的优势在于可以降低专利许可当事人之间的管理成本。但许可费的固定性导致当一次性许可费被高估或低估时，处于不利的一方当事人将无法重新调整许可费数额。

百分比计价是指许可费的给付按照被许可专利产品售价或净销售额的特定百分比确定；固定费率计价是指许可费按照被许可产品数量的固定比例确定，即论件或论量的固定费率收取。在市场的激烈竞争中，被许可人常常会采取降价的策略保持市场竞争力以巩固市场占有率。固定费率的收费方式，保障了专利权人不会因专利产品价格下降而导致许可费的损失，但同时也无法获得因专利产品价格上升而带来的许可费收益。百分比计价的方式使得专利许可人保有了因专利产品价格上升带来的利益空间，被许可人可以保有因价格冲击竞争压力的弹性，反映了许可人和被许可人在商业上的合作。

入门费或签约费是专利许可合同中常见的安排。在有效率的市场经济条件下，许可费的支付方式，究竟是采取一次性支付（lump sum payment），继续性许可费（running royalty），或较低的继续性许可费与入门费的结合方式收取应没有固定的模式。继续性许可费，是未来许可费以销售的百分比计算，而未来支付的许可费总额，即是对一次性给付在许可期间的分摊；一次性给付反映的是对未来各期许可费给付总额的现值。由此看来，入门费或签约费的约定是提取未来继续性许可费的一部分，提前反映该被提取部分的现值。因此，理论上入门费或签约费的许可安排，应使未来继续性许可费总额下降、许可费率降低。总而言之，在信息对称的市场上，继续性许可费，与入门费或签约费数额负相关。

专利许可合同是私法契约，权利人无须考虑公益性等其他复杂性因素，许可费争议纯属民事争议范畴，双方依契约意思自由原则决定专利许可内容，所决定的许可费即应被维持并继续给付。

四 民事契约上许可费的比较

(一) 物权使用许可费和专利许可费的比较

在多数西方国家中，由于法律将知识产权视为动产，因此将知识产权许可合同归类为转移动产使用权的合同。[①] 物权法上的动产租赁是与其最相似的，例如《法国民法典》第1713条规定了各种动产或不动产都可以作为租赁的标的。法国认为许可合同与物的租赁合同在性质上相同的，许可合同当事人之间的权利义务关系可以按租赁的法律关系处理，因此，有了"许可租让合同"的称谓。[②] 在美国等少数国家，许可合同是属于合同法解决的问题，知识产权法很少涉及。在法国、德国、日本等国家，知识产权法只是原则性地规定了合同的一般问题，具体问题则放到民法、商法或合同法中去解决。但是两种合同毕竟还存在很大的不同。

首先，两者的许可意愿存在不同。

作为有形财产的物被创造出来后，其权利人更注重的是对物的所有和使用，很少愿意将该物与其他物相结合去创建新的物。有形财产按该物的本来特性去使用，通常不会和其他物融合。物在通常范围内使用，存在物的耗损问题，而不会混合到其他物中。物许可他人使用，并不是利用一物去生产另一物。而作为知识产权的专利权客体的技术成果则不同，专利技术被创造出来后常常会被其他人加以利用，用于创造新的技术成果。所以，专利权人的许可意愿常常直接影响专利许可使用的范围。专利权人对于自己的发明创造，有时是希望他人使用，但并不希望免费无偿使用，而是希望每一次使用都给权利人带来收益。

其次，许可对象形态不同导致的差异。

物是有形财产，而专利是无形财产，许可客体的财产形态不同导致两种许可的许多差异。

第一，专利的客体具有物所不具有的无形性和非物质性，并不占据

[①] 曲三强：《知识产权许可合同中契约自由原则的适用和限制》，《云南社会科学》2006年第2期。

[②] 陈志刚：《比较专利法》，兰州大学出版社1993年版，第423页。

一定物理空间，这使得专利许可的种类和形态比物的许可使用要复杂得多，有独占许可、非独占许可、回馈许可、交叉许可以及许可专利池等多种形式。而在物的许可使用中，因物占有一定物理空间，物必须交付被许可使用人，被许可使用人才能获得物的使用和收益，因此，物的许可使用不可能有非独占许可、回馈许可、交叉许可等形式，只能是独占性的许可使用。

第二，物的许可对象是有形财产，其有固定的物理形态，因此必须交付于被许可人，在被许可人占有的前提下，才能行使使用和收益的权能，且在许可期限结束后，物需要返还于许可人，而专利的无形财产的形态导致其许可不需交付客体，许可期限结束后，也无须返还客体，只需承担不经权利人许可不得再次实施专利的义务；物的有形性使物必须占有才能使用收益，这就导致物的许可使用形式单一，同一物上的同一部分只能成立一个租赁权或用益物权，物在被许可使用中会存在耗损；而专利的无形性，使得其可以重复许可给不同的人使用收益，在专利的非独占许可的情况下，同一时期、同一区域都可能存在有多个被许可人享有同样的专利许可权益，且不存在耗损问题。

第三，许可人在许可合同客体受到侵害时，所负义务不同。在物的租赁合同中，出租人负有在租赁期间，保持租赁物按照租赁合同使用、收益的义务，出租人实际上是转让了使用、收益的权能。出租物在受到第三人侵害时，出租人应以所有人的身份，对第三人的侵害加以排除，使承租人得以继续使用、收益。当专利许可是非独占许可时，第三人对专利权的侵害，许可人并不具有排除他人侵害的义务，因为专利权具有的无形性，多人同时、同地使用同一专利权，属于专利权所具有的本质，许可人即使未排除他人侵害，被许可人一样能使用、收益该专利权益。许可人并未违反保持许可标的在许可关系存续期间的合法使用收益的义务。

物权许可使用费和专利许可费一般都会参照财产的价值确定，但两者许可内容的不同也必然会导致许可费的差异。根据物权许可使用形态的不同，物权使用许可费体现为租金和用益物权使用费，是权利人向使用人收取的权利使用权转让的补偿。专利许可合同要比物权许可使用合同的形态复杂得多,许可费的形态相应也复杂得多,比如许可范围不同的独占许可、排他许可及普通许可的许可费不同;被许可人和许可人关系不同的交叉许可和回馈许可的许可费不同等。被许可人利用专利制造产品销售或提供服务而获得利润,许可费往往会和被许可人实施专利获得利益相关,按照被许可人的专利产品销量或提供服务的收益的一定比例收取许可费。

(二)人格权财产性权益许可费和专利许可费的比较

人格权和专利权在权利的形态上存在一定的相似性,两者的权利客体都有无形性的特点。随着人格权商品化理论出现,人格权不仅仅只是非物质性人格利益的唯一载体,它同样可以为主体带来经济利益,财产性权益也成为人格权的重要内容。

人格权财产性权益许可与专利许可有相似之处:首先,权利客体的无形性,与物权受到侵害的有形毁损不同,侵犯此类权益均不会导致毁损;其次,权利的可重复利用性,当物被侵害或被不法侵占时,权利人不可能同时许可他人使用或自己使用,而侵害人格权财产权益和专利权并不会影响权利人许可他人或自己同时使用。但两者毕竟仍属不同的权利类型,在许可范围上存在以下区别:人格权可以许可他人使用的权益仅仅限于具有财产属性的部分,这部分权益有两个特征:首先,具有财产权益的部分是可以和主体相对"分离"的标识性符号,如肖像、姓名、声音等。完全内化于主体的人格要素不能许可他人使用,如生命、健康等;其次,具有财产权益的部分和人的伦理价值是无关的,诸如独立的人格、自由意志、人格尊严等则不能被用于商业目的。而专利权是专利权人的财产权,并不具有人格属性,专利权人可以依照自己的意愿自由地许可他人使用专利的制造、销售、许诺销售、进口等权能。

人格权财产性权益虽然被商业化使用,但仍然属于人格权范畴,难以用财产权价值理论来衡量其价值,许可费的确定主要会考虑人格权主体的知名度、美誉度以及和商业使用的契合度等。专利许可费则是作为无形财产专利市场价值的体现,专利权人和被许可人就未来专利实施获利的预先分配。

第二节　专利法上合理许可费理论

专利许可合同属于私法契约，许可费是指意定的许可使用费。在许可费契约自由的框架下，双方当事人协商一致合意决定许可专利技术的市场价格。许可交易双方在磋商过程中，对专利价值各抒己见，一旦双方未能对许可条件达成共识，则难以成立专利许可合同。从契约自由角度看，因协商失败而未达成专利许可的情况是正常的。因此，契约自由原则上应得到尊重，公权力原则上不应介入私权利空间，对许可费合理性进行审查。

但是争议的专利许可涉及公益性质或是关键技术时，尊重许可当事人的意思表示有时反而会造成整体社会的不利益，相悖于专利制度提高社会整体福利的宗旨。当专利权人滥用专权利而产生不公平竞争时，双方当事人有可能通过自由谈判互相退让来达到短期许可协议，但是无法期待双方达成长期许可协议。此时，应按照强制许可和公平、合理及无歧视等原则，由专利行政主管部门、法院介入私法契约的专利许可，审查专利权人主张的许可费合理性。专利行政主管部门及法院更多是从政策性和公益性角度考虑，而不应仅仅考虑双方自由意思表示。

一　专利强制许可中的合理许可费

专利制度的目的是将专利技术公开，以此促进技术的发明或改良。但技术创新一般是在他人发明的基础上改进，即使这种技术创新已经取得专利权，但是要加以实施就有可能构成对他人基础专利权的侵害，或者专利权人的专利涉及公共利益，当事人之间固然可以通过协商签订许可合同的方式解决，但在双方无法达成许可合同时，将会导致发明无法实施而阻碍技术创新或有碍公共利益，专利法上因此设有专利强制许可制度。

专利强制许可是衡量社会整体利益与专利权人的个人私益，为了防止专利权人滥用专利权，为了社会整体利益而设立的制度。专利行政主管部门或法院的公权力适当介入当事人之间的许可契约，第三人在未经专利权人许可的情况下，支付一定合理许可费予专利权人后就可以实施该专利，不能因为专利权人不同意许可而受影响。世界各国专利法和国际公约都有类似规定，英国是最早规定专利强制许可的国家，以发明在英国国内为被实施对象。日本专利法第83条规定发明专利权连续三年以上未于日本国内适当实施时，可以要求被强制许可。《巴黎公约》中有关强制许可的规范在第5条A项（2），而《与贸易有关的知识产权协议》规定了世界贸易组织成员知识产权权利义务的国际条约，协议中有关强制许可的规定见于第2、7、8、30及第31条。协议规范了专利强制许可的情况，归纳出世界贸易组织成员核准强制许可的基本原则：（1）世界贸易组织成员在核准强制许可时，应个案加以评估；（2）强制许可申请人在申请强制许可前，应先通过合理商业条件向专利权人取得许可；（3）获准强制许可者应支付合理补偿费；（4）强制许可应有一定范围和时间，且利用范围限于特许实施目的；（5）强制许可人不能再次许可他人使用；（6）强制许可的使用应以国内市场为主；（7）强制许可原因消灭时，成员得终止该许可。

获准专利强制许可使用者，并非免费实施他人的专利。专利权人虽然需要容忍强制许可的存在，但也得提出相应条件，请求专利强制许可申请人支付合理的许可费。专利权人应首先和专利强制许可申请人协商合理许可费数额，由于专利权人在专利许可费方面较强制许可申请人有相对较大的话语权，有可能会造成专利合理许可费达成的难度。各国专利法没有对公权力部门如何确定强制许可合理许可费做出明确规定。《与贸易有关的知识产权协议》第31条第h款规定：专利权人可以根据个案具体情况被支付充分的使用费（adequate remuneration）。所谓"充分"只是要求达到最低标准。美国学者认为可以参照认定专利侵权合理许可费赔偿的佐治亚·太平洋因素法进行判断。我国有学者认为在确定合理许可费时，区分获得强制许可的不同情况，适用不同的合理许可费确定方法，专利未充分实施及从属专利的强制许可费应和市场许可费相当，涉及公共利益的专利强制许可费应明显低于市场许可费，应是实现公共利益可以接受的许可费。① 在专利强制许可费的裁定过程中，可以由双方当事人提出专利价值的鉴定报告，在专利市场价值的基础上，根据不同的个案考虑相应因素确定专利强制许可的合理许可费数额。总而言之，专利强制许可所基于的事由和目的应作为确定合理许可费的必要考虑因素。

我国台湾地区法院曾在台湾国硕科技申请强制许可飞利浦电子案中提出了在判断上参照正常商业条件下的许可条件，需要综合考虑：（1）许可费的计算方式；（2）许可人与被许可人的利润；（3）分担风险；（4）许可期间；（5）许可市场状况；（6）市场需求；（7）许可范围；（8）同业竞争；（9）技术品牌的知名度等确定合理许可费赔偿。②

二 标准必要专利许可中的合理许可费

为了避免标准必要专利（standard essential patents）权利人滥用专利排他性权利，防止因此造成的不正当竞争，各国专利法律制度均提出了公平、合理、无歧视原则，该原则要求标准必要专利权人承诺必须以公平、合理及无歧视的条款进行专利许可。③ 技术标准组织通过成员承诺的方式创造出了相当于契约效力的公平、合理和无歧视遵循义务，一般应用于反垄断领域，被用来处理专利权滥用问题。公平、合理和无歧视原则主要指专利标准必要专利的 FRAND（fair, reasonable and nondiscriminatory）承诺，主要内容如下：公平的内涵并不是限制竞争，应保证技术标准的正常使用和传播，标准必要专利权人不能拒绝专利许可，不能强制交叉许可、搭售，不能将非必要专利作为必要专利许可，不得许可过期的必要专利；合理是指标准必要专利的许可条件特别是许可费以及计算方式要符合通常的规制，既要考虑专利的价值和对技术标准的贡献，也要考虑技术标准的市场份额、普及程度，考虑同一技术标准中其他必要

---

① 黄丽萍：《知识产权强制许可制度研究》，知识产权出版社 2012 年版，第 346 页。

② 倪贵荣：《WTO 会员设定强制授权事由的权限：以维也纳条约法公约之解释原则分析飞利浦 CD-R 专利特许实施事由与 TRIPS 的兼容性》，《台大法学论丛》2010 年第 3 期。

③ A. Layne-Farrar, A. J. Padilla, R. Schmalensee, "Pricing patents for licensing in Standard-Setting organizations: Making sense of frand commitments", *Antitrust Law Journal*, Vol. 74, No. 3, 2007, p. 671.

专利的许可费,不能产生过于高昂的许可费;无歧视要求确保产业新出现的竞争者能以现存的竞争者的基本被许可条件获得许可,能够保持产业的竞争水平。标准必要专利权人应确保对所有潜在被许可人获得大致相同的许可条件。①

技术标准制定组织通过公平、合理及无歧视原则作为一种约束手段,主要目的是阻止成员通过该标准必要专利享有的垄断优势来进行许可权滥用。一旦专利权人提供 FRAND 承诺,即承认必须以开放的态度对所有人提供许可,被许可人不一定是该组织的成员。在没有遵循承诺的情况下,专利权人利用专利权的排他性,对特定技术标准的许可施加不公平、不合理及歧视性的许可条件,会损害产业竞争。②

通过 FRAND 原则规制专利权人行为,避免专利权人利用标准必要专利的优势要求多于其特定专利技术本身价值的回报,进而避免因专利排他性而产生的专利权挟制(hold-up)。③ 法院在审理标准必要专利合理许可费争议时,也可以援引佐治亚·太平洋原则,虽然使用的领域不同,但在处理合理许可费的争议上,仍有相通之处。④ 因为通过虚拟谈判协商许可费进行佐治亚·太平洋检测因素判断时,前提是从双方合意达成许可协商的角度考虑,将双方置于平等地位所做出 FRAND 原则下诉讼确定的合理许可费,更能被技术标准制定组织成员所接受。司法介入在审查许可费合理性时,所考虑的因素包括:(1)是否已经符合标准必要专利组织希望有价值的技术纳入标准、鼓励专利标准被广泛采用的 FRAND 原则;(2)专家证词;(3)在特定商业领域的惯常许可费率;(4)具有参考价值的许可费先例;(5)假设性协商达成的;(6)专利技术本身的价

---

① M. Mariniello, FAIR, "reasonable and Non-discriminatory (Frand) Terms: A challenge for competition authorities", *Journal of Competition Law & Economics*, Vol. 7, No. 3, 2011, p. 523.

② J. L. Contreras, "Fixing FRAND: A Pseudo-Pool Approach to Standards-Based Patent Licensing", *Social Science Electronic Publishing*, Vol. 79, No. 1, 2013, p. 47.

③ M. A. Lemley, Carl Shapiro, "A Simple Approach to Setting Reasonable Royalties for Standard-Essential Patents", *BerkeleyTechnology Law Journal*, Vol. 28, No. 2, 2013, p. 1136.

④ R. G. Brooks, Damien Gera din, "Taking Contracts Seriously: The Meaning of the Voluntary Commitment to License Essential Patents on Fair and Reasonable´Terms", *Social Science Electronic Publishing*, Vol. 56, No. 2, 2010, p. 20.

值评估;(7)专利权有效期间许可期间;(8)专利的效益及专利进步程度;(9)专利发明的特质及其对使用者的益处;(10)侵权人使用专利的贡献以及该使用对侵权人的价值;(11)类似专利通常可以达到的获利或销售价格;(12)利润中应被归为专利发明所贡献的部分;(13)专利挟制问题;(14)许可费堆积问题等因素。①

三 专利当然许可中的合理许可费

专利当然许可是我国专利法修订草案(送审稿)针对我国专利实施率不高的现状新增加的一项制度,国家专利行政部门将专利权人愿意许可任何人实施其专利的声明予以公告,任何人在书面通知专利权人,并支付专利许可费后,当然获得专利许可。当然许可可以说是一种自愿的"强制许可",专利权人的声明是单方允诺行为,任何人在做出实施专利的承诺时,专利许可合同当然成立,专利权人是不可以拒绝专利实施人的。但专利许可费是可以协商的,在达不成一致时,由专利行政部门裁决。

当然许可制度的设立有利于当事人之间达成专利许可合同,其目的是促进专利实施和转化。由此可见当然许可本质上仍然是普通许可,只不过专利权人选择被许可人、申请禁令以及独占许可等权利受到了限制。当然许可的合理许可费应比正常商业协商下的普通许可合同确定许可费低,虽然从表面上看,较低的许可费对专利权人不利,但同时可以吸引更多的人实施当然许可专利,专利权人能获得更多的许可收益。当然许可一般规定专利年费减半收取,这在一定程度上也是对专利权人的补偿。

四 专利法上合理许可费的比较

在专利遭受侵权时,专利权人可以请求侵权人以合理许可费作为损害赔偿额。按美国法院的看法,专利许可是专利权人对被许可人使用专

---

① R. G. Brooks, D. Gera, "Interpreting and Enforcing the Voluntary FRAND Commitment", *Social Science Electronic Publishing*, Vol. 9, No. 1, 2011, p. 23.

利行为起诉的放弃，故许可费的额度等于侵权行为成立时损害赔偿度①。当权利人无法证明所失利益时，合理许可费赔偿成为专利侵权损害的最低保障。

专利强制许可和标准必要专利许可中的合理许可费计算，都会考虑计算专利侵权损害赔偿合理许可费佐治亚·太平洋检测因素，因此专利强制许可、标准必要专利许可中的合理许可费的认定基础和专利侵权合理许可费认定基础有一定联系，但它们的法律基础显然不同，属于不同的法律关系。专利当然许可和专利强制有一定的相通之处，都有促进技术实施的作用，因此两者的合理许可费的确定也应有相同之处，但和专利侵权合理许可费赔偿显然也属于不同的法律关系。

专利强制许可、当然许可中的被许可人不等同于专利侵权人，合理许可费也并不是要保证专利权人获得市场条件下的专利许可费。

首先，合理许可费考察的时间基点是不同的，专利强制许可费、标准必要专利许可中合理许可费、当然许可中合理许可费考虑的是未来专利的收益在许可合同双方的合理分配，着眼点是"未来"而专利侵权损害合理许可费赔偿的主要目的是在专利侵权行为发生后，弥补权利人的损害，着眼点是"过去"；其次，是否考虑社会利益因素不同，专利强制许可费和标准必要专利许可、当然许可中的合理许可费都有社会利益因素的介入，需要考虑专利产品最终消费者的价格承受力和技术传播的速度和广度，而专利侵权损害合理许可费赔偿一般仅仅涉及私法上的损害弥补，不需考虑公共利益因素。

第三节　财产性权利（益）侵权赔偿中的合理许可费理论

财产权是民事权利的基本类型之一，也是实现社会整体福利最大化的必要前提。侵权责任法立法目的是使权利人因侵权所造成的损害得到完全赔偿。传统有形财产侵权理论强调的是物的物理性破坏，物的实体

---

① Stickle v. Heublein. Inc. 716 F. 2d. 1550 1562. 219 UspQ2d 377, 387 (Fed. Cir. 1983).

遭到了损害，即达到物的毁损、灭失的程度。物权只有受到了事实上的损害才有可能获得赔偿，在没有事实上损害时而遭受预期经济利益的损失则属于原则上不可赔偿的纯经济损失。这种传统的物权保护理论，限制了权利人的损害范围。随着社会经济进步，这种理论得到修正，权利人所受损害范围得到扩大，不仅仅是物的形态的破坏可以获得赔偿，而且强调了物的权能的损害，权利人可得而未得的财产利益同样可获得赔偿。这种未来可以期待获得利益一般被称为可得利益。

在法国民法中，可得利益即是所失利益，是指如果没有侵权的发生，财产权人广义财产的增加额，通常指一种将来利益的拟制，此种利益在正常情况下，可以变成现实，侵权法应该予以保护。德国民法典第252条认为："所失利益是指依事物通常进行或依特殊情况，特别是依已采取的措施或准备，可取的预期的利益。"由此可见，可得利益损害是一种未来的获利，因侵权人的侵权行为导致应增加的收益而未增加。可得利益一般具有财产性、未来性及确定性的特征，权利人为了实现这未来的利益已经进行了物质等的准备，存在未来利益转化为现实利益的可能性。可得利益的损害是确定的，只不过这种利益的实现是在未来。

同属于财产权的有形财产权和无形财产权的可得利益赔偿有相同之处，都体现为未来的期待利益的损失，而不是现有财产的损害，但也有不同之处，本节以有形财产权中的物权的可得利益、无形人格权中的财产性权益以及知识产权中的专利权为例阐释财产性权利（益）损害赔偿中的合理许可费赔偿。

一 物权侵权赔偿中的合理使用费

（一）物权侵权可得利益的损失界定

侵害物权的可得利益损失，通常是表现在以物权完整性为前提条件的预期利益损失，与物本身的损失有区别。对物权完整性的侵害，传统民法损害赔偿理论强调的是对物的物质形态的破坏，只要造成物的毁损，各国法律都会给予赔偿。现代侵权法强调的是对物权的损害而不是对物的损害，判断侵权人是否侵害物权，主要看是否侵害了物权的占有、使用、收益和处分权能，而不仅仅是客体物的损害。只要物权权能受损，即可认定物权受损，由此造成权利人可得利益损失，均可要求侵权人赔偿。

权利人在物的毁损至修复期间或物的正常使用功能受到阻碍期间无法使用该物的损害赔偿问题在两大法系中都被视为物的"使用利益"的丧失，我国台湾地区称为"物的使用可能之剥夺"。曾世雄认为："就法理而言，使用可能于现今社会多数已经商业化，使用可能之取得既应为相当之财产上对待给付，该使用可能之剥夺，照理亦该视之财产上之损害。"① 物权使用利益丧失主要情形有两种：一是物的部分受损在维修期间导致权利人的使用利益受损；二是物理性完好但权利人失去对物的占有导致权利人的使用利益受损。此种损害通常以权利人对未来获得收益的形式出现，最终表现为权利人的可得利益。②

除了所有权外，物权还包括他物权和准物权，但基本原理相同，只要物权权能受损，即认定物权受损，由此造成一切的预期经济利益的损失，例如商业利润或日常生活收益，可以相关的归责事由认定。

（二）物权侵权可得利益损害赔偿的计算方式

物权侵权可得利益损失的计算应注意侵权行为和可得利益之间的因果关系，只有可得利益是因为侵权行为造成才可以获得赔偿，且是在侵权行为的通常情况下导致的结果，使用收益损失应是一种确定损失，而不是一种臆想损失。

侵权人在没有经物权人同意的情况下使用后者的物，物都有一定物质形态，物权人将不可能再通过在该物上设立用益物权的物权性方式或通过契约的债权性方式允许他人使用自己物的权利，因此也丧失了因允许他人使用而获得的许可使用收益，这种收益损失属可得利益损失。在此情况下，法院可以判决侵权人支付涉案物在市场上可以收取的物权性或债权性使用费。在非法侵占不动产、准不动产及机器设备等有形财产

---

① 曾世雄：《损害赔偿法原理》，中国政法大学出版社2001年版，第78页。
② 杨彪：《可得利益的民法治理：一种侵权法的理论诠释》，北京大学出版社2014年版，第65页。

时，侵权人除应承担返还赔偿责任外，还应按租金赔偿可得利益损失。① 如被告在没有原告的授权下私自使用了他的电子仪器，上诉法院是判决被告要赔偿给原告在这一定时间的市场租金。② 我国最高人民法院曾在判决中认可原告提出的"应以与本案工程所处位置相近的化工大厦办公用房的月租金价格40元/平方米为标准，计算可得利益损失"③。这种许可使用费的损害应是确定的，法国判例曾指出"虽然法官不可能就纯或然的损害判处损害赔偿金，但是如果这种损害是未来的损害，则应另当别论，在这种情况下，法官在事实上将此种损害看作是某种状态的物的确定性和直接后果，是可以予以即刻加以确定的损害"④。在实践中，权利人若有充分的证据证明使用费收益丧失的损害发生，则这种将来发生可得利益损害就是确定的。我们要防止将侵害本身看作是损失的错误趋势，因此，如果在物的修理期间或丧失占有期间所有权人根本不想也不可能使用该物时也承认许可使用费的可赔偿性，则超出合理性的界限。只有原则上不放弃财产侵害和损失两者之间区别的基础上而将二者靠拢时，才是可以被接受的。⑤ 如同物本身毁损一样，物的使用费损失的计算有抽象的客观和具体的主观计算方法，如果权利人已经订立有物的许可使用合同，则依特别情况确定的使用费计算可得利益损失，倘若权利人未订立物的许可使用合同，则应赔偿其在通常情况遭受的一般损失，即依处于相似条件下同类标的使用费为标准。杨立新教授认为对于预期获得利益的计算可以通过同类比照法确定，即确定条件相同或基本相同的同类的参照物如同类生产、经营者，以其为对象，通过计算在同等条件下的

---

① 如（2012）乌中民四终字第163号判决：法院认为，侯金刚非法占用杨震房屋损害了杨震对房屋占有可获得的利益，侯金刚应承担非法占用期间的损失，自杨震办理了房产登记手续起，侯金刚未经房屋所有权人同意非法占用杨震房屋应承担占用期间费用，杨震要求2008年至今的损失，应当予以支持；（2013）金东民初字第116号判决：法院认为，原告因火灾发生，无法继续使用四号产房所失之损失为可得利益损失，该部分损失应有侵权方承担。至于该部分损失计算，按原告出租该产房可得租金计算。
② Strand Electric Co v Brisford Entertainments（1952）2 QB 246 CA.
③ （2004）民一综字第112号。
④ 张民安：《现代法国侵权责任制度研究》，法律出版社2007年版，第131页。
⑤ ［德］克雷斯蒂·安巴尔：《欧洲比较侵权行为法》，张新宝译，法律出版社2001年版，第134页。

平均收益值，以确定受害人的可得利益损失。① 比如法官参照租赁同样面积同样地段的房地产的价格，对房屋租赁的可得利益进行了测算。②

在德国法中，物的使用利益被认为是可以商品化的财产，例如交通事故导致权利人的汽车毁损，权利人因修理期间无法使用汽车，汽车本可以通过出租获得利益，而侵权行为导致使用利益这可以商品化的财产丧失时，权利人可以请求赔偿，权利人需要证明自己有使用被侵权物的意图，其是否出租的意愿并不重要。

但是，德国法同时认为对生活具有一般性核心意义的财产和其他财产的使用利益的意义不同，对于前者的使用利益的丧失，认为权利人遭受了财产损失，给予赔偿；对于后者使用利益的丧失，认为仅仅造成了精神利益损失，不予赔偿。我国台湾地区也持相同的看法，在损毁房屋或汽车时，除了应赔偿修理费用外，还应赔偿修理期间的使用损失，但以权利人有使用意图及可能性为前提。总之，物的可得利益赔偿既要避免要求侵权人承担过于宽泛的责任，又要为有使用被侵权物迫切需要的受害人提供相应的救济。

二　人格权财产性权益侵权赔偿中的合理许可费

（一）人格权财产性权益侵权可得利益损失的界定

人格权财产性权益，是指自然人的姓名、肖像、声音等人格要素所承载的，个人通过对这些人格要素的商业化利用来实现和享有的经济利益。自然人可以自己商业化使用这些人格要素，也可以许可他人使用来获取许可利益。未经权利人许可，对权利人的人格要素商业化利用，即构成对人格权财产性权益的侵害，在其遭受侵害后可以通过财产损害赔偿的方式获得救济。人格权财产性权益受到侵害所造成的损失，是一种机会损失，由于侵权人的侵权行为，使权利人丧失了未来将其人格权财产性权益加以商业化利用的机会，这种机会的丧失对权利人造成的损失是未来可得利益的损失。

---

① 杨立新：《侵权损害赔偿》，法律出版社2010年版，第432页。
② （2014）沪二中民二（民）终字第432号。

财产损害一般以事实损害概念为依据，以权利人在损害事故发生后的财产总额，与假设无损害事实的发生权利人应有财产总额的差额，作为权利人的损害赔偿额。在未经权利人许可，侵权人商业化使用人格权财产性权益时，权利人运用差额法计算损害赔偿额就会遇到困境，例如商家以他人的肖像作为广告或商品的标示，一方面，有可能并未令他人的名誉受到损害；另一方面，原告在损害发生前，并无为他人代理广告的计划，被告的行为并未对原告与他人的缔约造成障碍，从而原告难以被认定有财产上的损害。在我国台湾地区的"铃木一郎案"① 中，法院认为，原告不能证明因被告的行为，导致其与案外人的肖像权许可合同缔结要约撤销，并认为肖像权可以重复多次地同时或不同地许可相同或不同的他人商业使用，被告未经许可使用原告肖像的行为并不妨碍原告再度许可他人使用，从而认定原告未受有财产上的损害。

人格权财产性权益的无形性导致损害的无形性，难以有前后财产数额的差异，即使按照民事诉讼法证据规定降低证明标准，仍可能难以获得有效的证明损害的存在，按照差额说，在上述情况下，权利人并未受有损害。

(二) 合理许可费适用于人格权财产性权益赔偿

对于人格权财产性权益的侵害，传统差额说无法提供充足的救济。因此应探求适合其特殊性的损害计算方式。相对于有形财产权，人格权财产性权益具有无形性，较容易遭受侵害，因为权利人无法事先采取预防措施，甚至于在侵权事实发生许久才知晓。停止侵害请求权的作用也不大，即使停止侵权，侵权人也已经取得了巨大的利益，未来再犯的可能性并未消除。

在人格权财产性权益受到侵害时，权利人往往不能如有形财产受到侵害一样，有具体的事实损害产生，如果放任此类侵权行为发生，将导致权利人的权利丧失价值。因此，对权利人来说，最好的办法是消除侵权人侵害动机，维持权利人权利的专属地位，让侵害者不能处于比合法取得许可授权者更优越的地位，在此观点下，赋予权利人请求合理许可

---

① 台湾高等法院96年度重上字323号民事判决。

费赔偿的权利，是比较有效的方法。

德国法认为，在无形财产权受到侵害时，被害人可以请求权利人所失利益、合理许可费或侵权获利返还的赔偿。合理许可费赔偿在计算上较为简单，被法院普遍采取。至于权利人所失利益、侵权获利返还的损害计算方法，较为复杂，举证不易，在法院实务上的重要性远不如合理许可费赔偿。

德国联邦法院在 Paul Dahlke 案中表示，未经许可使用他人肖像的行为可以适用合理许可费赔偿；在 Marlene Dietrich 案及 Der blaue Engel 案中，德国联邦法院进一步认为，在权利人的姓名、肖像或其他人格要素受到侵害时，可以适用合理许可费赔偿或侵权获利返还来计算损害赔偿额。[1] 德国依据《艺术著作权法》对肖像权提供保护，在肖像权益受到侵害时，德国联邦法院在侵权损害赔偿中引入了许可使用费标准。德国学者提出了"许可费丧失说"，将侵权人获益拟制为受害人许可他人使用其姓名权、肖像权等人格权财产性权益而本应获得的合理的许可使用费，受害人原本应取得许可使用费而未取得，本质上是一种机会利益损失。[2]

所谓合理许可费赔偿，是假设权利人与侵权人存在一个许可契约，损害赔偿额以该许可契约约定的许可费为基础确定。合理许可费赔偿并不以人格权在侵害前已经显现出财产价值为必要，即使权利人在侵权行为发生前，从未许可他人商业使用其财产性人格要素，仍然可以适用。差额说下损害概念着眼于权利人的财产状态，以权利人侵权前后财产差额作为弥补权利人损失的赔偿额，合理许可费赔偿目的在于避免未经许可使用他人人格权中财产性权益情况发生，所着眼是侵权人的侵权行为，一旦侵权行为发生，权利人都可以要求合理许可费赔偿。合理许可费赔偿，并非指权利人与侵权人之间真正存在许可契约，而仅仅是一种基于特殊保护的需要，目的在于填补传统差额说的不足，其适用理应跳出传统差额说的思维。

---

[1] 阿依加马丽·苏皮：《人格权中财产利益的私法保护研究》，博士学位论文，吉林大学，2015年，第123页。

[2] 杨彪：《可得利益的民法治理：一种侵权法的理论诠释》，北京大学出版社2014年版，第65页。

在具体侵权案件中，合理许可费赔偿额的确定，可以参考相关间接事实。例如，权利人在侵权发生前是否曾在类似情况下许可而获得报酬。此报酬就可以认为是确定合理许可费赔偿的重要参考指标。例如甲曾许可乙以其肖像为乙的商品广告代言，丙公司未经同意使用甲的肖像为与乙相似的商品广告代言，甲对丙请求依合理许可费计算财产上损失时，可以参考甲乙之间约定的许可报酬。在没有相类似许可情况下，合理许可费赔偿确定有一定客观标准，人格要素的商业利用，有客观的市场价值，其高低可能受个人知名度以及具体的市场利用情况影响。合理许可费赔偿按照人格要素商业利用的客观价值计算，显示了人格权财产内涵，和精神损害赔偿主要考虑侵权人的主观精神痛苦不同，就人格权要素遭他人无权商业利用而言，如果权利人本人没有意愿从事任何商业活动，其所遭受的精神痛苦，可能比时常凭借商业活动获取报酬的精神痛苦更重。

我国有学者认为根据侵权法和不当得利法要求支付一笔合理的许可费的请求权，只有符合下列条件才能成立：权利人通常只是为了获得报酬才许可他人利用肖像的，以及权利人在具体情形下事实上也愿意这么做。[1]

在我国如何确定人格权财产性权益遭受损害的赔偿数额也是困扰司法实务的一大问题。多数学者认为，"应考虑人格权使用费的市场价格或侵权人获得的利益"[2]，引入财产性损害赔偿救济。王利明教授主编的《中国民法典草案建议稿及说明》里，第2043条规定，"商品化的人格权"的处理方法为："应当对非法使用该人格权造成的财产损失予以赔偿。前款损失不能确定的，可以按照使用该人格权使用费的市场价格或侵权行为人获得的利益计算。"[3] 我国《侵权责任法》第20条规定其实也采纳了知识产权法所采纳的损害赔偿计算规则。在"张柏芝肖像侵权

---

[1] 姜福晓：《人格权财产化和财产权人格化理论困境的剖析与破解》，《法学家》2016年第2期。

[2] 杨立新：《人格权法》，法律出版社2011年版，第63页。

[3] 王利明主编：《中国民法典草案建议稿及说明》，中国法制出版社2004年版，第263页。

案"① 中，我国法院就以合理许可费赔偿的方式判决侵权人赔偿受害人张柏芝30万元。法院认为，江苏东洋之花公司擅自以营利为目的使用张柏芝的肖像，侵犯了张柏芝的肖像权，应予赔偿，参照张柏芝与珠海东洋之花所签订合同及当时社会实际判赔30万元。在"林进璋诉海比特公司肖像权纠纷案"中，辽宁省高级人民法院也认为依据林进璋最近两年代言品牌的代言费标准，认定每年100万元的赔偿数额并无不当。② 在崔永元诉北京华麟企业（集团）有限公司侵害肖像权、名誉权案③中，法院判决认为，原告作为中央电视台主持人不得为任何商品或服务作广告，那么，原告也就不可能许可被告商业利用自己的肖像，因此，"原告以被告的广告收益作为其经济损失的依据，于法无据"，其判决隐含了"许可费"的思考方式。

三 专利侵权赔偿中的合理许可费

（一）专利侵权合理许可费赔偿的含义

有形财产权侵权赔偿制度的设计，一般从权利人所受损失的角度出发，以充分弥补权利人因侵权所失损失为宗旨建构，但这种制度的建构对于专利侵权损害赔偿来说是不够的。

首先，专利权客体的无形性和非物质性难以适用传统以有形财产权赔偿为基础构建的财产侵害赔偿举证规则。

专利权人依所失利益要求计算损害赔偿时，根据民法上完全赔偿原则，需证明侵权行为已经造成专利权人财产上的损害，才能请求损害赔偿。在有形财产侵权中，如侵权人对权利人的土地或建筑物不法侵占，事实上正是因为侵权人的侵占行为，权利人无法再对土地或建筑物予占有使用，也就丧失使用土地或建筑物而获得利益；但于专利侵权时，由于专利本质是一种信息，有着无形性和共享性特点，侵权人利用专利权人的专利，一般并不会造成专利权人物质性损害，专利权人的权利，也

---

① （2003）合高新民一初字第137号。
② （2011）沈民三终字第1079号。
③ （1999）朝民初字第4247号。

不会因为侵权行为而有所丧失或减损①并不妨碍权利人再将专利许可他人使用而获得利益。也就是说，损害性是有形财产侵权的特征，表现为侵权行为给权利人造成的损害，损害赔偿制度的目的也就在于弥补权利人的损害。而在专利侵权中情况则有所不同，侵权人实施侵权行为的目的并非是给权利人造成损害，而是凭借侵权行为获得利益，属于获益性侵权行为。

专利法允许专利权人将自己的专利许可他人使用，这种许可使用是与排他权相对应的豁免权。在收到许可费的补偿后，专利权人不再追究他人使用专利的侵权责任，因此专利权许可本质上是民事权利的交易，专利权人既可以在侵权发生前与第三方达成许可交易，也可以在侵权后要求赔偿，还可以在侵权中和侵权人和解，由侵权人支付赔偿从而豁免其侵权责任。因此，无论是专利商业许可还是侵权赔偿，都是用金钱来购买侵权豁免权。

专利权人可以主张合理许可费赔偿是专利权人依法原本应享有的利益，该部分利益因侵权人的侵权行为导致专利权人无法获得，自然属于专利权人的所受利益。按照传统侵害赔偿理论，权利人若要获得合理许可费赔偿，利权人只有在诉讼中举证证明"如无"侵权人的侵权行为，专利权人将在市场上获得更高额的许可费，或者举证证明因侵权行为人的行为，足以导致专利权人无法于市场上将其专利技术许可于第三方，依据民法损害赔偿的法理，才能被当作专利权人的所失利益获得法院的支持，而实际上，这种举证责任是不可能完成的。所以，以有形财产权赔偿为基础构建的财产侵害赔偿举证规则不能实现对专利权人有效保护。

其次，合理许可费赔偿制度设置的最主要目的，在于为专利权人所失利益，设立一个法律上的合理求偿底限。即使专利权人无法证明因侵权行为而受有损害，也可以主张合理许可费作为最起码的损害赔偿标准，专利权人在诉讼中无法证明因侵权行为而使其受有损害，也可以主张合理许可费作为最起码的赔偿标准，符合专利权人应获得"充分的损害赔偿"的TRIPS规定。

---

① [日]田村善之：《知识产权的损害赔偿》，弘文堂2004年版，第249页。

在专利侵权中，权利人主张损害赔偿以填补专利权价值所失利益为主，但由于专利权具有非耗损性，可有多人同时使用而不发生耗损，专利价值普遍欠缺客观市场价值可供参考，故而损害程度事实不易举证。美国侵权行为法规定在权利人无法证明其所失利益时，权利人可以提起名义上损害赔偿。所谓名义上的损害赔偿是指原告对被告提起之诉讼已符合诉因要件（cause of action），但却未产生实际损害或无法证明任何损害，此时由法院判决象征性的赔偿金额，通常是 1 美元，以证明被告之不法行为确实使原告权利受到侵害。这显然不足以补偿权利人损害和威慑侵权，在一定程度上作为名义上损害赔偿的替代，美国专利法第 284 条规定，权利人可以主张相当于合理许可费（reasonable royalty）的损害赔偿。合理许可费的性质并非是完全补偿专利权人的损失，而是在专利权人无法举证所失利益时，为确保专利权人取得损害赔偿设立的一个底限（set a floor）。[1] 美国法院在决定合理许可费时，最常引用在 Georgia-Pacific Corp. v. U. S. Plywood Corp. 案提出的判断因素，通称为佐治亚·太平洋检测因素。[2] 据此因素判断合理许可费，首先假设在侵权行为开始前，专利权人与被许可人双方能通过协商机制，达成合理许可费数额。法院在决定合理许可费时，不会局限使用特定形式的许可协议来计算许可费，而是根据双方所提证据来确定。法院在适用虚拟性谈判法时，将自由心证的过程及理由详细记载，以免心证过程因过于恣意而被推翻。德国专利法第 139 条第 2 款规定：侵权损害的赔偿数额，可以按照被侵权人所受损害、侵权人获得利益和侵权人作为发明实施许可人时应支付的合理补偿费确定。日本专利法第 102 条第 2 款第 3 项规定损害赔偿额可以以实施费相当额为损害额。

当侵权行为已经造成了专利价值下降时，如果仍然依据贬损的专利价值让专利权人接受该不利益权利的许可费时，对专利权人来说是不合理的。所以通过在专利侵害时，双方当事人在有意愿、地位对等和信息对称的前提下进行专利许可授权，提供评估的许可费数额，作为补偿专

---

[1] Rite-Hite Corp. v. Kelly Co, 56 F. 3d 1538, 1554（Fed. Cir 1995）.

[2] Georgia-Pacific Corp. v. U. S. Plywood Corp, 318 F. Supp. 1116（S. D. N. Y. 1970）.

利权许可的对价。由于假设协商法是在双方"地位对等"和"信息对称"的情形下进行协商，所以法院依据此方式确定的许可费数额，通常比双方实施上自由协商所得数额要高。① 在计算合理许可费时，需要先决定许可费基础（royalty base），同时确定足以补偿专利权人的许可费率（royalty rate），以假设的销售情况或预期收益为依据，通过合理的专利分析决定合理许可费数额。合理许可费数额可由法官根据侵权行为特性进行必要调整，所谓"合理"，是法官自由心证的结果。

因此，合理许可费赔偿是指法官以有意合法制造、销售或利用该专利以获得市场合理利润的人，在市场上所愿意支付的许可费数额，作为专利权人最低应可获得赔偿额，法官亦可根据侵权的具体情形，提高合理许可费赔偿以适合填补权利人所失利益。②

总而言之，专利侵害的本质是对专利权人的独占权的侵害，由于专利的特殊性，对专利的侵害在事实上比有形财产的侵害容易，因此，如果依据传统民事损害赔偿理论，要求侵权行为人如造成专利权人实际损失才要负责，将造成专利权人在诉讼上的过度负担，最终极有可能导致专利权人的损害得不到弥补。故在立法上设立合理许可费赔偿制度，以减轻专利权人就所失利益的举证责任，实现对权利人的周全保护。

（二）专利侵权损害赔偿中的合理许可费的属性

有形财产权和无形财产权侵权损害赔偿中的合理许可费赔偿本质均属于可得利益的损害赔偿，因此属性上有一定相同之处，但因两者客体的物质形态不同，也导致不少差异。按照法学方法论的观点，任何法律制度都有事实和法律两个基本属性，事实属性是基础，决定着制度的基本范畴和性质；法律属性是核心，左右着该制度的法律地位。专利侵权合理许可费赔偿可以从事实、法律属性两个方面的得到阐释。

合理许可费赔偿的事实属性是指合理许可费在实质存在上的特征，主要包括四方面内容。

---

① Deere & Co. v. International Harvester Co. 710 F. 2d 1551, 1554, 1558 (Fed. Cir. 1983).
② Nickson Industries, Inc. v. Rol Mfg. Co. 847 F. 2d 795, 798 (Fed. Cir. 1988).

第一,财产性。

无论有形财产还是无形财产的损害都属于财产损害的范畴,在性质上都体现为财产的减少或利益的丧失,可以通过一定的金钱赔偿。财产性损害对应的是非财产性损害,非财产性损害体现权利人的人格利益,在性质上不表现为一定财产和经济利益,无法用金钱来衡量。财产性损害并不仅限于财产受损,人格权侵权也可以产生财产性权益损害。

在物权损害赔偿中,因物均具有一定物质形态,特定物被侵权人非法占有使用,所有权人自己将无法占有使用该物,也无法许可他人使用该物,在一物上不可能存在两个使用权。因此,权利人所受可得利益损害就是许可他人使用该物而获得的许可使用费收益,根据损害赔偿理论的实际损失原则,侵权人应完全赔偿权利人许可使用费损害。而作为无形财产权的专利权客体并不具有一定物质形态,可以被若干人同时使用,在先使用者不能对在后使用者的使用形成障碍。因此权利人在侵权人未经许可使用专利时,依然可以将该专利许可该他人使用而获得收益,专利权人实际上并未丧失专利许可费的收益。因为侵权人已经使用专利侵占了市场份额,专利权人丧失的是独占许可和排他许可收益的权利,专利权人只能给予他人普通专利许可,因此而获得普通许可费收益将少于独占许可费或排他许可费的收益。按传统财产权损害赔偿理论,专利权人的损害实际上是独占许可费或排他许可费和普通许可费之间的差额。

有形财产合理许可费赔偿属于可得利益范畴,属于权利人所受损失的赔偿范围,并没有被立法确定为独立的赔偿方式,只是在司法裁判中,根据具体案件情况,法院确定合理许可费作为可得利益损害的计算方式。若按有形财产权侵权可得利益的赔偿规则,专利权人要获得赔偿,需证明若没有侵权行为将获得较高的许可费,这几乎是不可能完成的举证责任。在专利权侵权损害赔偿中,虽然合理许可费在法律性质上仍然属于可得利益范畴,但在许多国家立法上已经确定其和权利人所失利益、侵权人所获利益相并列的一种独立赔偿制度。合理许可费实际上是法律拟制一种赔偿制度,目的是避免专利权人因举证不能而不能获得赔偿。

第二,确定性。

可得利益的确定性是指,可得利益的损害是确定的事实,而不是虚构的、臆想的事实。确定性一般从两方面认定：首先是造成可得利益损害的侵权行为已经确定发生，尚未发生或将来发生的侵权行为不能认为具有确定性；其次是侵权行为确实造成了损害结果的发生，即权利人的可得利益受损。在有形财产侵权损害赔偿的司法裁判中，根据举证规则，权利人可得利益的损害赔偿请求要想获得法院的支持，他必须充分证明这两个确定性的存在。在要求侵权人支付合理许可费赔偿时，权利人一般要提供已经订立计划、购置设备或其他情况，证明合理许可费的收益是可预期的。若权利人主观上根本没有许可他人使用所有物的意愿，客观上没有许可他人使用所有物的计划和准备，则难以适用合理许可费赔偿。这是对有形财产权侵权可得利益获得赔偿的重要依据，亦是对可得利益赔偿责任进行限制的重要手段。

专利权客体无形性的特点导致专利极易受到侵权且无物质性损害，侵权证据容易被删除、篡改等使证据的收集、固定困难，同时侵权成本低，利润大，也刺激侵权行为发生。专利权法律保护难度远大于有形财产权。在有形财产权侵权但无物质性损害时，权利人可以请求返还原物，在有充分证据证明存在预期可得利益时，亦可要求赔偿。在专利权侵权中，由于客体无形性，没有适用返还原物的可能性，若权利人证明不了可得利益的损失，将无法获得赔偿。因此专利侵权赔偿中权利人的举证难度要远大于有形财产权侵权，坚持传统有形财产权损害赔偿的举证规则，将极有可能导致权利人无法获得赔偿。

因此，在专利权侵权赔偿中，法律降低了权利人可得利益合理许可费确定性的证明责任，专利权人只需证明侵权行为的确定性，而无须再证明可得利益存在的确定性。即使专利权人没有许可他人使用的意愿亦无许可他人使用的行为，同样可以适用合理许可费赔偿。

第三，预期性。

预期性是指合理许可费的损失是一种未来的财产利益，当侵害行为发生时，它只是一种财产取得可能性，还不是一种现实的利益，在权利人受到侵害时，该财产利益尚未现实存在，权利人实际上的损害是增加财产权益的机会。这种机会的市场价值通过一定方式表现出来，这种表现方式就是合理许可费。这区别于现存的财产利益，专利人现存的财产利益可以表现为权利人现实拥有的专利产品财产价值量，可以直接体现出一定的市场价值。现存的财产利益可以在损害行为发生前实现，合理许可费则只能在损害行为发生后实现。预期性是专利侵权损害赔偿中的合理许可费区别于专利人所受损失、侵权人获利的财产损害赔偿的特征，也决定了确定合理许可费损害赔偿数额确定方面采取不同的方式。

第四，属人性。

合理许可费赔偿的属人性，是指合理许可费损害赔偿的对象是权利人的损失，与人的主观预期关系密切，是权利人预期的财产，和物质性价值的耗损没有直接关系。杨立新教授认为："对财物损害间接损失的赔偿，不是对该财物价值损失的赔偿，而是对该财物的所有者利用该财物在经营中应创造出因遭受损害而未创造出的新价值这种损失的赔偿。对间接损失的赔偿，赔偿的是人的损失，而不是物的损失，这一点必须明确。"① 杨教授虽然是针对有形财产权物的间接损失（可得利益）② 的论述，同样适合无形财产权的可得利益损害。因为在可得利益的损害不具有物质性的损害这一点上，两者是一致的。

专利侵权合理许可费赔偿的法律属性在于其是被法律拟制的可救济性损害，我们可以从以下三方面理解。

第一，法定性。

法定性包括形式法定性和内容法定性。形式法定性是指具有法律的外观是合理许可费赔偿存在的基本条件。各国对专利侵权合理许可费赔偿制度都是采取了成文法或判例法的形式规范，我国的合理许可费赔偿制度曾通过司法解答，继而采取法律、司法解释等形式确立。内容法定性则是指专利侵权合理许可费赔偿制度的具体规则由法律规定，包括（1）赔偿适用条件法定。在什么条件下适用合理许可费赔偿制度是法定的，美国专利法规定了合理许可费赔偿在权利人所失利益难以确定时适

---

① 杨立新：《侵权法论》（第5版），人民法院出版社2013年版，第1132页。
② 杨立新教授认为：财产权损害间接损失就是可得利益的减少，是指加害人侵害受害人所有的财物，致使受害人在一定范围内未来财产利益的损失。可见杨立新教授认为权利人的间接损失等同于可得利益的丧失。杨立新：《侵权法论》（第5版），人民法院出版社2013年版，第1127页。

用，我国专利法规定在权利人所失利益或侵权人所获利益难以确定时，参照许可费合理倍数确定赔偿额；（2）赔偿额参考因素确定。依据法定合理许可费赔偿额的确定虽然是法官自由裁量的结果，但各国均通过法的形式规定了裁量的依据。美国通过专利判例法确定考虑合理许可费赔偿佐治亚·太平洋检测因素，我国的司法解释则确定根据专利类型、侵权时间、范围、地点等确定许可费合理倍数；（3）赔偿额计量基础法定性。法官确定合理许可费赔偿的自由裁量权并不是随心所欲，而应该有一个基础，损害赔偿的数额应围绕这个基础进行，这个基础一般被认为是权利人所失利益，法官最终确定的损害赔偿额应尽最大可能与权利人的所失利益相同。填平原则是侵权赔偿的基本原则，专利侵权赔偿的首要任务是填平权利人所失利益。但当侵权人获利超出权利人所失利益时，赔偿基础也可以是侵权人获利，这样不仅弥补了权利人损失同时也剥夺了侵权人的侵权利润，遏制了侵权。无论采取哪种基础，都应以法定形式确定，使法官在适用专利侵权合理许可费赔偿时有所依据。

第二，拟定性。

在有形财产损害赔偿中，合理许可费赔偿是可得利益损害赔偿中的一种情况，本身并不是独立的损害赔偿制度。但在专利侵权损害赔偿中，合理许可费赔偿被法律拟定为一种独立的，和权利人所失利益、侵权人所获利益相并列的赔偿制度。就损害事实的举证难度而言，专利侵权赔偿中的专利权人远大于有形财产中的权利人，合理许可费赔偿被设置成独立的赔偿制度其目的是降低专利权人的举证难度，使专利权人不至于举证不能而不能获得赔偿。

侵权法对私法权益保护的探求，主要有两个方向：第一个方向是行为主义的进路，即通过对侵权行为的规制来实现的，这一努力方向的主要特征是以过错责任为核心，注重对侵权行为的评价和限制，以此促进行为人谨小慎微行事，最大限度降低侵权行为发生的可能性，行为合法性与违法性的界限是其研究的重点。第二个方向是责任主义的进路，即通过对侵权责任的规制来完成，这一努力方向的主要特征是以可救济性损害为核心，注重考察损害事实的可赔偿性和赔偿方式，借此向受害人提供最大限度的损害救济。现代侵权法在确定是否构成侵权时不再以行为人是否有过错而是以受害人应否得到充分救济为核心要素。专利侵权赔偿中的合理许可费制度的独立设置体现了这种变化，彰显了对受害人财产权益安定性的尊重和获得损害赔偿救济的预期。

第三，裁量性。

所谓裁量性，是指合理许可费损害赔偿的确定有赖于法官对法律及政策的解释和裁量，赔偿标准会随着个案具体情形的不同有所变化，救济的认定会随着专利类型、许可类型、时间、地域以及侵权的特征等的不同而有所变化。在确定所谓许可费赔偿的"合理"时，不同质量专利将获得不同程度的赔偿；专利实施与否的侵权赔偿标准不同；专利产品和侵权产品销售量的不同对赔偿亦有影响等。合理许可费赔偿的裁量性由合理许可费赔偿的属人性决定的，与物的损害无关，而与人的主观预期相关，不同主体在不同情况下预期将不同，则赔偿理应区别对待。

1998年日本发明专利法修改时，将原规定中的"得以请求赔偿相当于通常授权该发明得受领的金钱数额作为自己损害的数额"中的"通常"两字删除。原规定中的"通常"两字限制了法院对该条款的适用，法院只能依据客观存在的许可费确定合理许可费赔偿，无法考虑案件本身的特殊性。删除"通常"两字后，法院在裁判合理许可费赔偿时，可以具体根据不同个案情况，考量专利价值、侵权行为程度、侵权人与专利权人竞争关系等因素而综合确定合理许可费赔偿数额。

（三）停止侵害的有无对专利侵权合理许可费赔偿性质的影响

知识产权有别于传统民法上有形财产权，属于无形财产权的重要部分。与传统有形财产在财产效用上的有限性相比，知识产权具有无限增值可能性，其真正价值相比有形财产而言，难以具体确定。知识产权的客体作为无形财产，可以被不同民事主体同时占有并创造财富，而且拥有知识产品的人越多，社会整体财富也越多。[1]

为了激励更多知识产品的创造和防止"搭便车"不劳而获情况出现，法律赋予知识产品创造人独占权。在市场经济条件下，独占权意味着经济利益或潜在经济利益，对知识产权的侵害不是对知识产品本身的侵害

---

[1] 刘茂林：《知识产权法的经济分析》，法律出版社1996年版，第70页。

而是对知识产权人独占权的侵害,知识产权本身并不会受到侵害,一般不会有类似有形财产损害时物质毁损,基于此,知识产权损害一般形态以可能利益为主,不同于有形财产以所受损害为主。①

专利权具有排他性,即专利权人有权排除他人未经其同意而使用其专利的行为。专利权的性质在于排他,不是赋予专利权人制造、使用或销售等权利,而是排除他人制造、使用或销售等权利。专利权人借助排他权使任何人未经许可不能进入专利市场,专利权人排他权行使,在专利侵权损害诉讼中往往以损害救济的方式出现。

专利侵权损害救济方式主要有两种:一是损害赔偿;二是侵害排除。损害赔偿通常是弥补权利人的损失,用金钱来弥补权利人在判决之前因侵权所受到的损害。侵害排除则是在判决之后避免未来继续发生侵权行为,权利人请求法院禁止侵权行为的继续。两种救济手段构成相辅相成的关系。

在美国,法院曾认为专利权是"绝对财产",即使专利权没有实施,在权利没受到侵害时仍然可以获得财产权救济。② 专利权是宪法赋予权利人的权利,特别是双方当事人处于市场竞争状态,专利权人有权利用排他权排除他人使用其专利。法院对专利权人请求行使排他权的审查,一般有两种结果:一种情况是法院核准原告的请求,核准永久禁令,禁止侵权人的侵权行为。永久禁令对侵权人影响很大,侵权人如果想继续使用该专利技术,必定要和专利权人达成另外的许可合同。专利权人可以利用法院颁布的禁令,以此作为和企业谈判许可的武器;另一种情况是法院拒绝核发永久禁令,而要求侵权人支付一定金钱后可以继续使用专利,此种效果等同于"强制许可"。法院在确定损害赔偿额时,会涉及比较复杂因素,如"专利的市场价格""专利所属技术领域在未来专利有效期间的变化"等,要对专利技术做出经济估价是困难的事情。由于损害额难以精确量化以致侵权难以防止,美国在一段时间内,专利侵权的标

---

① 杨彪:《可得利益的民法治理:一种侵权法的理论诠释》,北京大学出版社2014年版,第65页。

② Continental Paper Bag Co. v. Eastern Paper Bag Co.

准救济是永久禁令而不是损害赔偿。① 美国在 Richardson v. Suzuki Motor Co. Ltd. 83②一案中，明确一旦专利有效及侵权成立，法院几乎"自动性"核发永久禁令，这成为普遍原则（general rule），仅有极少数基于公共利益考量的案件中，法院才会拒绝核发永久禁令。

2006 年 5 月 15 日，美国联邦最高法院 9 名大法官全体同意做出终审判决，撤销了美国联邦巡回上诉法院对 eBay 专利侵权案的二审判决，发回一审地区法院重审。在此判决前，美国弗吉尼亚州东区法院拒绝核发永久禁令，但联邦巡回法院推翻了地方法院的判决，认为应该核发永久禁令。联邦巡回法院做出二审判决后，被告 eBay 向美国联邦最高法院提出上诉，而联邦最高法院则发出了调卷令（Certiorari）提审此案。

在 eBay 案的地方法院判决③中，原告认为，如果没有禁令救济，专利排他权利将消失，则宪法通过排他权欲达成实用技术进步目的将严重无法达成。专利权人也因此无法通过专利排他权这一有力工具来完全实现发明价值，未来潜在发明人、专利权人将不再具有动力进行研究或发明；被告则认为，金钱损害赔偿将足以补偿原告所受的侵权损害，强制许可在本诉讼中是合适处置方式。④ 地方法院认为专利权人曾有专利许可记录，专利权人也有意许可本案被告，因此认为金钱损害赔偿应足以弥补权利人损害，无须核发永久禁令。

双方当事人对地方法院的判决不服，上诉至联邦巡回法院，上诉法院于 2005 年 3 月 16 日公布判决结果，撤销了地方法院关于永久禁令的决定，改判准许核发永久禁令。上诉法院认为排他权是财产权核心，过去的判决先例都表明一旦专利侵权成立及专利有效性确定后，法院应自动核发永久禁令，除非有重大公共利益存在，拒绝核发的例子很少，这已

---

① R. P. Merges, P. S. Menell, M. A. Lemley, "*Intellectual property in the new technological age*", Newyork, Aspen Law & Business, 1997, p. 124.

② Richardson v. Suzuki Motor Co, Ltd. , 868 F. 2d 1226, 1247, 9 U. S. P. Q. 2d (BNA) 1913, 1929 (Fed. Cir. 1989).

③ L. L. C. Mercexchange v. eBay Inc. 275 F. Supp. 2d 695 (E. D. Va. 2003) at 695 – 722.

④ see also Foster v. American Mach. & Foundry Co. , 492 F. 2d 1317, 1324, 182 U. S. P. Q. 1 (2d Cir. 1974).

经成为一项普遍原则（general rule），毕竟"历史的一页胜过千万逻辑的积累"①。获得永久禁令救济，并不以有实施其专利为必要条件，无论专利权人是否实施专利或有实施意愿都可以获得永久禁令。

最高法院决定提审本案后，于 2006 年 5 月 15 日做出最终判决②，最高法院判决指出上诉法院做出侵权认定而核准永久禁令的做法有误，也否定了地方法院驳回禁令的理由，撤销上诉法院关于永久禁令的判决，发回地方法院重审。判决主要内容有两项：（1）永久禁令核发必须适用传统的衡平四要素测试（4 - factors test）。③ 胜诉的专利权人要想获得永久禁令救济，对侵权人的侵权行为完全排除，专利权人必须证明四要素存在，这是基于衡平的考虑，在过去的判决中已经明白无误表示了，地方法院及上诉法院在永久禁令判断上，选用普遍原则的做法违反了美国专利法第 283 条的规定④和衡平法院建立起来的传统衡平四要素测试；（2）地方法院拒绝核发永久禁令的理由，是认为专利权人没有实施其专利，主要是想通过许可获取许可金，那么其便没有受到无可恢复的损害，用金钱损害赔偿就足够了。最高法院则认为，这样则会严重影响那些缺乏资金发展的专利权人，如：学校的研究者或是个人发明者都有许可的倾向，而不是注入资金使其专利商业化。美国 eBay 案后，专利权人的永久禁令请求需要通过衡平四要素检测。

专利权人在获得损害赔偿额同时并不会必然获得永久禁令，而专利权人获得永久禁令与否对专利损害赔偿的性质有影响。在法院拒绝核发永久禁令的情况下，专利权人获得合理许可费赔偿虽然依然是损害赔偿，

---

① New York Trust Co. v. Eisner, 256 U. S. 345, 349, 41 Sc. D. 506, 65 L. Ed. 963 (1921) (opinion for the Court by Holmes, J.).

② eBay Inc. v. Mercexchange, LLC, 126 S. Ct. 1837 (U. S, 2006).

③ Weinberger v. Romero-Barcelo, 456 U. S. 305, 102 S. Ct. 1798 (1982) 一案中，最高法院所建立的衡平四要素测试法（4 - factors test），衡平法院在用来判断专利侵权案件中，胜诉的专利权人是否可以获得永久禁令的救济来对侵权人的侵害行为完全排除。该测试要求原告，也就是专利权人必须证明：（1）其受有无可弥补的损害；（2）该损害是法律上任何救济手段都无法弥补的损害；（3）在判断双方的损害平衡后，永久禁令仍会核发；（4）永久禁令的核发不会对公共利益造成不利影响。

④ 美国专利法第 283 条规定，专利侵权的情况下，法院根据衡平因素和合理理由，"可以"认定核发禁令，而不是"必须"核发。

但侵权人仍然可以继续使用侵权专利，这实质上是相当于司法强制许可。美国学者罗伯特·费尔（Robert Fair）认为地方法院拒绝下达永久禁令，而下达一个未来许可费的命令，此种方法和行政强制许可有相似之处。[①] 由于美国不存在行政强制许可，法院根据四要素检验结果拒绝核发永久禁令时，常常会颁发司法强制许可令。拒绝核发永久禁令只是解决了侵权人继续使用的问题，而没有涉及强制许可的时间、地域等问题，因此，法院还需颁布司法强制许可令。美国颁布司法强制许可令的形式主要有：（1）法院直接颁布强制许可令，并确定强制许可费标准；（2）颁布强制许可令，对使用费暂不解决或提供解决方案，留待将来解决。将来解决的方式有多种：（1）当事人签订许可或转让协议。如 eBay 公司在 2008 年 2 月 18 日宣布购买了麦斯（Mercex change）公司的三项专利，结束了两家公司长达七年专利争议；（2）未来侵权使用费在将来诉讼中解决，给当事人在司法强制许可令后的谈判留下空间。[②] 一旦专利权人的侵害已获得完全金钱补偿，永久禁令将不再被核准，专利侵权人可以继续使用专利，产生强制许可效果，就未来专利使用，侵权人等于是合法地向专利权人支付许可费后使用。这种通过法院不予颁发永久禁令来达到的专利司法强制许可和专利行政强制许可是有区别的。在帕斯公司诉丰田公司案中联邦巡回法院的判决特别说明，行政强制许可是设定一个标准后，任何人都可以提出许可请求，但法院的强制许可令，则只对系争案件的被告有效。若其他汽车制造商欲使用该专利，仍需取得帕斯公司许可，而非取得法院同意[③]。

法院判决专利侵权人不停止侵害，专利侵权人相当于获得对专利的司法强制许可，可以继续使用该专利，那么其继续使用费的确定就成了需要明确的问题。

---

① R. Fair, "Does Climate Change Justify Compulsory Licensing of Green Technology?", *Brigham Young University International Law & Management Review*, Vol. 6, No. 1, 2010, p. 21.

② 董美根：《美国专利永久禁令适用之例外对我国强制许可的启示——兼论〈专利法〉（第三次）修订》，《电子知识产权》2009 年第 1 期。

③ Paice llc, v. Toyota Motor Corporation, Toyota Motor North America, Inc, and Toyota MoINC, and TOYOTA tor Sales, U. S. A. Inc (No. 2006 - 1610, -1631).

1. 专利侵权不停止侵害中的合理费用不同于专利侵权赔偿中的合理许可费。

美国专利侵权判决后的司法强制许可决定程序,法院会核准一个继续性许可费(ongoing royalty),对此许可费的费率,法院采用等同于裁判认定的侵权损害赔偿中的合理许可费(reasonable royalty)。例如在 2006 年美国德州东区地方法院(US District Court for the Eastern District of Texas)裁判 z4 公司控告微软公司侵害其二项专利,陪审团认定二项专利有效且被侵权,进而 z4 向法院申请永久禁令。法院拒绝核发永久禁令,允许微软公司继续使用该专利,但须每季度向原告提出报表,报告该季度所销售侵权产品数量;至于继续使用专利的许可费率,则比照法院所认定侵权赔偿的合理许可费率确定。① 但在帕斯公司(Paice)诉丰田公司(Toyota)案中,这一裁判规则发生变化。帕斯公司于 2004 年 6 月在美国德州东区地方法院控告丰田公司侵害其拥有的三件关于油电混合动力汽车传动组件的专利权,请求法院判令丰田公司给付损害赔偿及核发永久禁令。2006 年 8 月地方法院做出判决,认为丰田公司的产品构成专利侵权,陪审团以合理许可费的计算方式判定丰田公司应给付帕斯公司 4269950 美元损害赔偿,但地方法院驳回帕斯公司提出的核发永久禁令申请,并决定丰田公司在未来专利有效期间销售侵权产品时,每辆侵权车辆必须支付按照损害赔偿中"合理许可费"计算出来的每台车 25 美元许可费率来计算未来"继续性许可费"②。但该案上诉到联邦巡回法院后被发回重审,联邦巡回法院认为判决前的侵权赔偿与判决后的继续性许可所处法律地位与经济环境已经发生改变,不应做相同处理,有必要时地方法院可以采纳新证据。③ 重审中,考虑到双方法律关系及经济因素的重大改变,地方法院认为应设定有别于陪审团针对过去侵权的合理许可费赔偿,然后结合双方的专家证词以及佐治亚·太平洋因素,参考陪审团确定的合理许可费赔偿金额,设定继续性许可费的费率为每台车 98 美

---

① z4 Techs., Inc. v. Microsoft Corp, 434 F. Supp. 2d 437(E. D. Tex. 2006).
② Paice LLC v. Toyota Motor Corp, 2006 U. S. Dist. LEXIS 61600, at * 3(E. D. Tex. Aug. 16, 2006).
③ See Paice, 2006 U. S. Dist. LEXIS 61600, at * 12 – 13.

元。由于车的售价可能变动，所以法院也将此金额换算为整部车价格的固定比率，此许可期限持续至专利失效为止。① 可见，美国联邦巡回法院虽然已经指出，继续性许可费的计算应有别于针对过去的侵权合理许可费赔偿，但到底有哪些不同，联邦巡回法院并没有提供清楚指引，在确定继续性许可费时依然考虑了侵权赔偿考虑的佐治亚·太平洋因素，不过根据案情做出了具体修正。

我国最高人民法院于 2016 年 3 月颁布《关于审理侵犯专利权利纠纷案件应用法律若干问题的解释（二）》（以下简称专利侵权司法解释二），该解释第 26 条规定：被告构成对专利权的侵犯，权利人请求判令其停止侵权行为的，人民法院应予支持，但基于国家利益、公共利益的考量，人民法院可以不判令被告停止被诉行为，而判令其支付相应的合理费用。该司法解释明确了适用侵权不停止侵害的条件，并第一次将专利侵权不停止侵害的替代措施规定为支付相应的"合理费用"，使在我国司法实践中业已存在的专利侵权不停止侵害判决有了正式裁判依据。从性质上看，我国专利侵权不停止侵害的替代措施"合理费用"相当于美国专利侵权人在法院不予核准永久禁令后，继续使用专利需支付的继续性许可费。

我国法院裁判不停止侵害的替代措施时所给出理由并不相同：如在深圳机场案②中，法院判令"考虑被告侵权性质、侵权时间、原告支付的维权费用等因素酌情确定本案赔偿额，被告深圳机场赔偿经济损失 25 万元，支付原告专利使用费人民币 15 万元"；武汉晶源案③中，法院判令"根据本案专利的类别等情况，酌定使用费为每台机组每年人民币 24 万元直至涉案发明专利权期限终止"；济南建工集团专利权纠纷上诉案④中，法院判令"在停止侵权责任承担上，可不判令拆除已安装的侵权产品，但应对此使用行为支付一定的专利使用费，参照济南建工集团为获得许可实施涉案专利而支付的使用费、天齐公司侵权性质及专利的类型和价

---

① Paice LLC v. Toyota Motor Corp, 504 F. 3d 1293, 1296 (Fed. Cir. 2007).
② (2004) 深中法民三初字第 587 号。
③ (2008) 民三终字第 8 号。
④ (2010) 鲁民三终字第 52 号。

值,天齐公司应当支付济南建工集团专利使用费 2 万元";北京金钢公司、凯丹公司侵犯发明专利权纠纷案①中,法院判令"综合考量原告专利类型,被告凯丹公司主观过错程度、侵权的方式及范围、防火卷帘门数量以及状况等因素,酌定被告应向原告支付 30 万元经济补偿"。

从以上案例可见,法院在判令合理费用时考虑的因素主要包括两个方面:一是专利本身的特征,如"专利的类型、专利的价值"等;二是侵权行为方面特性,如"侵权的方式、主观过错"等。我国专利侵权赔偿中的合理许可费的计算,法院需要考虑因素包括"专利的类别、侵权人侵权的性质和情节、专利许可使用费的数额、该专利许可的性质、范围、时间"等,主要包括三个方面因素:(1)专利本身的特性;(2)侵权行为方面的特性;(3)在先的专利许可合同。可见,除了专利侵权赔偿中要考虑在先的许可合同之外,两者区别并不大。

美国学者对继续性许可费和合理许可费的不同做了研究,如丹尼尔·J. 格林豪尔(Daniel J. Greenhalgh)认为:在决定继续性许可费时,必须考虑双方法律地位的改变,也就是说,必须先等陪审团认定专利有效且构成侵权,双方法律地位已经改变,才能决定继续性许可费②。西蒙(CB Seaman)认为:在计算继续性许可费时适用侵权阶段考虑因素并不公平,因为此因素是针对过去行为。在帕斯公司诉丰田公司案中法官也认为,由于丰田公司已经被法院判决侵权,其法律地位已经改变,若不考虑法律地位改变的因素,则是一种对被告在诉讼上奋战到底的变相鼓励,反正输了,也不会改变许可费的计算。③

从以上论述可以看出,专利侵权不停止侵害判决中的"合理费用"不等同于损害赔偿中的合理许可费。和弥补"过去"损失的损害赔偿不同,继续性许可费率的决定点不是侵权开始时而是司法强制许可的开始,侵权开始时和诉讼结束后的市场情形有所不同,必须加以考虑,继续性

---

① (2012)成民初字第 10 号。
② Daniel J. Greenhalgh, " Georgia-Pacific to the Rescue: Paice's Modified Georgia-Pacific Analysis for Ongoing Royalty Assessment", *Mich. St. L. Rev*, Vol. 45, No. 3, 2010, p. 507.
③ C. B. Seaman, "Reconsidering the Georgia-Pacific Standard for Reasonable Royalty Patent Damages", *Brigham Young University Law Review*, Vol. 5, No. 5, 2010, p. 1661.

强制许可费是用来代替永久禁令的救济方式,是向未来而发生。专利侵权赔偿中的合理许可费是一种"向前"的许可费,考虑的是已经发生的因素,是对已经造成侵权损害的赔偿;专利侵权不停止侵害中的合理费用是一种"向后"许可费,考虑将来未发生的因素,针对是将来发生的专利强制使用行为。因此,我国在确定侵权不停止侵害的"合理费用"时不应再考虑侵权因素,侵权因素在确定损害赔偿时已经考虑过,在确定合理费用时再考虑有重复评价之嫌。

2. 法官裁定"合理费用"应考虑的因素。

美国在帕斯公司诉丰田公司的判例中虽然指出不停止侵害中的继续性许可费应与侵权赔偿中的合理许可费考虑有所不同,但具体有哪些不同,并没有具体说明,而且法官依然使用在侵权赔偿中考虑的佐治亚·太平洋因素,结合本案情况来确定继续性许可费数额。

国外学者对决定继续性许可费的因素做了研究,如蒂姆·卡尔顿(Tim Carlton)认为法院必须考虑系争专利在产品中的重要性和市场需求大小,并且考虑到未来专利、市场情形的变化,具体来说:(1)是否有其他非侵权选择及需要支出的相应成本,以及侵权者开发回避设计的能力及需要支出的相应成本;(2)系争专利的相关市场是否有实质改变,包括市场扩张或萎缩,需求的增加或减少;(3)专家对继续性许可费所提出意见。[1]贾尼克(Janicke)认为法院要考虑:(1)专利使用人未来市场的扩大;(2)专利权人非独占许可造成的损失;(3)专利权人将来自己要进入市场的可能;(4)在专利权到期之前,专利使用人停止使用专利。[2]

以上观点的共同点是侵权人继续使用专利的合理费用要考虑专利在将来使用中发生的因素,和专利侵权赔偿的考虑因素分开。这固然和美国专利审判制度有关,美国专利侵权赔偿数额由陪审团确定,而不停止

---

[1] Tim Carlton, "The Ongoing Royalty: What Remedy Should a Patent Holder Receive When a Permanent Injunction Is Denied?", *GA. L. REV* Vol. 43, No. 43, 2009, p. 543.

[2] Janicke, M. Paul, "Implementing the Adequate Remedy at Law for Ongoing Patent Infringement after eBay v. MercExchange", *IDEA—The Intellectual Property Law Review*, Vol. 51, No. 2, 2013, p. 163.

侵害判决作为衡平措施由法官做出，但其中裁判法理可供我们思考和借鉴。在专利侵权不停止侵害判决中，在先的是专利侵权行为，侵权人要承担的是损害赔偿责任；在后的是继续实施专利行为，侵权人要承担的是合理费用，这是两个不同性质的阶段。

我国在专利侵权司法解释二中明确规定不停止侵害的继续性许可费为"合理费用"，放弃以前司法指导文件中的"赔偿"和"补偿"的说法①，事实上也明确了和损害赔偿额的不同。因此在此类案件裁判中首先考虑侵权的因素，确定损害赔偿数额，然后再考虑将来实施的因素，确定合理使用费数额。

我们还可以看到美国学者在合理费用因素考量时较多地考虑了市场方面的因素，这和美国确定专利侵权不停止侵害的衡平四要素有关，其在做出不停止侵害判决时更多是经济利益的衡量，而公共利益考量仅仅是其中一个方面。这和我国专利侵权司法解释二只是单纯地考虑国家、公共利益因素显然不同，在行为人侵犯专利权后依然可以继续使用专利的原因是其使用行为关涉公众利益而不仅仅是专利使用人的个人利益。因此专利使用人在实施专利中不能以追求市场利润最大化为其目的，其专利产品价格应限制在公众可以承受的一定范围内。我们在借鉴美国经验，考虑我国专利侵权不停止侵害合理费用确定因素时，不应过多地考虑市场、利润等因素。

在确定合理费用时，根据专利侵权不停止侵害判决的特点，可以主要考虑以下因素：（1）未来专利使用规模的变化。未来专利使用过程中，国家利益、公共利益变化有可能导致专利使用范围扩大或缩小，合理费用也应相应地发生变化；（2）新技术等替代技术出现。专利技术会因新

---

① 例如，2008年2月时任最高人民法院副院长曹建明在召开的第二次全国法院知识产权审判工作会议上指出：要根据案件具体情况，合理平衡当事人之间以及社会公共利益，如果停止侵权会造成当事人之间利益的极大失衡，或者不符合社会公共利益，或者实际上难以执行，可以根据案件具体情况进行利益衡量，在采取充分切实全面赔偿或者支付经济补偿等替代性措施的前提下，可不判决停止侵权行为；最高人民法院印发的《关于当前经济形势下知识产权审判服务大局若干问题的意见》中提出：权利人长期放任侵权、息于维权，在其请求停止侵害时，倘若责令停止有关行为会在当事人之间造成较大的利益不平衡，可以审慎地考虑不再责令停止行为，但不影响依法给予合理的赔偿。

技术等替代性技术进入市场导致其市场价值下降，合理费用也应相应下降；（3）行为人继续使用专利的行为导致行为人其他产品销量增加、市场利润提高。行为人虽然继续使用专利是基于国家利益、公共利益，其专利产品价格应有所限制，但其专利使用行为有可能导致行为人其他产品销量增加、市场利润提高，行为人其实从专利使用中获得了经济利益，那么合理费用要相应调高；（4）专利许可合同中应考虑的常规因素。比如专利性质，发明专利使用的合理费用一般要高于实用新型和外观设计；专利有效期限，一般专利有效期限短的使用合理费用要小于有效期长的；专利对行为人利益的贡献度大小，即专利对关涉的国家利益、公共利益影响程度大小等。

四　财产性权利（益）侵权合理许可费赔偿的比较

在物权受侵害时，权利人丧失了许可他人使用从而获得许可使用费的利益，这种利益损害并不是现有财产的有形物质性损害，对这种损害的赔偿是对物权人利用该物在经营中应创造出因遭受损害而未创造出的新价值这种损失的赔偿，是未来预期的可得利益损害赔偿，可得利益的损害具有无形性特点，这和专利、人格权财产性权益侵害客体具有无形性的特点是相同的，也使物权侵权合理使用费赔偿和专利侵权合理许可费赔偿、人格权财产性权益合理许可费赔偿有了一定的相通之处，但三种赔偿仍然存在不少不同之处。

1. 在物权侵权合理使用费赔偿和专利侵权合理许可费赔偿的适用中，权利人的财产权益范围和侵权人侵害的权益范围是一致的，侵权人损害的即是权利人丧失的利益，但人格权财产权益的范围和侵权人侵害权益范围却未必一致，比如，低俗杂志使用某一著名演员的肖像，后者坚决称不会许可低俗杂志使用自己的肖像，权利人也不会有未来可得许可费利益的损失，难以适用合理许可费赔偿。

2. 专利侵权合理许可费赔偿在专利法上是和权利人所受损失、侵权人获利相并列的独立设置的赔偿制度，而物权侵权合理使用费赔偿和人格权财产性权益合理许可费赔偿则是作为传统财产权赔偿制度中计算权利人所受损失的一种方法所存在的，在立法上并没有被认为是一种独立的赔偿制度。

3. 权利人的举证责任不相同。

传统财产权赔偿方式有两种，恢复原状和赔偿损害，在物被非法侵占时，权利人有返还原物请求权，以实现对权利的完全保护，对于权利人在物被非法侵占期间所丧失的可获得使用费利益的赔偿，权利人应证明侵权行为和丧失利益之间的因果关系，权利人往往需要提供准备许可他人使用的计划、合同等证明可得利益的存在。也就是说，物权合理使用费赔偿仍然要遵循传统财产权赔偿的举证规则。

而在专利权侵权和无形人格权财产性权益侵权中，恢复原状没有适用可能，权利客体的无形性导致损害难以计算，合理许可费赔偿制度恰恰是为了解决这个困难而出现的，权利人无须再证明损害和侵权行为之间因果关系，法律直接将合理许可费拟定为权利人所失利益。专利权人甚至无须证明许可事实的存在，法院可以通过虚拟谈判确定合理许可费赔偿。但在人格权财产性权益侵权中，因为人格权的人格尊严属性，权利人仍需要证明许可的意愿或事实的存在方才能适用合理许可费赔偿。

4. 停止侵害判决的侵权损害赔偿的影响不同。

在物权和无形人格权财产性权益侵权损害赔偿中，权利人的停止侵害请求一般都会被法院核准，因为这两者权利（益）很少涉及国家、公共利益，实行强制许可的必要性一般不存在。而在专利侵权损害赔偿中，若专利侵权人的行为涉及国家、公共利益，则法院有可能判决专利侵权人合理许可费赔偿，而不需要停止侵害，可以继续使用专利从而达成司法强制许可的效果。

本章小结

在民事权利体系中，财产权是权利人的重要权利，从权利形态上看，包括有形或无形财产权。为了发挥财产权的最大效能，权利人往往会将财产权的使用权能分离出去，许可他人使用以获得使用许可费收益，在以物权为代表的有形财产权的许可他人使用的方式主要有债权性方法和物权性方法。债权性方法是指通过租赁契约的方法取得，并依契约的约定对他人之物享有占有、使用和收益的权利；物权性方法也是通过契约的方式确定，形成了类型化的他物权——用益物权。作为无形财产权的专利权人有禁止他人未经其许可而实施该专利的权利，对那些缺乏自己实施专利的能力，又不愿转让专利的权利人，专利许可是最佳获取利益的方式。随着社会经济发展，出现了人格要素商业化的现象，权利人通过许可授权他人使用其人格要素来获得经济利益，能够商业化的人格要素主要是标识型人格要素，如姓名肖像、声音等。物权和专利许可使用存在许可意愿和许可对象形态的不同；人格权财产性权益和专利许可在许可形态的无形性和可重复性利用性上存在相似处，但在可许可范围上存在不同。

专利许可合同是典型的私法契约，但在强制许可和标准必要专利许可涉及公共利益时，在当事人对许可费未能协商一致时，公权力有必要介入，根据相关考虑因素，形成适合特定情形的合理许可费。专利当然许可的合理许可费应比普通许可费低。专利强制许可、标准必要专利许可的合理许可费的认定和专利侵权合理许可费赔偿存在法律基础、考察的时间基点、是否考虑公共利益因素等不同。

在物权受到侵害情况下，物权人丧失了通过在该物上设立用益物权的物权性方式或通过契约的债权性方式允许他人使用自己物的权利，因此也丧失了因许可他人使用而获得的许可收益，权利人可以获得相当于用益物权使用费或租金的赔偿。在权利人的人格权财产性权益受到侵害时，权利人的所失利益难以确定，可以以体现人格权财产性权益市场价值的许可使用费来计算赔偿。

与物权和人格权财产性权益侵害赔偿仅是把合理许可费赔偿作为计算权利人所失利益的一种计算方式不同，专利侵权合理许可费赔偿被法律直接拟制成和权利人所失利益、侵权人获利相并列的独立的赔偿制度，它是指法官以有意合法制造、销售或利用该专利以获得市场合理利润的人，在市场上所愿意支付的许可费数额，作为专利权人最低应可获得赔偿额，法官亦可根据侵权具体情形，提高合理许可费赔偿以适应填补权利人所失利益。它克服了传统的有形财产损害赔偿举证责任对于专利侵权损害的不适性，为权利人提供了最低的赔偿保障，具有财产性、预期性、属人性、确定性的事实属性和法定性、拟定性、裁量性的法律属性。法院在判决侵权人以合理许可费赔偿时，是否同时判决侵权人停止侵害对专利侵权合理许可费赔偿的性质有影响。

第 四 章

专利侵权赔偿中的合理许可费制度的性质

第一节 有关专利侵权赔偿中的合理许可费的性质的观点及评述

我们在讨论完善一项法律制度的时候，首先需要明确其法律性质，只有明确了其法律性质，我们才能根据其性质的特点对制度进行有针对性的改进。

一 有关专利侵权赔偿中的合理许可费制度的性质的观点

关于专利侵权损害赔偿合理许可费制度的性质，主要有两种不同的观点。

一种观点认为：专利侵权合理许可费赔偿制度实质上是对权利人所失利益赔偿的制度。

如李明德认为：当权利人可以在市场上发放许可的时候，许可费用的合理倍数，就是权利人的实际损失[①]；张广良认为：合理许可费实质上更接近权利人损失的一种估算方法[②]；朱玛认为：只要权利或者受法律保护的利益受到侵害就构成损害，本质上是一种可期待利益的丧失，符合损害赔偿理念的损害计算方式实际上只有权利人实际损失和许可使用费

[①] 李明德：《关于知识产权损害赔偿的几点思考》，《知识产权》2016年第5期。
[②] 张广良：《知识产权民事诉讼热点专题研究》，知识产权出版社2009年版，第34页。

用这两项①；祝建辉认为专利使用费是专利权人在专利产品市场上未来经济利益的现值，是专利权价值的一种形式，可视为专利权人因被侵权所受到的损失②；范晓波认为：许可使用费是权利人损失的一种表现形式，是权利人本应获得却因侵权行为而未获得的利益③；和育东认为：合理许可费赔偿的共识是在专利侵权之际，将能够请求的最低限额度法定化④；胡晶晶认为：侵权获利中合理的许可费用理应被视为权利人应得而未得的损失，但将经过侵权人经营而得到的利润完全假设为权利人的损失未免牵强，尤其在权利人并未实施其知识产权的情形中，极易引发对"专利蟑螂"（Patent Troll）等恶意诉讼人的不当激励⑤；中国台湾地区学者沈宗伦认为：在他人未经同意而无权实施该专利权，将导致专利权人丧失收取许可费的利益，而受有理应获得而未能收取的利益，此等情形即为专利权人的所失利益⑥；中国台湾地区学者李孟聪认为，法律给予专利权人利用对于该专利发明需求市场机会的决定权，与权利人自行实施场合是利益，于使他人实施之场合是实施费，这些皆是市场机会丧失的对价，均应加以填补。⑦

另一种观点则认为：在专利侵权合理许可费赔偿制度中，侵权人的合理许可费赔偿是侵权人的不当得利返还。

中国台湾地区学者李素华认为：当侵权行为人从事不法侵害行为时，其所获得的利益，是免于专利授权契约所必须支付的专利授权金；⑧ 侵权

---

① 朱玛：《侵害知识产权损害赔偿问题研究》，博士学位论文，西南政法大学，2015 年，第 23 页。

② 祝建辉：《基于经济分析的专利使用费赔偿制度研究》，《科技管理研究》2010 年第 11 期。

③ 范晓波：《以许可使用费确定专利侵权损害赔偿额探析》，《知识产权》2016 年第 8 期。

④ 和育东：《专利侵权损害赔偿计算制度：变迁、比较与借鉴》，《知识产权》2009 年第 5 期。

⑤ 胡晶晶：《知识产权"利润剥夺"损害赔偿请求权基础研究》，《法律科学》2014 年第 6 期。

⑥ 沈宗伦：《以合理权利金为中心的新专利损害赔偿法制》，《月旦法学杂志》2012 年第 12 期。

⑦ 李孟聪：《专利法之损害赔偿——以日本平成修法沿革为中心》，硕士学位论文，中原大学，2006 年，第 45 页。

⑧ 李素华：《专利权侵害之损害赔偿计算方式》，元照出版有限公司 2013 年版，第 36 页。

行为人在专利侵权案件中,因未经专利权人同意,即实施专利权人的专利,因该行为受有使用专利之利益,自然属于非给付不当得利类型①;王铭勇认为:相当权利金之数额,很多是参考专利权过去之授权契约、业界市价而计算决定,与权利人现实所受损害无关,系保证得请求赔偿数额之最低底限,与所失利益并不相同②;德国有学者认为:侵权人的不当得利在于未付费而使用他人权利,因此,节约了那些合法使用他人权利时所需支付的费用,因而,权利人可以依不当得利返还请求权请求侵害人返还适当的授权报酬③;美国有学者认为:侵权人财产消极增加的部分视为因侵权行为不当节省的本应支付给受害人的许可费。④

二 专利侵权合理许可费赔偿制度与不当得利制度

本文认为不当得利制度和侵权赔偿制度在适用上虽然有时可以达到基本相同的法律效果,"如果不考虑过错等侵权责任构成要件等因素,不当得利法与侵权法在很大程度上是同源的"⑤,但不当得利和侵权损害赔偿是两种设立价值不同的制度,日本知识产权学者田村善之认为"不当得利所注重的是侵权人获得何种利益,与侵权行为关注专利权人被侵害何种权利的立场完全不同"⑥。不当得利的立法意旨在于"取除利益",这和侵权行为的立法意旨在于"填补损害"完全不同。⑦ 不当得利制度在于利益的恢复和平衡,关注的是侵权人返还其没有法律依据的获利,对侵权人的行为并不做评价;而侵权损害赔偿则是对侵权行为的否定评价,

---

① 周汉威:《论专利侵权损害赔偿范围及计算——专利权人所失利益之界定》,硕士学位论文,台湾铭传大学,2005年,第43页。

② 王铭勇:《以相当权利金数额为专利侵害损害额——日本特许法第102条第3项之研究》,《科技法学评论》2010年第12期。

③ 许忠信:《从德国法之观点看专利权侵害之损害赔偿责任》,《台北大学法学论丛》2007年第1期。

④ R. J. Sharpe, S. M. Waddams, "Damages for Lost Opportunity to Bargain", *Oxford Journal of Legal Studies*, Vol. 2, No. 2, 1982, p. 290.

⑤ 杨彪:《可得利益的民法治理:一种侵权法的理论诠释》,北京大学出版社2014年版,第65页。

⑥ [日]田村善之:《日本知识产权法》,周超等译,知识产权出版社2011年版,第78页。

⑦ 王泽鉴:《不当得利》,中国政法大学出版社2002年版,第98页。

着重点在于对权利人所失利益的弥补,对侵权人是否获利或获利多少并不关注。

不当得利一般分为"给付型不当得利"和"非给付型不当得利",其中常和损害赔偿相联系的是"非给付型不当得利"中的"权益侵害不当得利"。认为合理许可费赔偿是基于不当得利的法律关系的观点,一般都认为侵害人无法律上的原因而使用他人的专利权,并因此而受有利益且造成专利权人的损害,故应成立不当得利,侵权人应依法返还所得利益。返还利益的范围一般认为当侵害人合法请求权利人允许其使用专利权时,本需要支付的相应报酬,却因其不法侵害而免于支付,则该报酬额即为不当得利的价额。

但本文认为就不当得利制度本身的构成要件和性质而言,用不当得利来解释合理许可费赔偿存在不适性。

首先,合理许可费赔偿和不当得利制度的法理基础存在差异,从深层次理解,合理许可费赔偿的基础是"任何人不得从自己的不法行为中获得利益",因而侵权人需要将获得利益的表征合理许可费返还权利人;而不当得利的基础应是"任何人不得因他人受损而获得利益",因而受益人应将收益额返还权利人。①

其次,侵权人获得利益是专利权的使用行为,是占有市场的机会,而不是节省下许可费。

在传统的不当得利领域,受有利益方所受领的利益在不当得利原因发生时可以很容易客观确定,然而在专利侵权案件中,行为人开始进行专利侵权行为时,受有利益的客体是无形的,侵权人不需要经过自行研发过程或权利人许可就可以使用专利,会受有"利益"。这种"利益"按性质来说是不能返还的。专利权人拥有排他权,但不是一定能够从实施专利中获得利益,专利许可也只是赋予被许可人凭借实施专利从市场获得利益的机会而已。侵权人未经专利权人许可而实施专利,从专利权人不当转移到侵权人的财产利益是"实施专利从市场获利的机会",也可以说是"实施专利"行为本身,而非"侵权人因实施专利所获得的实际利

---

① 王泽鉴:《不当得利》(增订版),北京大学出版社2009年版,第45页。

益"。这种机会或行为是不能返还的。德国法目前通说也扬弃了所谓的"费用节省得利"的传统见解。①

专利权作为无形财产权的一种，是立法者为达到鼓励技术创新目的而设计出的财产权，国家依据专利申请书的内容，判断技术方案是否具有创造性、新颖性和实用性，赋予专利权人在公告专利权范围内一定时限的排他权。无形财产权的特性就是其得以被无限的使用而完全不需要担心耗损的问题，专利侵权人的行为所剥夺的是专利权人本来基于该专利得以独占市场的机会。对于权利人来说，合理许可费赔偿是对市场机会丧失的弥补。②

再次，根据不当得利返还请求权计算的数额只是正常商业协商的许可费。

受益人未经许可利用他人的专利权的，这种利用即为受益人所获得的"利"（并非受益人未支付的许可使用费），由于这种利用在性质上是无法返还的，故受益人只能返还这种利用的客观价额。③ 侵权人不应该比获得正常商业协商许可的被许可人获得更多的利益，所以，他应该向受害人支付相当于正常商业协商的许可费。④

根据不当得利的返还范围理论，如果受害人的所受损害大于受益人所获利益，受益人仅需在所获利益的范围内返还；反之，如果受益人所获利益大于受害人所受损害，则受益人仅需在受害人的所受损害范围内返还。在专利侵权损害中审视专利权人和侵权人的关系，专利权人损害的表征是应获得而未获得的专利许可费，而侵权人所获利益的表征并不是支付而未支付的许可费，而是因实施专利获得利润，若以不当得利理论解释，则侵权人的返还范围只是许可费。因此，依不当得利制度返还

---

① 王泽鉴：《侵权行为法》（第一册），中国政法大学出版社2001年版，第34页。

② Lindemann Maschinenfabrik GmbH v. Am. Hoist & Derrick Co, 895 F.2d 1403, 1406 (Fed. Cir. 1990).

③ BGHZ169, 340, 344. 转引自缪宇《获利返还论——以〈侵权责任法〉第20条为中心》，《法商研究》2017年第4期。

④ BGHGRUR 2006, 143, 145. 转引自缪宇《获利返还论——以〈侵权责任法〉第20条为中心》，《法商研究》2017年第4期。

的只是正常商业协商的许可费,但合理许可费赔偿需要考虑并计算专利侵权诉讼的成本,这与双方未发生诉讼,协商许可授权确定的许可费是有区别的,合理许可费赔偿的数额必定高于权利人依通常专利许可合同获得的许可费。以不当得利返还请求权计算出来的数额更接近权利人一般专利许可合同可获得的许可费,而低于专利侵权损害赔偿中合理许可费赔偿确定的赔偿数额。如果说侵权之后返还的只是一般未涉及侵权的许可情况所支付的许可费,即侵权人节省的许可费,无疑是鼓励侵权。

复次,专利侵权损害赔偿的惩罚性赔偿的计算基数之一是合理许可费,如果把合理许可费赔偿视为是侵权人不当获利的返还,显然是不能作为惩罚性赔偿的基数。惩罚性赔偿的基本含义是在侵权人的主观状态是故意时,在其赔偿额上的加倍,以达到威慑侵权行为的目的,而不当得利中侵权人的返还利益显然和侵权人的赔偿额是不同性质的两个概念。

最后,无权占有与有权占有在法律评价上有根本的不同,虽然无权占有与租赁皆具有使用他人之物的特征,但该类似不足以将两者等同视之。无权占有的情况包括双方原有的租赁关系存在而后终止,或为合同的缔结协商而交付租赁物,而后意思表示应有瑕疵以至于合同不成立、自始无效后撤销等。在这些情况下,双方的给付在合同终止或无效时,构成不当得利,但因受领的给付为物的使用,应按受领时的价格,以金钱赔偿。这与纯粹的无权占有的赔偿的性质不同。因此,不应将无权占有和有权占有在法律上同等对待,以免形成鼓励无权占有的侵权行为的趋势。①

从目的解释的角度来看,Trips 第 45 条第 2 款规定了侵权人从事侵权行为,应当充分补偿权利人的所失利益,合理许可费赔偿制度在各国专利法中都被规定在专利侵权赔偿的条文下,被视为专利侵权损害赔偿的方式之一,损害赔偿的价值不在于侵权人损害利益的返还,而在于权利人所失利益的弥补和侵害的预防,不当得利制度显然不能达到这个目的。

---

① 黄茂荣:《债法通则之四:无因管理与不当得利》,厦门大学出版社 2014 年版,第 87 页。

从历史解释的角度来看，合理许可费赔偿制度并不是专利侵权损害赔偿所独有的，在其他知识产权损害赔偿如商标和著作权损害赔偿以及人格权财产性权益的损害赔偿中也存在。

但和专利侵权合理许可费赔偿制度不同之处在于，商标和著作权合理许可费赔偿并未被普遍的设置为独立的损害赔偿制度。美国的著作权法和商标法均未如专利法那样规定合理许可费的赔偿方式，但法院常常认可基于合理许可费的金钱救济方法。[1] 2014年6月6日国务院法制办公室公布的我国著作权法修改送审稿中规定了合理许可费的赔偿方式，和权利人所失利益、侵权人获利和法定赔偿并列成为一种独立的损害赔偿计算方式，但在此之前，我国著作权侵权损害赔偿的司法实践中已经长期适用合理许可费赔偿，只不过是把其作为计算权利人所失利益的方式之一。人格权财产性权益侵害合理许可费赔偿也仅是计算权利人所失利益的一种方式。可见，在权利人无形财产权益的损失计算中，合理许可费赔偿是常见的方式。

中国台湾地区2012年修订专利法，正式将合理许可费赔偿纳入专利侵权损害赔偿的方式之中，但在此之前，亦有将合理许可费赔偿视为专利权人所失利益的判决。[2] 中国台湾地区专利法增设合理许可费赔偿的立法理由是"以合理权利金作为损害赔偿方法之规定，就专利权人之损害，设立一个法律上合理的补偿方法，以适度免除权利人举证之负担"[3]。在德国，合理许可费赔偿被认为来源于习惯法，德国联邦法院一直承认以合理许可费计算损害。美国联邦最高法院在1964年的Aro案[4]中，特别强调"合理许可费"的概念，只是协助计算专利权人的损害，并不是让专利权人可求偿侵权人所获利益。因此，合理许可费赔偿的计算并非基

---

[1] R. B. Troxel, W. O. Kerr, "Calculating Intellectual Property Damages", New York, Thomson West, 2007, p. 45.

[2] 如我国台湾地区智慧财产法院1997年民专诉字第66号判决、智慧财产法院1998年民专上易字第25号等。

[3] 林威融：《论专利侵权损害赔偿之计算》，硕士学位论文，台湾大学，2009年，第23页。

[4] Aro. mfg. co. v. Convertible top replacement co . 337 u. s. 476 (1964) .

于侵权人所获的利润，美国有众多判例指出合理许可费额并不一定不能高于侵权人所获利润。①

综上所述，运用不当得利的理论来解释合理许可费赔偿有诸多不适性，并不能自圆其说。

本文认为合理许可费赔偿是专利权人所失利益，具体内容将在第三节重点论述。

第二节　"合理"——补偿抑或惩罚

一　关于"合理"性质的争议及评析

合理许可费赔偿并非单纯地以当事人之间达成的许可合同确定的许可费作为赔偿额，而是要根据侵权情形等因素对其做调整，使其与侵权行为造成的损害相适应，最后形成"合理"的损害赔偿额，我国合理许可费赔偿是通过在许可费上设置"合理"倍数来实现这一目的。关于合理许可费赔偿"合理"性质的认识，学界和实务界主要有两种观点：

一种观点认为："合理"的性质是具有惩罚性质的。如崔国斌认为：合理许可费赔偿的计算结果具有一定的惩罚性质②；周竺、黄瑞华认为：倍数大于1，损害赔偿具有惩罚性质，侵权行为发生的概率就会降低，赔偿倍数不仅对阻止侵权有激励作用，还会激励权利人诉讼③；孔祥俊、蒋志培、张辉认为：故意侵权、侵权情节恶劣、多次侵权等情况，应按1倍以上3倍以下的使用费确定赔偿④；汤宗舜认为，我国合理许可费倍数的设置突破了填平原则，相对于国际承认的规制明显是重了⑤；美国学者

---

① 如 Stickle v. Heublein, Inc., 716 F.2d 1550, 1563 (Fed. Cir. 1983); Rite-Hite Corp. v. Kelley Co., 56 F.3d 1538, 1555 (Fed. Cir. 1995); State Industries, Inc. v. Mor-Flo Industries, Inc, 883 F.2d 1573, 1580 (Fed. Cir. 1989).

② 崔国斌：《专利法：原理与案例》，北京大学出版社2012年版，第87页。

③ 周竺、黄瑞华：《对专利侵权赔偿的经济学分析》，《科研管理》2007年第1期。

④ 孔祥俊：《最高人民法院知识产权司法解释理解适用》，中国法制出版2012年版，第56页；蒋志培、张辉：《关于实施专利法两个司法解释的理解与适用》，《人民司法》2001年第8期。

⑤ 汤宗舜：《专利法解说》，知识产权出版社2002年版，第45期。

格利克（Glick M.）等认为：法院在确定许可费时，会根据案情，特别是被告的侵权利润，来衡量许可费的威慑作用①；徐小奔认为：我国专利法中合理许可费赔偿的"倍数赔偿"规则与理论上恢复至"如同侵权未发生"之状态之间存在赔偿数额上的不对等现象从专利权人的角度来看，"合理的倍数"实际上产生了超额赔偿的效果，合理许可费赔偿的"倍数"与完全赔偿矛盾。②

另一种观点认为："合理"的性质是具有补偿性质的。如范晓波认为：许可使用费作为权利人的损失的一种形式，以许可使用费确定赔偿额是补偿性的③；美国学者墨杰斯（Merges R. P.）等认为：此种制度先将权利赋予一方当事人，并允许其在权利受到侵害之后，向加害人请求赔偿的保护形式，符合补偿法则的救济概念④；尹新天认为，规定参照许可费合理倍数确定赔偿的本意并非是突破侵权损害赔偿的补偿性原则，而转向惩罚性赔偿，而是仅仅一倍的赔偿不足于弥补权利人的损失⑤；冯晓青认为，合理许可费是填平原则的变通形式，并未突破填平原则。⑥

在研究"合理"是补偿性还是惩罚性之前，我们首先要明确合理许可费赔偿数额和一般协商达成的许可费数额本来就是不同的，大多数情况下，合理许可费赔偿数额要高于一般协商达成的许可费数额。

首先，在一般当事人合意订立专利许可合同时，被许可人往往需要花费精力和时间去查阅所需相关专利的资料，在衡量至确定有必要实施专利后，才与专利权人进行磋商，双方许可合同协商过程也需要一定的成本。此外在侵权诉讼中，专利侵权人也需负担一定的成本，故合理许

---

① M. Glick, L. A. Reymann, Hoffman R., "*Intellectual Property Damages: Guidelines and Analysis*", New York, John Wiley & Sons, 2006, p. 23.
② 徐小奔：《论专利侵权合理许可费赔偿条款的适用》，《法商研究》2016 年第 5 期。
③ 范晓波：《以许可使用费确定专利侵权损害赔偿额探析》，《知识产权》2016 年第 8 期。
④ R. P. Merges, P. S. Menell, M. A. Lemley, "*Intellectual Property in the New Technological Age*", New York, Aspen Law & Business, 1997, p. 45.
⑤ 尹新天：《新专利法详解》，知识产权出版社 2001 年版，第 340 页。
⑥ 冯晓青：《专利侵权专题判解与学理研究》，中国大百科全书出版社 2010 年版，第 103 页。

可费应高于一般协商许可合同确定的许可费。①

其次，在一般协商专利许可情况下，如果专利后来被无效，对专利被许可人支付的专利无效之前的许可费，专利权人无须退还。而在侵权情况下，如果专利在侵权诉讼阶段被无效，则侵权人显然无须向专利权人支付专利无效前所应支付的许可费。当事人往往会将专利无效的风险纳入一般商业协商的专利许可费中，导致专利侵权合理费赔偿会高些。德国立法例考虑一般许可合同的被许可人有会计账册提供予专利权人的义务，而侵权人以支付合理许可费方式赔偿专利权人损害，并无此等义务，从而在计算合理许可费赔偿时会加计0.5%左右的费率。②

最后，如果按合理许可费计算出来的损害赔偿额等于一般商业协商许可合同确定的许可费，对专利侵权人而言，即使事先没有取得专利许可，等被专利权人发现进行诉讼时，最坏的结果不过是相当于和专利权人正式签订专利许可合同。考虑到诉讼成本等因素，专利权人发现也未必愿意诉讼，同时由于专利客体的无形性，侵权行为具有隐蔽性，专利权人未必会轻易发现，在此情况下，侵权前无权利人的许可使用专利并不表示侵权后必定会有合理许可费的损害赔偿。上述情况必造成侵权人的侥幸心理，反而会鼓励侵权行为的发生，而那些想进行专利许可合同磋商谈判的潜在的被许可人，将降低或丧失与专利权人进行磋商的意愿。对权利人来说，将产生数量众多的专利侵权比对，监控是否专利侵权行为的发生，无疑增加了成本。因此，将侵权案件中的合理许可费和一般商业协商许可费等同，则无法有效威慑侵权，反而造成侵权人通过侵权而达到"强制许可"的效果③，法院可以要求侵权人支付高于实际被许可人的许可费数额。④ 德国法上也认为是不能使侵害人较事先取得同意及订

---

① R. L. Parr: "*Intellectual Property: Valuation, Exploitation, and Infringement Damages*", New York, John Wiley & Sons, 2005, p. 5.

② 李素华：《专利权侵害之损害赔偿计算以合理权利金法为例》，《全国律师》2010年第6期。

③ Panduit Corp. V. Stahlin Bros. Fibre Works, Inc, 575 F. 2d 1152, 1158 – 59 (6th cir. 1978)

④ King Instruments, Inc. v. Perego, 65 F. 3d 941, 951 (Fed. Cir. 1995).

立许可合同的被许可人处以更有利的位置,否则无疑是鼓励他人无须事先取得许可、恣意从事专利侵权行为。① 我国最高人民法院颁布的司法文件《最高人民法院关于当前经济形势下知识产权审判服务大局若干问题的意见》提到:注意参照许可费计算赔偿时的可比性,充分考虑正常许可与侵权实施在实施方式、时间和规模等方面的区别,并体现侵权赔偿金适当高于正常许可费的精神。欧盟委员会2017年11月29日在布鲁塞尔发布《关于欧盟知识产权执法指令(2004/48/EC)的指南》中在提到合理许可费赔偿(hypothetical royalty)时指出:"上述规定的目的并不是要引入惩罚性赔偿(punitive damages),而是基于客观的标准所给予的补偿,这种补偿应考虑到权利人所发生的费用,比如其所支持的识别和搜寻费用(costs of identification and research)。"② 美国虚拟谈判协商得出的合理许可费赔偿高于实际协商的许可费,在1991年Smithkine Diagnostics, Inc. v. Helena Laboratories Corp.案③中,合理许可费率被定为25%,而被告所主张的3%的费率来自现有的两个许可合同。④ 有美国学者对1990年到2004年,作为损害赔偿的合理许可费(费率)与诉讼外达成的许可费(费率)调查后发现,超过10%的费率在专利侵权诉讼中的合理许可费中比实际许可中明显常见。⑤

综上所述,合理许可费赔偿的数额应该高于一般商业协商许可合同确定许可费具有合理性,"高于"的幅度或数量是通过合理许可费赔偿中的"合理"来调整的,在我国体现为许可费的合理倍数。我们认为我国

---

① 刘晓海:《德国知识产权理论与司法实践》,知识产权出版社2012年版,第124页。

② Recital 26 of Guidance on certain aspects of Directive 2004/48/EC of the Council on the enforcement of intellectual property rights.

③ Smithkine Diagnostics, Inc. v. Helena Laboratories Corp, 926F. 2d 1161, 1163, 17 U. S. P. Q. 2d 1922 (Fed. cir. 1991).

④ 类似合理许可费赔偿高于实际协商许可费的案例还有 Deer &Co. v. International Harvester Co, 710 F. 2d 1551, 1554, 218 U. S. P. Q. 481, 13Fed. R. Evid. Serv. 1443 (Fed. Cir. 1983);Bio-Rad Laboratories, Inc. v. Nicolet Instrument Corp, 739 F. 2d 604, 517, 222 U. S. P. Q 654 (Fed. cir. 1984)。

⑤ W. Choi, R. Weinstein, "An Analytical Solution to Reasonable Royalty Rate Calculations", *The Journal of Law and Technology*, Vol. 41, No. 1, 2010, p. 49.

合理许可费赔偿"倍数"的设置用来表明合理许可费赔偿应比一般商业协商许可合同高，倍数应大于1，但不一定是整数倍，只要大于1倍都应该是可以的。如在"2015年浙江法院十大知识产权保护案件之一的浙江龙盛集团股份有限公司与绍兴县滨海飞翔化工有限公司侵害发明专利权纠纷案"① 中，法院确定的合理许可费赔偿是许可费的1.7倍。

所以，合理许可费赔偿数额高于一般商业协商许可费数额并不能必然得出合理许可费赔偿具有惩罚性性质的结论，相反，合理许可费赔偿只有高于一般商业协商许可费才能体现完全弥补权利人的损害，才能体现损害赔偿的全面赔偿原则。

有学者认为，以合理许可费倍数作为赔偿额有不合理处，当侵权人应支付的许可费赔偿低于权利人与他人签订许可协议所确定的许可费时，此时赔偿额必定低于许可费的"1倍"，那么"倍数"的规定就显然不合理了，并举例说，权利人与他人签订的许可使用合同约定的许可使用费为每年100万元，被许可人的年产量为10万件，而侵权人的侵权时间只有半年，侵权规模小，年生产能力仅1万件，此时以合理许可费确定的赔偿额必定低于100万元，不足1倍，无法以"倍数"确定赔偿额。② 本文认为这是对合理许可费赔偿"倍数"必定大于1的误读，是对合理"倍数"的误解。

在讨论这个问题之前，我们首先要明确合理许可费赔偿计算基准，在大多数情况下，并不是权利人与他人签订许可合同确定的许可费，而应是和侵权行为相匹配的许可合同确定的许可费，例如许可时间、地域、方式等与侵权行为基本一致的合同确定的许可费，而不能直接将权利人与他人签订许可合同确定的许可费作为合理许可费赔偿"倍数"计算基

---

① （2015）浙知终字第91号法院认为："涉案专利具有巨大的经济价值，并存在广泛的专利许可，且被许可人大多已支付高额的专利许可费，正吉公司按约应支付的专利许可使用费亦高达300万元，在现时权利人的损失或者侵权人获得的利益难以确定的情况下，可以该许可费的合理倍数来确定赔偿额。再者，飞翔公司在收取龙盛公司发送的侵权警告函后，仍继续侵权行为，存在较为明显的侵权主观故意。第四，龙盛公司为制止侵权支出的律师代理费、公证费等合理维权费用，亦应一并予以考虑。综上，原审判决确定的500万元赔偿数额较为合理，应予确认。"

② 范晓波：《以许可使用费确定专利侵权损害赔偿额探析》，《知识产权》2016年第8期。

准。专利侵权合理许可费赔偿确定的赔偿额一般大于正常商业协商确定的许可费,这里所说的许可费应是和侵权行为相匹配的许可合同确定的许可费,那么在此许可费上增加"倍数"作为赔偿额一般是必定大于1的。

在裁判实践中,在大多数情况下,作为"倍数"计算基数的许可费和权利人和他人签订许可合同确定的许可费并不一致,法官首先要做的是根据权利人与他人签订许可合同和侵权情况,确定合理许可费赔偿计算基准,也就是"倍数"的基准,尽可能使确定的基准和侵权行为相一致。在上述例子中,在不考虑其他市场因素的情况下,被许可人每年生产10万件许可费为100万元,那么每年1万件许可费大概是10万元,半年1万件许可费大概是5万元。法院应将5万元作为计算基准,在5万元的基准上确定合理"倍数",也就是说合理许可费赔偿确定的赔偿额一定是不低于5万元的"1倍",而和权利人与他人签订的许可合同确定的许可费100万元无关。也就是说,合理许可费赔偿不能是法院已认定的许可费的小数倍,如0.5倍。[1] 因此,合理许可费赔偿是以专利侵害人若获得专利权人许可而实施专利时,所应给付许可费为基础,核定损害赔偿数额,以适当填补专利权人损害。根据侵权损害赔偿的填平原则,合理许可费赔偿的上限一般不应超过权利人所失利益范围,具有补偿的性质。

美国巡回上诉法院对合理许可费计算方法的见解为:合理许可费的计算方法,重点不是计算方法是否精确,而是许可费是否足以弥补权利人所失损害。[2] 在我国司法的实践中,法院一般也认可合理许可费赔偿的上限应是权利人的所失利益,如在孔玮诉中山市古镇恒明照明电器厂等侵害外观设计专利权纠纷案[3]中,法院在论述不支持原告要求的许可费四倍的赔偿原因时认为:"侵权人应当赔偿给专利权人的经济损失,是以权利人的实际损失或者侵权人的非法获利作为确定侵犯专利权赔偿数额的基本方式,只有这两种基本方式难以确定的,才考虑参照该专利许可使

---

[1] 尹新天:《中国专利法详解》,知识产权出版社2011年版,第736页。

[2] D. W. Opderbeck, "Patent Damages Reform and the Shape of Patent Law", *Social Science Electronic Publishing*, Vol. 89, No. 1, 2008, p. 127.

[3] (2016) 粤73民初1784号。

用费的合理倍数予以确定。也即侵权人承担的侵权赔偿责任应当与其侵权行为给专利权人造成的损失或者侵权人所获利益相适当。在本案中，原告主张按照其与案外人签订的《专利实施许可合同》约定的每销售一个灯具的专利许可费385元乘以四倍的标准来计算其经济损失，根据该方法计算的经济损失显然远远高于被告恒明电器厂因侵权所获得的利益。"

在专利侵权损害赔偿诉讼中，可能会存在这种情况，权利人的所失利益不大，而却有证据证明侵权人的所获利益很大，特别在权利人是高校等科研单位自己没有实施专利或正在准备实施专利的情形下。这时合理许可费赔偿的上限是否可以是侵权人获利？我们认为是可以的。首先，不能通过侵权而获得利益是侵权责任法的基本原则，专利侵权人未经权利人许可实施专利获得很大利益，而权利人因所失利益不大只能获得较小的合理许可费赔偿，显然不符合公平原则，不利于遏制侵权；其次，在专利侵权损害赔偿中，侵权人的所获利益在专利侵权损害赔偿中是被推定为权利人所失利益的，因此，合理许可费赔偿的上限可以是侵权人获利，并不与合理许可费赔偿的补偿性性质相悖。但适用时要注意，侵权产品确实产生了市场替代效果，侵权人所获利益确实是实施专利带来的，才符合正确损害赔偿的理念。

值得注意的是在2015年，最高人民法院的司法解释删除了合理许可费赔偿1—3倍的限制。这意味着原则上法官可以判决许可费1倍以上任意倍数的赔偿，笔者认为这可能是因为在专利侵权损害赔偿诉讼中，如果权利人有证据证明其所失利益超出许可费的3倍，这时受限于许可费最高倍数3倍的规定，仅以许可费3倍的赔偿显然对权利人不公平。去掉合理许可费1—3倍的限制，有利于法院根据个案具体情况自由裁量许可费的倍数，以实现对权利人更充分的保护。

二 合理许可费赔偿和惩罚性赔偿的协调

惩罚性赔偿的前提是侵权人故意侵权，美国专利侵权裁判实务中认为损害赔偿额的提高应以"恶意侵权"（willful infringement）为前提要件。所谓恶意侵权是指轻率不顾他人的专利权，即使构成侵权也不在乎，而其判断的标准是侵权人知悉他人的专利权存在后，是否基于合理的善意信赖，确信该专利权为无效或未构成侵权，因而开始或继续其侵权。①我国专利法第四次修改送审稿也规定在故意侵犯专利权的情况下，人民法院可以根据侵权行为的情节、规模、损害后果等因素，将赔偿数额提高至2—3倍，可见惩罚性赔偿是从侵权人的主观状态出发，是对侵权人故意侵权的惩罚，而不是从权利人损害的角度出发，对权利损害的填补。从目前形势看，惩罚性赔偿进入我国专利法已经成为定局。

惩罚性赔偿的表现形式是侵权人赔偿额的加倍，在传统民法财产损害领域是对权利人所受损失弥补的加倍，在专利侵权损害赔偿中，惩罚性赔偿的计算基准是权利人所失利益、侵权人获利和合理许可费，即在权利人所失利益、侵权人获利或合理许可费的基础上增加一定倍数作为赔偿数额，其目的不仅在于弥补权利人的损害，更在对侵权行为的威慑和遏制。由此可见，惩罚性赔偿可以体现为在合理许可费赔偿数额上的加倍。

最高人民法院认为对故意侵权、侵权情节恶劣、多次侵权等情况，按1倍以上3倍以下的使用费的标准计算赔偿额。② 2001年6月12日，时任最高人民法院副院长曹建明在全国法院知识产权审判工作会议上的讲话强调：一般来说，以不低于专利许可使用费的合理数额（即使用费的1倍）仍然适用多数专利侵权案件的情况。对故意侵权、侵权情节恶劣、多次侵权等情况，应当按1倍以上3倍以下的使用费的标准计算赔偿额，并要求各地法院参照执行。地方法院也出台了类似的司法裁判办法，如2007年7月1日实施的《重庆市高级人民法院关于确定知识产权侵害赔偿数额若干问题的指导意见》第16条规定。③

有学者认为最高院的意见是以许可使用费1倍的数额作为赔偿额，

---

① Minnesota Mining Mfg. Co. v. Johnson Orthopaedics, Inc, 976 F. 2d 1578（Fed. Cir. 1991）.

② 曹建明主编，最高人民法院民事审判第三庭编著：《新专利法司法解释精解》，人民法院出版社2002年版，第103页。

③ 第十六条：人民法院在确定许可使用费的倍数时，应该考虑侵权人的侵权使用是否与许可使用的情况相似，包括许可使用的方式、时间、范围以及侵权情节等因素。侵权人的侵权使用幅度小于许可使用幅度的，可以确定较低的倍数；对于以假冒为业或多次侵权等情节严重的行为可以适用较高倍数。许可使用费的倍数一般在1—3倍以内考虑。

是补偿性的，在1倍以上3倍以下确定赔偿额，具有惩罚性①，专利法依据许可费的倍数来确定损害赔偿数额的规定即难掩其惩罚性色彩。②

在我国合理许可费赔偿案件裁判中，在侵权人是故意侵权的情况下，法院会把侵权人的主观故意作为确定赔偿的考虑因素。例如，佛山市招财门门业有限公司与佛山市碧辉盈金属制品有限公司侵害外观设计专利权纠纷上诉案③判决中，法院"根据被告的主观恶意、生产规模，并参照原告提交的专利实施许可备案证明中的专利使用费的数额，酌情确定被告赔偿原告经济损失及合理支出共计50000.00元"；宋锦钢与宋守淮等侵害发明专利权纠纷上诉案④判决："考虑本案专利权的类别、侵权人明显存在侵权恶意、专利许可使用费的数额、专利许可的性质、范围和时间等因素，本院认为参考专利许可使用费3倍以及宋锦钢为制止侵权应支付的合理开支，原审法院酌定的50万元赔偿数额合理恰当，应予维持"等。⑤

最高院意见、各地方法院司法文件以及司法实践目的是惩治侵权人的故意和恶意侵权，而适用较高的倍数，实际上具有惩罚性意思，是在我国专利侵权赔偿没有独立的惩罚性赔偿制度下的一种权宜之举。在现阶段，可以说我国合理许可费赔偿制度在补偿性的性质的基础上具有了一定的惩罚性功能。

在惩罚性赔偿成为我国一项独立的损害赔偿制度后，对侵权人的惩罚性功能将由独立的惩罚性赔偿来承担，合理许可费赔偿将不再承担这一功能。有的学者认为，在惩罚性赔偿进入专利法后，许可费合理的"倍数"的设置将没有存在的必要，可以删除⑥，参照许可费倍数来确定赔偿就应修订为参照市场许可费来确定赔偿。⑦

---

① 范晓波：《以许可使用费确定专利侵权损害赔偿额探析》，《知识产权》2016年第8期。
② 罗莉：《论惩罚性赔偿在知识产权法中的引进及实施》，《法学》2014年第4期。
③ （2016）粤民终1392号。
④ （2013）粤高法民三终字第739号。
⑤ 类似判决还有：（2015）浙知终字第91号；（2014）淄民三初字第184号；（2016）鲁03民初112号等。
⑥ 范晓波：《以许可使用费确定专利侵权损害赔偿额探析》，《知识产权》2016年第8期。
⑦ 罗莉：《论惩罚性赔偿在知识产权法中的引进及实施》，《法学》2014年第4期。

笔者并不赞成这种观点。由前述我们可以知道，目前在司法实践中我国合理许可费的"倍数"设置有两种功能，第一，体现合理许可费赔偿要比一般商业协商许可费高；第二，体现合理许可费赔偿的惩罚性功能。在惩罚性功能由惩罚性赔偿承担后，第一种功能依然存在，所以在惩罚性赔偿进入专利法后，许可费合理的"倍数"依然有保留的必要。

在现阶段，合理许可费赔偿预留了一定的自由裁量尺度，让法院在确定损害赔偿的时候，可以依据侵权情节，合理许可费赔偿可以弥补权利人的所失利益，在侵权者具有恶意或者重复侵权的情况下，适当增加许可使用费的倍数，以实现对侵权人的惩罚。因此，我们认为合理许可费赔偿实质上是补偿性的，但在现阶段可以承担一定惩罚性的功能。

有的学者提出：不应该把许可费作为惩罚性赔偿的基数，而是建议以补偿性赔偿额作为惩罚性赔偿的基数，美国从最初将专利许可费作为基数到以专利权人的实际损失作为基数，实际上是意识到了专利的价值并不在于许可他人所获得的利益，而在于对专利的独占垄断权所带来的价值。从我国民事侵权责任的角度讲，最本质的特点是要弥补受害人的全部损失，因此补偿性赔偿额比起其他责任方式更为重要。基数的确定应当分别适用于两种情况：其一，权利人的损失或侵害人的获利若查证属实的，应当以实际损失或非法获利的数额作为基数；其二，权利人的实际损失或侵害人的非法获利若无从查证的，应当以法定赔偿金幅度内的某个数额为基数。①

笔者不同意该学者的观点，惩罚性赔偿的计算应以补偿性赔偿额作为基数，显然是正确的，但体现补偿性赔偿并不是只有权利人所失利益和侵权人获利的赔偿方式，合理许可费赔偿的目的同样是填补权利人的损失。美国也并未排除以合理许可费作为惩罚性赔偿的计算基数，美国专利法第284条对惩罚性赔偿做了规定："法院应根据权利人所主张的事实，判给权利人足以弥补侵权的损害赔偿金，但不得低于侵权人利用该发明所需的合理许可费，法院还需确定利息和诉讼费用。如果损害赔偿

---

① 唐珺：《我国专利侵权惩罚性赔偿的制度构建》，《政治与法律》2014年第9期。

不是由陪审团裁决的，法院应当评估损害赔偿。无论哪种情况，法院可以将损害赔偿的数额增加至三倍。"① 可见，美国惩罚性赔偿的计算基数是损害赔偿额，而美国的损害赔偿额确定的依据有权利人所失利益和合理许可费赔偿两种方式，因此，惩罚性赔偿的计算基准也就有权利人所失利益和合理许可费赔偿。美国的司法实践中，惩罚性赔偿也是可以合理许可费倍数确定惩罚性赔偿数额。2015年12月2日国务院法制办公室公布的《专利法修订草案（送审稿）》第68条规定了专利侵权惩罚性赔偿，可以按照以权利人所失利益、侵权人获利和合理许可费倍数的1倍以上3倍以下确定赔偿额。

第三节　专利侵权赔偿中的合理许可费与专利的价值

为了适应知识产权保护的新形势和新要求，2017年4月24日最高人民法院向社会发布了《中国知识产权司法保护纲要（2016—2020）》，力争在五年的时间里使知识产权司法保护体系更加完善，司法保护能力更大提升，司法保护的主导作用更加突出，为未来五年人民法院知识产权司法保护明确指导思想和目标，确定保护原则和措施，规划发展路径和蓝图。在第四部分主要目标中的第六点提到了建立科学合理的知识产权损害赔偿体系，要建立权利人被侵权所遭受损失、侵权人获得利益、许可费、法定赔偿以及维权成本与知识产权价值相适应的损害赔偿体系。② 2017年12月29日，最高人民法院发布《关于充分发挥审判职能作用为企业家创新创业营造良好法治环境的通知》，其中第四条明确规定要依法保护企业家的知识产权，建立以知识产权市场价值为指引，补偿为主，惩罚性为辅的侵权司法认定机制，提高知识产权侵权

---

① 黄武双、阮开欣、刘迪等：《美国专利损害赔偿：原理与判例》，法律出版社2017年版，第19页。

② 《中国法院知识产权司法保护状况（2016年）》，参见最高人民法院官网 http://www.court.gov.cn/zixun-xiangqing-42362.html，2018年1月2日最后访问。

赔偿标准。① 2018年2月中共中央办公厅、国务院办公厅印发了《关于加强知识产权审判领域改革创新若干问题的意见》，要求建立体现知识产权价值的侵权损害赔偿制度，坚持知识产权创造价值，权利人理应享有利益回报的价值导向，着力破解知识产权侵权诉讼"赔偿低"的问题。② 美国专利侵权司法判例也指出了专利侵权损害赔偿和专利价值的关系，如联邦最高法院曾在 Dowagiac Mfg. Co . v . Minnesota③ 案中认为："专利法所赋予的财产的属性是排他的，侵权行为是以非法地获得财产的部分，因此侵权造成的价值损失是适当的损害赔偿。当已经确定的许可费不存在时，法院应通过合理许可费来体现专利的价值，发明的性质、用途和优点以及适用范围是确定合理许可费时需要考虑的。"

可见，知识产权侵权损害赔偿和知识产权的价值密切相关，构建起适应知识产权价值的损害赔偿体系才能实现对知识产权的充分保护。

因此，在研究专利侵权合理许可费赔偿时，我们首先要明确：专利侵权中的损害是什么？专利价值是由什么决定的？专利价值和损害赔偿有什么关系？

一 有关侵权损害学说以及运用于专利侵权的适合性

传统财产损害赔偿规制和理念是针对有形财产为主导的时代建构的，随着以知识产权为代表的无形财产权的勃兴，无形财产权日益为社会所关注，传统损害赔偿理论难以对无形财产权的损害做出回应。以物权为代表的有形财产的损害表现为有形、可见、物质性的毁损、灭失和侵占，而无形财产因其标的自身无形性，受到侵害不会有有形的毁损，因此，传统通过价值减损或使用价值丧失的差额来计算有形财产损害的方法将难以适用。

---

① 《关于充分发挥审判职能作用为企业家创新创业营造良好法治环境的通知》，参见最高人民法院官网 http：//www.court.gov.cn/zixun-xiangqing-76142.html，2018年1月8日最后访问。

② 《关于加强知识产权审判领域改革创新若干问题的意见》，参见新华网 http：//www.xinhuanet.com/2018-02/27/c_1122462230.htm，2019年3月8日最后访问。

③ Dowagiac Mfg. Co . v . Minnesota Moline Plow Co. 235U. S. 641（1915）.

(一) 有关侵权损害的学说

损害是损害赔偿的起点,对"损害"清晰和科学的认识,是构建损害赔偿制度的基础。有的学者从自然意义上认为,损害是受害人人身或财产遭受的不利益,这是对损害的最广义的定义,也是最常见的定义。① 欲为损害赔偿制度提供一般性的基础支撑,应结合法律意义上的本体论对损害进行深入研究②,从法律意义上进行抽象和本体性的解读,形成了差额说、组织说、规范说等学说。

1. 差额说

差额说又名"利益说",该说为莫姆森(Mommsen)在1855年创立,他认为损害是"被害人因特定损害事故所损害的利益,其衡量标准是以被害人在损害发生后总体财产状况和假设损害事故不发生时应有财产额的差额"。前者为具体财产状况,后者为假设财产状况。在差额说中,须考虑所有影响财产状况增减的因素,包括被害人个人特殊情形在内,故"差额说"为主观学说。③ 差额说着重于对受害人的总体财产考察,其核心是弥补受害人因侵权行为所产生的一切财产损失,只要是因侵权行为导致的损失都应该赔偿。

中国台湾地区的专利法在专利侵权损害赔偿中规定了依据"差额法"确定损害赔偿额,台湾地区专利法第85条第1项第1款但书规定:"依前条请求损害赔偿时,得就下列各款择一计算其损害:……但以证明其损害时,发明专利权人得就其实施专利权通常所可获得之利益,减除受害后实施同一专利权人所得之利益,以其差额为所失利益。"此差额说基于专利权是无形财产权,具有使用上的非损耗性,他人若未经允许实施专利权,将影响专利权人对其专利权所拥有的市场经济利益,产生市场替代效果,进而有减损专利价值的可能。换言之,当侵权专利产品出现后,部分购买者可能转变购买决策,购买侵权产品,于是专利权人所应有的市场销量,将遭受该侵害行为的剥夺或减损。但运用差额说解决专利侵

---

① 王利明:《侵权行为法研究》(上卷),中国人民大学出版社2004年版,第234页。
② 徐银波:《侵权损害赔偿论》,中国法制出版社2014年版,第185页。
③ 曾世雄:《损害赔偿法原理》,中国政法大学出版社2001年版,第78页。

权损害也存在一定问题：（1）专利权人遭受侵权前后的利益差额，有的并非是侵权人的侵权行为所致，可能还有诸如战争、天气等外在因素所致。利益的前后差额有时和一般市场因素也有关系，如经济景气、市场需求度和饱和度以及专利权人本身的经营能力等常见的因素。如何举证排除这些因素的影响甚为困难；（2）差额说源自专利权人的原有获利因侵害行为的市场替代效果而受到价值的减损，但如果专利权人本身没有实施专利的计划，或者虽有实施计划但尚未将专利产品置于销售状态，故专利权人并无获得利益。或者专利权人将专利产品加以改良，以至于侵权人的侵权产品在市场销售上无法代替权利人的市场销售效果。此时，权利人即使有实施专利权的利润差额，却难以归因于侵权人的侵权行为。在上述情形下，利用"差额说"进行专利损害赔偿计算，实有困难。因此，在我国台湾地区专利侵权损害赔偿的司法裁判实践中，运用"差额说"来计算专利侵权损害赔偿额的极少。①

2. 组织说

针对差额的主观损害概念，学者们又提出了客观损害的概念，以弥补差额说的缺陷，1950年拉伦兹（Larenz）提出针对特定物的损害，直接损害应客观评估并在任何时候都要获得赔偿，该种学说被称为组织说，具体来说，包括以下几种学说②：（1）真实损害说　1901年德国学者奥特门（Oertmann）提出侵害标的损害独立地位应被承认，损害的发生常伴随物的剥夺、毁损和身体受伤害，即为真实的损害。（2）直接损害说　1931年由诺伊勒（Neuner）提出侵权行为直接导致标的物的损害，无论如何都应获得赔偿，这种赔偿以客观价值确定赔偿。直接损害之外的间接损害可以以差额说获得赔偿。（3）客观损害说　比德林斯基（Bydlinski）提出，侵权行为的后果使权利或权益遭受到侵害，应用权利或权益的客观价值来计算赔偿。权利人的总体财产是否减少并不在考虑范围内，采用客观抽象的损害概念来计算符合权利保护的理念。

---

① 陈蕙君：《论专利权的价值——以选择最适鉴价机制为基础》，博士学位论文，台湾中正大学，2015年，第34页。

② 徐银波：《侵权损害赔偿论》，中国法制出版社2014年版，第185页。

和差额说注重权利损害的填补不同，组织说注重对权利的保护功能，认为侵害对象形态的毁损即损害，并不考虑权利人总体财产是否减少。同时它采取客观损害的计算方法，认为客观损害总是应该获得赔偿，是最低的赔偿额。即使权利人就该特定损害物的主观价值低于客观价值，也可以就客观价值请求赔偿。组织说也存在一定的缺陷，它区分了客观损害和整体损害，导致了损害概念的拆解。组织说虽然不需要证明赔偿数额的大小，但仍需要证明具体损害的存在，这和专利侵权一般没有具体损害存在并不相适应。

3. 规范说

差额说和组织说都认为，在没有财产差额或没有具体的人身和财产的毁损时，就没有损害，这将有可能导致本应赔偿的损害得不到赔偿，和侵权法立法宗旨相违背。学者们又提出了规范说，主要包括两种观点：(1) 法律地位保护说。施泰因多夫（Steindorff）认为，损害赔偿的前提并不以现实的客观损害、价值的减少为前提，只要权利人受法律保护的权利受到了损害就应获得赔偿，至于权利人是否受有不利益在所不问；(2) 法律规范评价说。日本学者潮见佳南等学者提出，损害不仅仅是一个事实概念，也是一个规范的概念，是依据损害赔偿制度的法律规范功能具体认定的。

规范说改变了差额说和组织说必须有具体损害才能获得赔偿的观念，无形财产权受到损害获得赔偿有了依据，同时克服了差额说和组织说对损害的简单的事实判断标准，通过法律规范评价来解决个案复杂的赔偿问题。损害赔偿构成要件的"损害"是侵权人赔偿的基础，是指权利人因侵权行为遭受不利益的事实，权利人获得损害赔偿额只能在法院所认定不利益事实范围内。从性质上看，权利人获得以金钱赔偿额所表明的"损害"是含有法院裁量因素，是经过法院裁判后的以金钱进行评价的损害内容，是属于规范性判断方面的问题，而非损害赔偿的构成要件。

这一学说区分了作为侵权责任要件构成的"损害"和作为损害赔偿范围的"损害"，前者损害属于事实认定的范畴，后者损害属于法律判断的范畴。

差额说认为侵害人承担责任的立足点在于填补受害人的损害，组织说目的在于对权利人权利的保护，而不在于填补损害。规范说兼顾了差额说和组织说的特点，对损害首先确定一个客观的最低损害赔偿额，其次受害人可以举证证明其他具体损害。

（二）专利侵权损害赔偿应采取规范说

1. 专利侵权不同于有形财产侵权的特点

（1）专利侵权的损害主要是可得利益的损失。专利权的物质载体是否毁损灭失与专利的侵害无关，侵害专利通常不会有积极的具体的损害，主要表现为可得利益的损失，即权利受侵害导致理应未来获得的而未获得的利益，这和有形财产的损失主要是财产毁损的直接损失明显不同。

（2）专利权人对权利的控制比较弱。专利权客体的无形性导致其天然可以同时被多个主体所利用，侵权行为不会损害专利权本身，当侵权行为发生时，权利人往往并无察觉。所以在专利侵权认定中，原则上采用只要有权利侵害，就应认为损害事实存在。美国法院曾认为在专利侵权中，即使不能确定损害赔偿额，法院也应判决侵权人承担名义上的赔偿。

（3）专利侵权损害赔偿数额难以计算。侵权损害赔偿的前提是要确定受到侵害财产的价值，在有形财产损害赔偿时，存在许多同种类之物的自由交易市场，即使未发生有形财产的真实交易，也可以通过相关的经济活动获得客观的市场交易资讯，通过市价来确定侵权物的价值，故对于有形财产的价值认定争议不大。而专利权的客体是技术信息，并不存在有形的物质实体。专利的价值具有不确定性，对专利价值评估采用有形财产评估的成本法、市场法等方式，对专利权之类的无形财产来说，并不是十分适用。

2. 规范说适用于专利侵权损害赔偿的原因

（1）规范说可以克服侵权损害赔偿的差额说和组织说应用于专利侵权的不足，实现对无形财产权周全保护。

专利权的客体为无形财产，在专利遭受侵权时，只有在很少的情况下会有具体的事实损害，比如专利侵权导致专利产品长期滞销，产品质量因霉变或生锈等导致的损害。绝大多数并没有具体的事实损害，而是未来可得利益的损失。规范说认为侵害他人受法律保护的地位,即为侵害,适合于侵害专利之类的无形财产的场合。在专利权受到侵害时,专利法所保护的专利权的圆满状态遭受破坏,就应认定产生了损害,专利权人可以主张救济。如果认为必须以遭受现实的事实损害为承担责任的前提,那么在专利侵权中权利人的利益难以获得保护。比如,专利侵权行为在某种程度上会起到广告的作用,导致专利产品销量比侵害前大增,此时权利人既没有具体的损害,也没有现有财产状态与假设不发生侵权行为时财产状况的差额;或在专利权人本身没有实施专利的情况下,即使侵权人不实施侵权行为,权利人也不会有收益。如果单纯适用差额说和组织说,就会得出未经许可使用他人专利不构成侵权的结论。所以,规范说认为侵害他人的合法的法律状态即构成侵权,至于具体财产数额,是事后财产评价问题。

有形财产的损害,财产客体本身会有具体的物质性的毁损或占有利益的丧失,差额说和组织说可以较为周全地解决损害赔偿确定问题,但在专利侵权行为中,两种学说均有不足,只有规范说将损害界定为侵害他人受法律保护的地位,则可以将损害纳入其中。专利侵权损害中禁令措施的请求,也不需要专利权人遭受具体的损害,而只需受法律保护的地位受到侵害。

(2)规范说有助专利权人的举证责任减轻,化解专利权利人难以证明损害和具体数额的困境。

在传统的侵权损害赔偿中,权利人需证明自己所受的损害,但在专利等无形财产侵权中,权利人难以尽到证明损害的责任,但依据一般的社会经验,权利人遭受损害可以确定。如果仅仅因为损害的界定和举证责任的分担,权利人明知的损害无法获得赔偿,这与社会经验不符,也与侵权法的宗旨不符,显属不当。因此,此时可采用规范说,权利人证明自己受法律保护的地位受到了侵害,可由法官依据社会经验,运用自由心证、自由裁量确定损害额,以弥补权利人无法证明的缺陷。

美国判例法多次重申这一规则,在 1984 年 Lindemann Maschinen fabrikGmbH v. American Hoist & Derrick Co 案①中，联邦巡回法院认为，侵权事实成立就证明了损害的成立，因为专利权人的排他权受到了侵犯，法律排除了证明损害事实的需要，当侵权行为被承认或证明时，专利权人的权利是排除他人未经许可的制造、销售和使用，换句话说，专利权人可以提取租金。② 这个规则一直延续到今天，在 2014 年的 Apple Inc. v. Motorola, Inc③ 案中，美国联邦巡回上诉法院重申，当权利人展现了侵权存在时，就应推定他受到某种形式的损害，这个推定来源于规则只需要侵权行为被承认或证明。

二　有关价值理论学说及运用于专利价值的适合性

价值一词最初是在经济学意义上的使用，指的是任何物品的有用性对于人或社会在经济上的意义。在经济学上，价值理论研究的对象是土地等财产商品的价值。在经济学的历史上，对于商品的价值，不同的学派提出了自己的价值理论。主要有劳动价值理论、生产费用价值理论、效用价值理论。在这些理论提出的年代，主要的研究对象是有形财产，在无形财产为对象的专利价值确定上，上述理论是否有适用性，需要做出分析研究。

（一）有关价值决定的理论

1. 劳动价值论

马克思的劳动价值理论认为商品的价值是由社会必要劳动时间决定的，但马克思所处的年代更多的是有形财产，马克思劳动价值论也更多地用来解释有形财产的价值。作为知识产权重要组成部分的专利权的客体是无形财产，其价值仍然是由社会必要劳动时间决定的。但关于社会必要劳动时间的确定有三种观点：（1）认为决定知识产权产品的价值依然是社会必要劳动时间，知识产权作为生产要素与其他要素相结合有助于产品价值的提高，知识产权包含的必要劳动量是由社会定额劳动时间

---

① Lindemann MaschinenfabrikGmbH v. American Hoist & Derrick Co 730 F.2d 1452 (Fed. Cir. 1984).
② Minco Inc. v. Combustion Eng'g Inc., 95 F.3d1109, 1118 (Fed. Cir. 1996).
③ Apple Inc. v. Motorola, Inc 757 F.3d 1286, 1327 (Fed. Cir. 2014).

计量的。①（2）知识产权的社会必要劳动时间等于个别劳动时间。知识产品具独特性，专利权的授权要求是新颖性，专利权利人只能有一个。所以知识产品的创造者的个别劳动时间可以用来衡量知识产品的价值。②（3）知识产权的社会必要劳动时间是它所解放的社会必要劳动时间决定的。③ 比如专利的研发时间是100小时，而它能够解放的劳动时间为1万小时，那么后者决定了专利的价值。

2. 生产费用价值理论

生产费用理论认为商品的价值是由生产费用决定的，而生产费用是劳动、资本、土地等生产要素的价格，即工资、利息、地租的总和。④ 此种理论认为商品的价值意味着在交换中所能获得的别种东西的数量，对于数量可以增加的商品，其价值由生产所需的生产成本费用所决定，凡是供给可以依靠劳动和资本无限增加的商品都是按成本最大那部分必要供给并把它们运到市场所需的费用，与其他物品进行交换的。

3. 效用价值理论

效用价值理论认为效用是价值的源泉，是价值形成的必要条件。价值具有双重含义：主观价值和客观价值。主观价值是一种物品对物主所具有的重要性。客观价值一方面指提供某客观成果的能力，这不是经济学研究的范畴；另一方面是指一种物品换得另一种物品的交换能力，这是由主观价值所决定的。⑤ 效用价值理论从需求的角度来理解商品的价值，强调效用是商品满足人们主观欲望的能力，效用的大小是依人们的主观评价而转移的，决定物品价值的是边际效用。

（二）效用价值理论对专利价值的适合性

1. 劳动价值理论无法科学解释专利价值

专利作为人类智力成果是人类劳动的成果，这和一般有形财产没有

---

① 王吉法：《知识产权资本化研究》，山东大学出版社2010年版，第321页。
② 程建华：《商品价值创造中的三种劳动及作用》，《经济经纬》2005年第3期。
③ 杨延超：《知识产权资本化》，法律出版社2008年版，第56页。
④ 周成启、李善明、丁冰：《政治经济学原理的历史考察》，上海人民出版社1988年版，第45页。
⑤ 朱彤书：《近代西方经济理论发展史》，华东师范大学出版社1989年版，第42页。

区别。有形财产可以重复生产，生产有形财产的厂家也并非是唯一的，社会必要劳动时间正是由市场中多个竞争者形成的。而专利作为知识产权的一种，每一项专利技术都应具有新颖性，不可能存在相同的两项专利，不具有新颖性的技术方案不可能被授予专利。由于智力成果的非物质性，专利的创造具有不可重复性，实践上也没有重复的必要，专利只需创造一次加以传播就可以满足社会需要。因此，专利的创造不存在同样产品的多个制造者，也就不可能形成社会必要劳动时间。

和有形财产的常规劳动不同，专利创造是创新性劳动，它不能用一定量的劳动时间获得一定量的劳动成果来解释，事实上价值可以用生产该产品所耗费的劳动量所决定的只是通过劳动可以任意增加的商品，专利技术创造者的劳动与专利发明经济价值的关系不大，专利技术的完成往往具有相当的偶然性，有的技术发明有可能是"妙手偶得之"，有的技术发明则可能是"皓首穷经"，个别劳动时间也难以成为衡量专利价值的标准。

2. 专利价值和生产费用无关

在经济活动中，生产者的目的是获得利润，收回成本是其生产经营活动得以继续进行的基础，产品的价格一般是成本等费用加上合理的利润。因此在很多情况下，产品的价值受生产成本影响。主要受成本等费用决定价值支配的产品是能够经常地、有规则地和大量地生产出来的产品①，也就是说只有产品被同样数量再生产出来后才能用成本来估价。

专利技术创造具有和有形物品生产不一样的特性。首先，技术成果具有唯一性，有形物品可以被大规模地、有规律地重复生产出来，只要付出一定成本，就一定产生预期的成果。技术成果只需产出一次，无须重复产出就可以反复使用。其次，投入成本不一定会有相应的产出，技术成果的产出具有不确定性，对技术研发的投入，即可能是高风险的也可能是高回报的，成本和技术成果之间的关系不似有形物品生产那样紧密，而是相对疏远。

对于技术成果的产出，其过程是极其复杂的创造性劳动，不可能有

---

① ［奥］弗·冯·维塞尔：《自然价值》，陈国庆译，商务印书馆2009年版，第56页。

标准化、模式化的生产劳动流程。有时候投入高额成本不一定会有技术成果的产出，从而使其变成了沉没成本，相反有时候偶尔的想法也会导致技术成果的产生，并不需要多少成本。因此，以技术成果研究的成本费用来决定专利的价值的观点并不正确。

3. 专利的效用决定专利价值

效用价值理论认为，商品的价值由社会认可、需求的程度决定的，如果一个物品花费了很大成本，但不被社会认可，没有人愿意为它支付相应的代价，它就没有价值。如果一个物品在广泛的范围内被社会需求，人们愿意支付高额费用购买，那么它的价值将会超出它的成本。对于知识产品来说，不存在多个同样的知识成果，不存在有形物质产品"产量"概念，和生产成本没有必然联系，其价格是由消费者的"价格观念"决定的。①

专利技术的实施利用，有可能增进了产品的功能，提高了产品的品质而获得提高了的利润，同时专利技术的采用降低了生产成本也应视为增加的利润，这些都可视为专利对生产者的价值。专利通过最终专利产品满足人们的消费需求，因而对消费者也具有价值，人们购买产品的同时也为产品使用专利技术支付了报酬，同时技术的研发者也获得了经济上的回报。决定专利产品价格的往往不是专利技术载体的物质财富，而是作为智力成果的专利本身，因为新的先进的技术能给人们提供更高的效用，因而也能以高出成本几倍的价格出售。专利的价值是指以一定的价格销售的市场所需的所有专利产品后能获得归因于专利技术的利润总和，即专利价值 A 等于专利产品市场总容量 Q 乘以归因于专利权的利润率 R 所得之积，$A = QR$。②

有观点认为劳动决定知识产权产品的价值，效用决定知识产品价值的实现。笔者认为这种观点值得商榷。在有形财产价值的视域中，这种观点是有说服力的，有形财产的价值无疑是由社会必要劳动时间所决定

---

① ［日］堺屋太一：《知识价值革命》，黄晓勇译，沈阳出版社 1999 年版，第 57 页。
② 姚维红：《以专利财产价值减损作为侵权赔偿额计算依据的探讨——兼评〈专利法〉第 65 条》，《政法论丛》2017 年第 2 期。

的，有形财产一旦生产出来就有物质性的实体存在，其价值和物质实体不可分，即使不被社会认可和需求，它的价值依然存在，由于供求关系的变化，价格围绕价值的上下波动是正常的。比如，一栋房子的价格很低，我们有理由相信有一天它的价格会上涨。但知识产品的客体是无形财产，对于专利来说，其权利客体是技术方案，是人脑中的思想或信息。当出现了比现有的专利技术更先进、更实用的技术，对现有的专利技术起到替代作用时，现有专利技术的价值就会急剧下降，甚至消失，现有专利产品价格中体现专利技术价值的部分同样下降乃至消失，专利产品价格中保持稳定的只是作为专利技术载体的物质性价值。在此种情况下，一旦不被社会需求，恐怕没有人会相信专利的价值会再次上升，无论此专利的创造凝聚了多少劳动。

在市场上存在对专利技术需求的情况下，专利的价值的大小依据市场的利用方式和程度而定。一项专利技术如果不去实施利用，就不可能产生收益，也就不可能有价值，专利的价值和专利的利用成正比。有形财产具有物质的消耗性，对其的利用是有限的，作为无形财产的专利非物质性和非消耗性的特点使其可以同时被多个主体利用，在市场的容量内，可以不受限制地利用收益。①

对专利权人来说，对专利的利用有直接利用和间接利用两种，直接利用是由专利权人自己实施专利，获取利益。特别是专利权人是有实施能力的企业，为了保证垄断的市场地位，更倾向于独占使用。间接利用包括专利权人转让或许可全部或部分专利，以获得未来市场收益的许可费报偿。转让是专利权人出让了专利的所有权，放弃了对专利的控制权，而许可则是专利权人转让了专利的在一定时间或地域的使用权，转让和许可都是为了获得某种形式的对价，其实质是以专利权价值为基础的回报。② 专利权人如果自己实施专利，那么其独占使用收益就是其实现了专利价值，如果转让或许可他人使用专利，那么转让费或许可费就是专利

---

① 李秀娟：《专利价值评估的影响因子》，《电子知识产权》2009 年第 5 期。
② P. J. Groves, K. King, C. I. O. Bankers, *Intellectual Property Rights and Their Valuation: A Handbook for Bankers, Companies and Their Advisers*, New York, Gresham Books, 1997, p. 256.

对于专利权人的价值。如果专利权人一方面自己实施专利，另一方面又许可他人实施专利，那么专利价值就由专利权人生产的收益和许可费收益两部分组成。专利许可费确定的一个主要因素就是专利的价值亦是实施专利可以获得利益，专利权社会需求的程度不同会导致专利价值的不同，专利权人可以根据专利被利用的不同时间和地域收取不同的许可费。一般而言，专利独占许可的许可费比较高，因为专利权人同样被排除了专利的使用，专利权人可以根据市场的需求情况制定相应的许可策略，以获得较高的许可费。同时专利的价值中还包含风险回报，技术的研发要比物质性产品的生产的风险大得多，有可能技术研发投入很多，但没有研发成果，或者研发成果没有市场需求而不具有价值，此时，技术研发者不仅不能获得利润甚至收不回成本。为了鼓励社会投资风险高的技术创新研发，就需要把失败的技术研发的风险损失计算在成功的研发的技术的价值中。专利技术许可费有时可以要求远超过其成本的价格，因为其价值包括了风险回报。

专利技术有期限限制的智力成果，在专利有效期届满，专利技术将进入公有领域，人人都可以免费使用，此时专利技术对于专利权人来说，已经没有经济学上的价值。因此对于专利权人来说，其专利越临近有效期届满，专利的收益的机会减小，其价值也会减小，相应的专利许可费也会减少。

三 专利侵权损害赔偿中的权利人所失利益是专利价值减损

专利侵权损害赔偿应遵循全面赔偿原则，侵权行为造成了权利人利益的损失，损害赔偿的目的是弥补权利人所失利益。这种所失利益是对专利权利用而产生收益的减少或丧失，是专利价值的减损，专利损害赔偿额的确定是法官根据合理交易、惯例和公共政策做出的，专利的价值量是损害赔偿司法定价的基础。[①] 损害按不同的标准可以分为不同的种类，和专利侵权损害赔偿有关的主要有以下三种。

---

① 吴汉东：《知识产权损害赔偿的市场价值基础与司法裁判规则》，《中外法学》2016年第6期。

（一）财产上的损害和非财产上的损害

财产上的损害指的是在权利人财产上的不利益，既包括财产的积极减少，也包括财产的消极不增加。非财产上的损害，指权利人财产之外的其他损害，如人格利益、精神利益的损害。专利权是无形财产权，其损害是财产上的损害，不认为有非财产上的损害。专利侵权损害指的是财产上的损害，不包括非财产上的损害。

（二）所受损害和所失利益

所受损害和所失利益是财产上损害的分类，所受损害系指因损害的发生导致权利人的财产减少的数额，所失利益系指损害的发生导致权利人的财产应增加而未增加。专利权保护的客体是一种技术信息，在受到侵害时其价值会有减损但不可能有有形的损害，其物质载体的毁灭并不等于专利权的消灭，这和有形财产权不同，其价值的减损体现为有形财产的毁灭，有形财产权亦同时消失，专利侵害的表现形式更多的是所失利益，如权利人的专利产品销售量的下降等，只有很少情况下会出现类似有形财产损害那样物的毁损和灭失，比如因为侵权行为导致专利产品滞销，产品因此而发生霉变、锈损等物质性的损害。

（三）直接损失和间接损失

一般认为直接损失是指加害人侵害行为导致受害人现有财产价值量的实际减少，间接损失是权利人因侵权行为丧失了本应获得利益，即可得利益的减少。①

有的学者认为，直接损失包括权利人现有财产的减少和可得利益的损失，知识产权侵权的情况下，直接损失更多是可得利益的丧失，而间接损失是权利人为了维护其权利，对侵权行为调查取证、制止侵权、进行诉讼而支出的合理费用。② 本文不赞同这种观点。知识产权的侵权损失固然更多是可得利益的损失，但可得利益的损失不应归属于直接损失，它是一种间接损失，它并不符合直接损失的特征，首先，可得利益不是现有财产的实际减少，而是受害人应当得到的利益因侵权行为的实施而

---

① 杨立新：《侵权损害赔偿》，法律出版社 2010 年版，第 432 页。
② 范晓波：《以许可使用费确定专利侵权损害赔偿额探析》，《知识产权》2016 年第 8 期。

没有得到；其次，可得利益是一种未来的利益，在侵害发生时，它还是一种财产取得的可能性，不是一种现实的利益；最后，可得利益不是直观的、现实中的财产损失，而是需要计算，根据计算结果才能得出的实际的间接损失量。

该观点将知识产权维权中所支持的合理费用视为间接损失也存在问题，间接损失虽然不是由侵权行为直接引发的损害，但毕竟也是由侵权行为引起的，但合理费用是由权利人维权行为引起的，是权利人选择诉讼方式获得赔偿的必要成本，合理费用的多少乃至有无完全是可以由权利人所控制的，和损害的发生是客观的、确定的完全不相符。知识产权侵权损害赔偿将合理费用纳入赔偿的范围是因为知识产权维权费用相比有形财产权而言，相对较高，若不予特别规定赔偿，有可能出现权利人赢得诉讼获得的赔偿还不足以弥补其维权支出，显然不符合公平原则，不利于知识产权的保护。

侵权法上的损害是指财产价值量的减损，在有形财产损害上，其表现形式主要是物的毁损和侵占，有具体的物理形态的损害，但也有例外情况，物的物理形态并没有毁损，而物价值已经减损，我们同样认为有形财产受到损害，比如房屋因为死人等不吉利的原因导致房屋价值减损，售价降低，虽然房屋的物理形态没有变化，但我们仍然认为房屋受有损害应予赔偿。

而在以专利权等知识产权为代表的无形财产权的损害上，侵权行为同样会导致财产价值的减损，这种减损应是专利价值遭受的实际减损，而不应是减损的可能。专利侵权行为会使消费者放弃专利产品而转向侵权产品，起到了市场替代作用，导致专利产品的市场需求下降，专利价值无形减损，这种减损应是已经现实发生的。专利侵权损害的可得利益损害应当是已经发生的、现实已经存在的、不是有可能发生的，只不过权利人的这种可得利益的获得是未来的。在美国确定合理许可费的"虚拟谈判"中，美国法院在论述遭受侵权的专利和普通许可专利价值不同时，认为当侵权行为已经造成影响使得许可专利的价值下降时，则不得以该已经贬损的专利价值强迫权利人接受该不利益的许可费数额。①

一般而言，专利权人实施专利获得的收益决定了专利的价值，专利实施是在市场上完成的。有学者认为如果知识产权侵权产品尚未进入市场交易，那么知识产权的价值并不会发生减损，对权利人来说，实际损害尚未发生，权利人的损害赔偿请求也不应得到支持。并以专利许诺销售为例，认为在专利许诺销售阶段，专利权的价值尚未被减损，因此不能要求损害赔偿。② 中国台湾有学者也认为：许诺销售仅是有发生"商业侵害的可能"，而尚未对专利权造成实际的"商业侵害"，因此，权利人仅能主张排除或预防侵害的请求权，不能有损害赔偿的请求。③ 上述观点均认为许诺销售没有实际损害的发生，因而不需要赔偿。

在许诺销售的专利侵权案中，法院一般以权利人没有证据证明权利人所失利益或侵权人获利而驳回其损害赔偿的请求，如在"汽车地桩锁"专利权侵权纠纷案中④和"摩托车"外观设计专利侵权案中⑤，法院均认为侵权人的许诺销售没有给权利人造成直接损失，不需损害赔偿。

专利侵权适用损害规范说，一旦有侵权行为发生，就认定专利权人受有损害，专利侵权赔偿不能仅仅因为证明损害额难而不予赔偿，这也成为共识。一方面，许诺销售权已经被明定为权利人的一项权利，在权利人许诺销售权受到侵害时，权利人已经侵入了权利人的权利范围，自应获得赔偿；另一方面，当专利权人自己没有实施专利也没有许可他人实施专利的情况下，专利侵权不可能造成权利人任何实际具体的损害，

---

① Nickson Indus., Inc. v. Rol Mfg. Co., 847 F. 2d 795, 798（Fed. Cir. 1988）；Fromson, 853 F. 2d at 1577 n. 15.

② 范晓波：《以许可使用费确定专利侵权损害赔偿额探析》，《知识产权》2016年第8期。

③ 李素华：《专利权侵害之损害赔偿及侵害所得利益法之具体适用：以我国专利法为中心》，《台大法学论丛》2013年第4期。

④ 参见（2009）高民终字第4011号：北京市高级人民法院认为：被告实施的系许诺销售的侵权行为，被告未通过该行为获得直接的经济利益，该行为亦未给原告造成直接的经济损失，故原告主张被告应赔偿其因侵权行为造成的经济损失的诉讼主张缺乏依据。

⑤ 参见（2010）穗中法民三初字第249号：法院认为：原告没有提交充足的证据证明被告力帆实业（集团）股份有限公司有生产、销售行为，被告重庆市力帆实业（集团）进出口有限公司有销售行为，故本案中原告的损失或者两被告的获利均不能认定。据此，法院确定作为许诺销售者的两被告赔偿原告支出的合理费用2万元。

但在这种情况下，权利人是可以要求合理许可费赔偿的，而在许诺销售的情况下，权利人是有受到具体实际损害的可能的，只是难以证明而已，在许诺销售期间，侵权行为人固然没有实际销售专利侵权产品，但仍然可能给专利权人造成损害，许诺销售可能毁损专利产品的销售渠道从而损害专利权利人的利益。比如，侵权行为人对专利侵权产品进行广告宣传，消费者放弃专利产品的购买，而导致专利权人订货量或销售量的降低；侵权行为人的以口头、书面、网络或任何方式的合同要约邀请，导致专利权人合同签订量下降等，只不过在此种情况下证明专利权人损失数额比实际侵权销售行为更为困难而已。"举轻以明重"，既然在专利权人没有实施专利，不可能有实际损害的情况下，专利权人都可以获得合理许可费赔偿，那么在侵权人的许诺销售行为有可能导致专利权人实际损害的情形下，专利权人也同样可以获得合理许可费的赔偿。而且合理许可费赔偿设置的本身就是为了解决专利权人难以证明所失利益的问题，只不过许诺销售造成损害一般较其他行为造成的损害要小，在我国合理许可费赔偿的裁判中可以考虑确定较小倍数的判赔。

和许诺销售不同，在即发侵权情况下，侵犯专利权的行为即将发生而尚未发生，但行为人已经做好了准备，即将实施侵犯专利权的行为。损害必须在侵权行为发生时才考虑赔偿，即发侵权阶段，专利权人的权利还未受到侵害，应无损害考虑的必要，但确有必要可以申请禁令救济。

总而言之，专利权是通过对专利的使用增加的利益来体现其价值，专利权受到侵害丧失利益的同时也意味着专利的部分价值的减损。

四 合理许可费赔偿是专利权人所失利益的最低保障

民事财产侵权损害赔偿的基本原理要求权利人欲就侵害主张损害赔偿，以侵权行为产生损害为必要条件，如果没有损害，即无赔偿可言，侵权损害赔偿的目的是赔偿遵循填平原则，弥补权利人的损害，使权利回复到未侵权前的状态，因此回复原状和弥补权利人所失利益成为最主要的赔偿方式。

专利权是民事财产的一种，自然符合民事财产侵权损害赔偿的填平原则要求。美国最高法院在 General Motors Corp. v. Devex Corp[①] 案中表示，专利侵权损害赔偿的目的是完全赔偿专利权人所受的任何损害。

专利的价值是通过利用才产生的，专利权的损害是专利权利用而产生的收益的减少，一般是可得利益的损失，即如果没有侵权行为，原本可以由专利权人带来的利益，是应该增加而没有增加的利益。专利权为财产权的一种，亦属于民法所保护的权利，在专利权遭受损害时，同样适用民法的权利保护规范。因为专利权客体的无形性，对于已经发生的专利侵害的结果，恢复原状没有可能，因而采取了金钱的损害赔偿，损害赔偿的方式则采取了权利人所失利益、侵权人获利和合理许可费赔偿三种方式。

专利侵权损害赔偿的权利人所失利益赔偿方式是最契合民事侵权损害赔偿理论的，权利人可要求回复到损害未发生的状态，赔偿额为专利权人的财产若无侵害事实所应有的假设财产状态减去侵害后现实财产状态的差额，可以涵盖所有与该侵权行为有相当因果关系的财产上的损害，即专利权人因被侵害而遭受的损害有多少，倘无侵害行为发生，专利权人可以获得那些利益。[②] 专利权人因侵权所失利益获得完全补偿，符合民事财产损害赔偿的填平原则。但是此种方式在实践中的适用却很少，首先，采取此种方式，必须证明侵害行为和损害之间的相当因果关系，这对于权利人来说相当困难。因为传统民事财产损害赔偿理论是以有形财产权为基础建立起来的，有形财产权的使命是在于确定有形财产权的权利归属，并不与市场必然发生关系，而作为无形财产权的专利价值在于实施，在于获得一定现实或潜在的市场份额，在遭受侵权时所受损害是市场份额的减少，很少有具体实际损害发生，即使有专利产品因滞销产生变质而失去效用，或因市场淘汰而致产品报销，也难以证明这些具体的积极损害和侵权行为之间的相当因果关系，因此，权利人所失利益的赔偿方式，权利人很难证明自己的损害额，也就是"很难证明无侵害发

---

① General Motors Corp. v. Devex Corp. 461 U. S. 648, 654 – 55 (1983).
② Aro Manufacturing Co. v Convertible Top Replacement Co., 377 U. S. 476, 507 (1964).

生,专利权人可以获得更多的销售量"①。其次,有时侵权人虽有侵权行为,但权利人却难有利益的具体损害,例如权利人没有计划实施专利。则用此方式对权利人明显不公平。

综上所述,完全按照民事财产侵权赔偿制度建立起来的专利人所失利益赔偿对于专利侵权损害赔偿有不适之处。

为了弥补单纯依靠传统民事财产侵权损害赔偿方式权利人所失利益对于专利侵权赔偿适用的不足,专利法创设了侵权人获利的赔偿方式,在权利人所失利益难以证明的前提下,以侵权人获利作为权利人损害赔偿额。此种方式采用的理由在于侵权人不能因侵权行为而获利,有预防侵权发生的意义。此种方式着眼于侵权人所获的利益,权利人不必再为了证明其所失利益而需要提供企业内部的商业秘密材料,权利人无须再证明其能否获得利益。

此种方式仍然没有脱离损害赔偿的填平原则,剥夺侵权人的获利有可能造成对侵权人的制裁从而达到一般预防的效果,但这是"为了恢复受害人所遭受的不利益而对加害人课以损害赔偿义务所产生的反射性的、附带性的效果,这与制裁加害人以及一般预防为本来目的的惩罚性损失赔偿制度,在本质上不同"②。德国等大陆法系国家专利法也普遍存在侵权获利赔偿,并不认为其破坏了填平原则。

将侵权人获利作为专利侵权损害赔偿的计算标准,旨在通过侵权人非法获利的方式模拟在专利侵权行为并未发生情况下专利权人可能获利的情况。侵权人获利依然是围绕权利人所失利益来设计,只是在法律计算上将侵权人获利推定为权利人所失利益。这种推定有一个假设的前提,市场上只存在权利人和侵权人两个完全竞争主体,实质上是设定在专利权人与侵权人所销售为同一产品的假设,且没有其他非侵权替代产品的存在,侵权人每生产一个侵权产品将会挤占权利人一个产品的市场份额,只有这样,权利人的所失利益才会和侵权人的获利相等。但在现实的市场环境中,这种理想的场景很罕见,往往多个侵权人和非侵权替代产品

---

① Paper Converting Mach. Co. v. Magna-Graphics Corp. 745 F. 2d 11, 21 (Fed. Cir. 1984).
② 张鹏:《专利侵权损害赔偿制度研究》,知识产权出版社2017年版,第4页。

的生产者和权利人共享市场,即使市面上无侵权产品可供选择,消费者也未必会转向专利产品,导致侵权人获利和权利人所失利益并不相等,甚至相去甚远。

侵权人获利虽然有无须再证明权利人所失利益的优点,但也有难以克服的缺陷。首先,当侵权人未获有利益,或获得利益很少时,以此方式计算赔偿额,权利人将一无所获或所获极少。其次,侵权人获利有可能是由于侵权人经营方法、营销策略或恰逢市场形势上扬,并不全部是实施了专利的原因,现实中确定侵权产品利润中专利贡献率是极其困难的,同时计算侵权人的利润时应扣除何种成本或费用为合理亦难以确定。最后,在诉讼程序中,权利人要想证明侵权人的获利额几乎是不可能的,除非上市公司有公开的财务报表。权利人很难证明侵权人获利和专利的侵权行为存在相当因果关系。美国汉德法官认为:"所有的发明具有技术背景,并且构成发明现有知识存量的附加值。基本上不可能量化区分发明的原有部分和创新部分,对这一点负有证明责任的一方通常会败诉。如果专利权人被要求确定其发明对所获利润的贡献程度,他将发现这是不可能的。反之,如果被控侵权人被要求证明这一点,他也将发现这是不可能的。证明责任的分配将是这类案件判决结果的关键。"[1] 以上原因导致侵权获利在实践中同样适用很少,有的国家比如美国甚至废除了侵权人获利的赔偿方式。[2]

为了消除权利人所失利益和侵权人获利的赔偿方式举证难的困境,专利法又创立了合理许可费赔偿方式,将权利人允许他人使用专利的许可合同确定许可费拟定为损害赔偿额。此种方式减轻了权利人的举证责任,权利人无须再去证明权利人所失利益或侵权人获利和侵权行为之间的复杂相当因果关系,权利人不论是否与他人缔结过与侵权行为相同或相似许可合同,法院均可以通过虚拟谈判确定合理许可费赔偿,侵权发生时,市场中还有其他侵权主体的事实,也不成为减少侵权人赔偿的合

---

[1] Cincinnati Car Co. v. New York Rapid Transit Corp, 66F. 2d 592, 593 (2dCir, 1993).

[2] 美国1946年专利法案修改之前,侵权获利属于专利侵权损害赔偿的计算方式之一,但由于技术分摊的难题,侵权获利计算遭到废除。目前在美国,只有外观设计案件,原告还可以适用侵权获利获得赔偿。

理许可费的理由。合理许可费因其简单、便捷的诉讼程序成为美德日等国适用最为广泛的赔偿方式。

专利的价值在于实施,专利实施的方式有两种,一是专利权人自己实施,二是专利权人许可他人实施。未经许可使用专利的侵权行为的客体虽然是专利权,但专利权不会有有形的具体损害,专利产品也一般不会有具体的损害,事实上受到损害的是专利权人的市场份额,在专利权人自己实施专利的时候,侵权行为可能导致权利人市场份额减少,其市场份额的减少作为权利人的所失利益应获得赔偿,其客观价值表现为权利人产品销量的下降。在专利权人许可他人实施专利的情形下,权利人获得利益是通过收取被许可人的许可费,而不是通过自己直接利用专利技术生产产品垄断市场来获得利益。侵权人未经许可在专利权人没有进入的市场实施专利,不会形成与专利权人的市场竞争,从而侵犯专利权人的市场份额。在此情况下,专利权人和侵权人不是市场上的竞争对手,权利人不可能直接从市场获得利润,也就不存在所失利益。侵权行为使权利人丧失了未来的市场份额,是未来的可得利益的损失,在专利权人许可他人实施专利时,能够给他人带来利益的是实施专利获得的市场份额。对于权利人而言,出让被许可专利的市场份额的对价即是专利许可费,也就是说专利许可费是专利市场份额的客观价值表现。在此种情况下,专利许可费被拟制成为权利人的所失利益。美国联邦最高法院在 Burdell v. Dening 案中指出:我们反复强调,涉案专利所保护的机器的销售许可或者确定的专利许可费构成专利侵权损害赔偿的基本和真实的标准。[①]

财产损害赔偿有两种计算方式,一是依照通常情况可得预期的利益,指依一般人为标准,为一种客观的计算方式;二是依照特别的情况可得预期的利益,指依权利人的实际处境为标准,是一种主观的计算方式。就赔偿计算方式而言,权利人所失利益是主观的计算方式,它需要斟酌权利人具体损害的特定因素,权利人的同一个专利遭受不同的侵权人侵权,侵权的情节等的不同会导致所失利益的不同,因而所获得赔偿额也

---

① Burdell v. Dening, 92. U. S.(2 Otto)716(1875).

应不同，权利人所失利益的赔偿方式目的在于填补权利人所受的全部损害。而合理许可费赔偿属于客观的计算方式，只需要考虑侵权的普通因素，即侵权专利的市场许可费用，其不会因为权利人不同的具体损害因素而改变，它的目的在于给予权利人合理的补偿。损害赔偿法除填补损害之目的外，尚具有所谓权利继续的功能，即权益受侵害时，损害赔偿请求权使被害人取得该被侵害权益的价值内容，以该权益的客观交易价值作为应予赔偿的底限。[1]

在一般的许可合同中，被许可人支付的许可费必定小于被许可人经营获得利润，被许可人只有在支付了许可费后，还有剩余利润才有继续运营的可能。在侵权时，权利人的所失利益虽然涉及权利人的销售能力或市场等因素，但表现形式是因侵权行为所产生的市场替代效果所减少的销售量，其数额在专利侵权损害赔偿中被认为是侵权人实施专利所得利益。按照一般情形，很难想象实施专利所得利益会小于专利的许可费。因此，合理许可费赔偿制度，可以说是损害赔偿的最低保障，就赔偿额而言，是损害赔偿的最低限度，是对权利人最起码的赔偿。

世界知识产权组织认为，对于已经发生侵权的损害赔偿，是以每一项侵权所应当支付的特许许可费为基础。[2] 以许可费为基础，意味着损害赔偿额不应低于许可费标准。美国专利法规定，合理许可费的赔偿应不少于权利人的所失利益[3]。日本专利法第102条第3款[4]和法国知识产权

---

[1] 王泽鉴：《损害赔偿法之目的：损害填补、损害预防、惩罚制裁》，《月旦法学杂志》2005年第8期。

[2] 郑胜利、王晔：《世界知识产权组织知识产权指南：政策、法律及应用》，知识产权出版社2012年版，第184页。

[3] 35 U.S.C. § 284 (Paragraph I) "Upon finding for the claimant the court shall award the claimant damages adequate to compensate for the infringement, but in no event less than a reasonable royalty for the use made of the invention by the infringer, together with interest and costs as fixed by the court".

[4] 该款规定：发明专利权人或专属实施权利人，对于故意或过失侵害其发明专利权或专属实施权的人请求损害赔偿时，得以实施该发明专利所取得的实施许可费相当金额，作为自己的损害额而请求赔偿；同条第4款规定：前项规定并不妨碍超过该项规定金额的损害赔偿的请求。

法典第 L331-1-3 条①也有相似的规定。欧盟知识产权执法指令（2004/48/EC）第 13 条（b）项规定，可以在适当的情况下，以侵权方若是向权利方就侵权行为所涉知识产权请求授权需支付的许可费用作为损害赔偿的最小额，进行一次性全额赔偿。

可见，美国、日本和法国专利法以及欧盟知识产权执法指令均是以许可费作为损害赔偿的最低额，当权利人证明超出了许可费的损害时，自然可以请求。只不过该较高损害赔偿的证明较为困难，因此，对于专利权人而言，以较为确实的许可费作为赔偿额，仍然是最常见的方式，特别是专利权人自己并未实施专权的情况下，更是如此。

法定赔偿虽然在我国专利法被规定为兜底性条款，但法定赔偿没有确定的赔偿公式，而是由法官根据参考因素运用自由裁量权确定赔偿。从这个角度来看，合理许可费赔偿是在三种确定的赔偿方式对权利人举证责任要求最轻的，具有兜底性。从条文设置看，我国许可费赔偿是通过"倍数"的设置来确定赔偿的，1 倍的许可费赔偿可以视为对专利权人最低的赔偿。就最基本赔偿而言，当侵权人未经专利权人许可非法使用专利技术以谋取市场利益时，不论专利权人是否产生实际的差额损害，也不论侵权人是否从侵权行为中获得市场利益，只要侵权人实施了侵权行为，就至少应当就侵权行为本身向专利权人支付对价，此对价即为许可费。虽然权利人由于举证困难而选择了合理许可费赔偿，但事实上，法院在酌定合理许可费赔偿额时，仍然是以他可能的所失利益为基础的，这样确定的数额或超出实际损失或接近实际损失，并不一定完全与权利人的所失利益相等，但这种推定应是以权利人的所失利益为轴心计算的。

由此可见，合理许可费赔偿仅是为赔偿权利人损失确定了一个底限，当然法官可以根据专利侵权的情况，对许可费率进行调整，使最后确定的合理许可费赔偿可以弥补权利人所失利益。合理许可费赔偿的上限应是权利人的所失利益。当有证据证明侵权人获利大于权利人所失利益时，合理许可费赔偿的上限也可以是侵权人所获利益。

---

① 该条规定：法院可以确定一笔总金额作为损害赔偿金，这笔赔偿金不得少于技术使用费的总额或者倘若侵权人要求授权使用该知识产权应当支付的费用。

总之，专利权人因侵权遭受的损害，即对专利权人而言是专利价值的减损，权利人所失利益是最符合侵权赔偿填平原则的赔偿方式，"侵权行为造成的实际损失，应当是损害赔偿计算的中心。任何一种方法都不能脱离实际损失或者损害事实而单独存在，否则就成了无源之水，无本之木"[1]。侵权人获利是将侵权人的侵权获利推定为权利人的所失利益，合理许可费赔偿是将权利许可费拟定为权利人所失利益，是权利人所受损害客观计算的结果，适用时不论侵权人是否因侵权行为而获利或是否给权利人带来利益的损失，侵权人都应以正当许可使用该权利时的使用费予以赔偿，是赔偿权利人所失利益的最低保障。

本章小结

关于合理许可费赔偿制度性质，主要有"专利权人所失利益补偿"和"侵权人的不当得利返还"两种观点。本书认为合理许可费赔偿不应适用不当得利制度，因为不当得利的法理基础在于侵权人利益的返还，并不对侵权人行为做否定评价；专利侵权人获得是专利的使用行为，而不是节省下的许可费；按不当得利返还请求权计算的数额只是正常商业协商许可费；不当得利返还的利益不能作为惩罚性赔偿的基数；无权占有和有权占有在法律评价上应有所不同。从目的解释角度来看，不当得利难以承担充分补偿权利人的任务；从历史解释角度来看，合理许可费赔偿最初是作为权利人所失利益的一种计算方式而存在。

关于合理许可费赔偿中"合理"的性质，主要有"补偿性"和"惩罚性"两种观点。本书认为合理许可费赔偿额应该高于正当商业协商许可合同确定许可费额，"高于"的幅度或数量是通过合理许可费赔偿中的"合理"来调整的，在我国体现为合理"倍数"的调整。根据最高院的司法解释和各地法院的司法实践，对故意侵权和多次侵权的行为，可以适用较高倍数，可见我国合理许可费赔偿在补偿性的基础上承担一定的惩罚性功能。未来惩罚性赔偿进入专利法后，惩罚性功能将由惩罚性赔偿

---

[1] 蒋志培：《论知识产权侵权损害的赔偿（上）》，《电子知识产权》1998年第1期。

承担，体现合理许可费额应高于正常商业协商许可费额的功能依然存在，因此合理许可费赔偿"倍数"依然有保留的必要。

专利侵害主要是权利人所失利益的损失，权利人对专利权的控制弱以及专利损害赔偿额难以计算等原因使得专利侵害赔偿适合于损害赔偿的规范说，规范说可以克服差额说和组织说的不足，减轻权利人的举证责任，从而实现对权利人周全的保护。专利产品不存在有形物质产品的产量的概念，和生产成本没有必然联系，劳动价值理论和成本费用理论难以解释专利价值的形成，专利价值是由消费者的需求决定的，专利权人自己实施专利，那么其独占使用收益就是其实现了专利价值，如果转让或许可他人使用专利，那么转让费或许可费就是专利对于专利权人的价值。

专利侵权损害赔偿的全面赔偿原则目的是弥补权利人所失利益。这种所失利益是对专利权利用而产生收益的减少或丧失，是专利价值的减损，专利的价值量是损害赔偿司法定价的基础。侵权人获利是将侵权人的侵权获利推定为权利人的所失利益，合理许可费赔偿是将权利许可费拟定为权利人所失利益，是权利人所受损害的客观计算的结果，适用时不论侵权人是否因侵权行为而获利或是否给权利人带来利益的损失，侵权人都应以正当许可使用该权利时的使用费予以赔偿，是赔偿权利人所失利益的最低保障。

第五章

专利侵权赔偿中的合理许可费制度的正当性

正当性的概念，通常是指对法律制度或政府机构权威性来源的探讨，即是法律制度或政府的权威为民众认可的程度[①]，在这个意义上，正当性又被称为合法性或合理性。研究专利侵权赔偿中合理许可费制度的正当性，就是要探讨该制度建立的合理性。合理许可费赔偿具有正当性与否是该制度构建的关键。本章主要从伦理学、民法和经济学的角度探讨合理许可费赔偿制度的正当性的理论基础，从而论证该制度的合理性。

第一节 专利侵权赔偿中的合理许可费制度的伦理学分析

一项法律制度具有伦理学基础，实质上是指该制度具有道德基础，也就是指该制度有伦理上的正当性。合理许可费赔偿制度具有伦理上正当性，即指该制度是公平、正义的，这是研究合理许可费赔偿制度首先要面对的问题。如果没有认识到赔偿制度理论实践层面所包含的伦理因素，必然会导致侵权损害赔偿法律制度的整体上的伦理危机，并引发对该制度的正当性和合理性的质疑。

[①] 杨才然：《知识产权法的正义价值取向》，《电子知识产权》2006年第7期。

一 专利侵权赔偿中的合理许可费制度的社会正义价值

法律制度只有具有伦理上的正当性，才能符合社会公众的普遍道德价值观，才能有权威而获得生命力。法律制度在伦理上的正当性，就是指它的正义性。正义是法律的出发点和落脚点，是伦理学的核心范畴，专利制度作为现代社会知识产品资源分配的制度，其首要的伦理价值在于正义，如果专利制度不具有正义性，无论它如何有效率，都应当把它抛弃。

（一）正义是专利法律制度的伦理学基础

在人类历史上，正义是人类永久追求的价值。康德说过："如果正义荡然无存，那么人民就不再值得在这个地球上生活。"[①]"正义有着一张普洛秀斯似的脸，变幻无常随时可呈现不同形状并具有极不相同的面貌。"[②]正义的意涵在不同时期、不同的国家、不同的人都有不尽相同的理解，并没有一个广为接受的含义。

在人类的早期历史上，西方思想家就开始了正义含义的研究。如亚里士多德认为，正义就是"善"，正义需要维护的利益包括人类共同的利益和个人的利益。根据利益不同，亚里士多德将正义分为两类：一是总体的正义，主要通过法律来实现，个人的守法就是维护其他人的利益；二是具体的正义，可以分为分配正义和矫正正义，分配正义是指在可以分割的共同资源分享上的正义，涉及利益的分配和负担的分派。矫正正义又可以分为两种，一种是交换正义，即在日常规范中起矫正作用的正义，另一种是纠正正义，即要求补偿由他人不公正而引起的损失，是对不自愿交易活动起矫正作用。[③]霍布斯认为，正义在一定程度上意味着强制，通过惩罚的威慑来平等地促使人们履行，惩罚所带来的收益将大于

---

① 詹世友：《康德正义理论的设计与论证》，《华中科技大学学报》（社会科学版）2010年第1期。

② ［美］博登海默：《法理学：法律哲学与法律方法》，邓正来译，中国政法大学出版社2004年版，第23页。

③ ［古希腊］亚里士多德：《政治学》，颜一译，中国人民大学出版社1999年版，第58页。

违约①；边沁用来检验行为是否正义的标准是功利原则，正义就是能促进最大多数人的最大幸福的行为②；罗尔斯认为，享有自由的平等是每个人的权利，每个人可以平等地获得在公平基础上的地位和职位。为此，他提出了两个优先规则来解决权利冲突问题：自由的优先性和效率、福利的优先性。③

尽管不同的人对正义的界定不同，但正义概念虽历经演变，但始终不离其基本含义，即正义就是给予每个人以其所应得。应得既包括赏也包括罚，应得的就是有权利要求得到的。④ 由此可见，个人的权利决定他的"应得"。个人的权利得到了法律上的确认和保护，确保个人获得他的"应得"，因此，从理论上来说，法律是实现正义的重要形式。

专利制度确认技术创新是获取专利权的正当途径，激励人们通过创造性的智力劳动来获取知识财产。技术创新者通过自身创造性劳动获得专利权，专利的排他权就是对其贡献的公正回报。创造性的劳动是获取专利权的正当途径和方式，因而以此获得专利权不仅合法，具有形式正当性，而且符合人类的伦理道德，具有实质上的正当性。

专利产品具有公共物品的属性，它可以在同一时间里被许多人同时利用。每个人都有平等机会进行技术创新活动，一个人对其创造的智力成果拥有专利权，并不会妨碍他人同时或以后进行智力活动，也不会减少他人获得知识财产的机会。正因为专利产品的非竞争性和开放性，使得每个人都有机会去获得专利权，因此专利权体现了分配的正义。专利权授予中的创新性的要求，使拥有专利权的完全平等是不可能的，专利权获得机会平等是相对的，专利制度及相关制度应努力尽可能地使人们获取知识财产的机会的实质平等。⑤

---

① ［英］托马斯·霍布斯：《利维坦》，黎思复等译，中国政法大学出版社 2003 年版，第 46 页。

② ［英］杰里米·边沁：《道德与立法原理导论》，时殷弘译，商务印书馆 2000 年版，第 23 页。

③ ［英］约翰·罗尔斯：《正义论》，何怀宏译，中国社会科学出版社 1988 年版，第 81 页。

④ 周文华：《正义："给每个人以其所应得"》，《哲学动态》2005 第 11 期。

⑤ 彭立静：《伦理视野中的知识产权》，知识产权出版社 2010 年版，第 67 页。

(二) 专利侵权损害赔偿制度应实现社会正义

专利权是法律确定的财产权,这一权利具有正当性,因而专利权作为一项正当财产权是不可侵犯的。正当财产权不可侵犯,这是人类社会构建以来的基本理念,在现代法制规范中,它成为基本的道德理念。

侵权损害赔偿制度是对侵权行为造成权利人的损害进行赔偿的制度。损害是指因故意或过失行为造成的不利益状态,包括对各种权利和利益侵害所造成的后果。[①] 正因为损害导致的权利人的"不利益"状态使法律制度确定的权利人的人身或财产关系遭到破坏,亦即分配正义遭到了破坏。所以有必要对权利人进行损害赔偿救济,以恢复原来的分配正义,来达到矫正在侵权人和受害人之间因侵权行为而形成的不正义。通过损害赔偿制度,受害人的权益状况尽可能恢复到若没有侵权行为应达到的状态。在受益性损害赔偿中,还要剥夺侵权人的获利才能达到正义,这在知识产权等无形财产权损害赔偿中有特别意义。

专利侵权赔偿制度作为侵权赔偿制度的重要部分,也应达到社会正义。侵权损害赔偿的基本功能是补偿性和预防性,一是受害人的损害能获得充分的救济,使受害人的权益达到若没有侵权应达到的状态;二是使侵害人从侵权中无利可图,从而能形成对侵权人的威慑、对一般公众能形成警戒,预防侵害的再次发生,以形成维护良好的社会法律秩序,维护分配正义。既不能因为赔偿不足而导致诱发侵权人再次侵害,也不能因赔偿过多,导致社会公众的行为自由受到限制,无论哪种情况出现都会影响社会创新。

我国专利侵权损害赔偿基本是适用补偿性赔偿原则,即完全赔偿原则,完全赔偿原则在整体上完全取决于受害人的损失,即损失多少,赔偿多少。因此适用此原则可矫正因侵权行为而导致的侵权人和权利人之间被破坏的平衡关系,恢复到原始的分配正义。我国专利侵权赔偿中的权利人所失利益和侵权人所获利益的赔偿方式均体现了补偿性原则,权利人的所失利益,这是传统的民法财产权损害赔偿的原则,也是典型的补偿性赔偿原则;侵权人的所获利益,在侵权行为发生的情况下,权利

[①] 张新宝:《侵权责任法原理》,中国人民大学出版社2005年版,第45页。

人有可能未遭受损害，而侵权人却获得利益，或侵权人因侵权行为获得利益远大于权利人的所失利益，这种损害被称为收益性。这在作为无形财产权的专利权侵权中更有可能发生，因无形财产权受到侵害时，难有物质性的损害。在这种情况下，损害并不仅仅是事实上物质性损害，而应是法律上认定的损害。剥夺侵权人的获利归于受害人也同样体现了损害赔偿的补偿性原则。这两种方式都是以事实上的损害为依据，需要有充分的证据证明因侵权行为导致权利人销量的减少或侵权人销量的增加。

但是这两种以事实损害为依据的赔偿方式在我国的专利侵权赔偿司法实践中运用极少，不能实现专利侵权赔偿制度的补偿性和预防性功能，难以有效矫正因侵权造成的不平衡，实现正义，主要原因有：

1. 因为专利权的无形性，在受到损害时权利不会像有形财产权那样可以具体量化的物质性损害，在专利权损害赔偿的计算方式中，权利人的所失利益和侵权人所获利益其实都是以专利权产品的销量的变化来推定专利侵权的损害赔偿额的，专利权人或侵权人在侵权发生前后销量的差额即被认为专利权人所失利益或侵权人所获利益。在一般情况下，专利权人往往因为经营秘密等原因不愿提供有关自己销售量的记录，而对于处于市场竞争对手的侵权人的专利产品销售量更是难以获得。我国中小企业的财务制度本就不是很完善，有些企业根本就没有完备的财务记录，权利人更是无从举证。

2. 专利侵权行为和一般侵权行为本质性区别在于专利侵权行为是获益性损害，和一般侵权行为的损害性侵权行为表现在权利人财产的物质性损害不同，侵权人不在于损害权利人的专利权，而在于侵权获利，按照传统的损害赔偿原则，权利人有可能不能获得赔偿，这就使以"无损害，无救济"的传统损害赔偿面临无法制止侵权人获利的伦理危机。

3. 为了解决专利权人举证难的问题，针对专利侵权损害赔偿的特殊性，专利法规定了不同于传统民法侵权损害赔偿的特殊举证责任方式，例如举证妨碍制度，侵权人涉案专利产品销量的举证责任由侵权人承担，侵权人不能举证的，可以支持权利人的主张。这虽然大大减轻了专利权人的举证负担，增加了专利权人的获赔可能性，但仍然不能根本解决问题。因为专利的侵权往往还涉及复杂的市场分割和技术分摊等问题，权利人即使能证明专利产品销量的变化,也难以证明侵权行为和销量变化之间的因果关系,权利人销量的减少或侵权人销量的增加是由于侵权行为引起的。

综上所述,由于专利权不同于有形财产权的特性,导致在传统民法财产权损害赔偿中的损害赔偿方式难以发挥作用,难以实现侵权损害赔偿的弥补功能,更勿论预防功能了。

为了解决专利侵权赔偿难以确定的问题,我国专利法还规定了法定赔偿制度,由法官根据专利本身的特性和侵权行为的特性,运用自由裁量来确定赔偿,目前在我国专利侵权赔偿实践中适用的比例达到98%以上,但该制度也为学界所诟病,主要是其适用的随意、赔偿推理论证的不严密以及赔偿额和原告预期之间存在明显差距等。因此,该制度也难以完全实现社会正义。[①]

(三) 合理许可费赔偿制度可以在专利侵权赔偿中最佳实现社会正义

专利权是国家法律确定的权利,这一权利具有正当性,因而专利权作为一项正当的财产权是不可侵犯的,这是专利法律制度正义性的应有之义,也是文明国家普遍认同的基本财产伦理规范。专利权作为财产权的一个基本特征就是排他性,即权利人有权禁止他人未经许可使用专利的行为,同时在权利受到侵害时,有权获得充分的赔偿。如果权利人不能获得法律赔偿的救济,专利权专有排他性的界定将没有任何意义。任何人可以任意侵害专利权,而无须考虑侵权的成本,权利人就不能从专利权中受益或受益减少,专利权对知识技术产品产出的激励作用就会弱化,技术创新将不会有效率。由于专利权没有如同物的自然排他性,完全依赖国家强制保护,如果专利权得不到保护,将会增加专利权制度运行的成本,造成社会资源浪费,社会资源的分配就不再优化,分配的正义也就不存在。在知识产权出现之前的传统的财产权时代,法律精心设计了财产侵害赔偿制度,侵权人过错、因果关系、损害后果等证明责任一般由权利人承担,既保证了权利人可以获得充分的赔偿救济,又保证了侵权人不会承担过度的负担,影响行动自由。但在新型财产权代表知

---

① 徐聪颖:《我国专利权法定赔偿的实践与反思》,《河北法学》2014年第12期。

识产权出现后，这种在传统财产权损害赔偿中行之有效的制度显得有些力不从心。正义要求在获得与损害之间进行矫正，不劳而获者应向付出劳动者提供补偿，免费使用专利权人的智力成果，无异于盗窃，显然不具有正义性，付出劳动的人有权使用法律制度以获取他人因为使用劳动者创造的利益而支付的费用。①

有形财产权的客体是物，标的是物上的经济利益，两者不可分割，对有形财产权的侵害会造成物的物理性的可以量化的损害，对权利人来说，较为容易举证证明。而专利权的客体本质上是一种信息，标的是信息上的经济利益，信息具有共享性，不可能被独占。在有形财产权中有重要地位具有权利外观的占有，在专利权中没有地位。知识信息的共享性一方面造成专利权极易被侵害，另一方面也造成权利侵害没有类似有形财产外观的破坏，权利人难以证明损害的存在。正因为如此，世界各国专利法基本都直接将合理许可费拟制为权利人应获得的损害赔偿额。在合理许可费赔偿制度中，权利人无须证明自己的所失利益数额，也无须证明侵权行为和损害赔偿之间的因果关系，他只需证明许可合同的存在抑或由法院假设权利人和侵权人之间存在虚拟合同。

合理许可费赔偿制度以专利权人与第三方现存的许可费或虚拟权利人和侵权人在侵权时达成许可契约的许可费为依据，确定专利权人的赔偿额。这种方式在设定上是为了在权利人不能证明所失利益时，给予权利人最低赔偿保障，使权利人不至于因为举证不能而不能获得赔偿或只能获得名义上的赔偿，它克服了权利人所失利益和侵权人所获利益赔偿方式的弊端，能够矫正被侵权行为破坏的权利人和侵权人之间的分配关系，最佳地实现社会正义。

专利权合理许可费赔偿制度的确立正是跳出了传统财产权赔偿制度规定的形式正义的窠臼，追求有损害必有救济的实质正义。② 合理许可费赔偿制度仅仅是把许可费作为损害赔偿的最低限额，在司法实践中，法

---

① Klee M. M.，"What is a Reasonable Royalty?"，*IEEE Engineering in Medicine & Biology Magazine*，Vol. 24，No. 1，2005，p. 96.

② Yang Z.，"Damaging Royalties: An Overview of Reasonable Royalty Damages"，*Berkeley Tech. LJ*，Vol. 29，No. 1，2014，p. 647.

官往往会根据专利和侵权行为的特性进行合理调整，剥夺侵权人因侵权获利的空间①，实现侵权赔偿的补偿和预防功能。

二 专利侵权赔偿中的合理许可费制度的人本主义价值

（一）现代侵权法的人本主义发展趋势

随着社会经济的不断发展，特别是以知识产权为代表的新型财产权的涌现，侵权损害赔偿的哲学基础也随之发生变化，以抽象个人主义为代表的侵权法基础开始动摇，侵权责任的伦理正当性不断受到拷问，法律开始从关注抽象人的权益到着重关注具体人的权益。有学者认为："这种对具体个人关怀的理念在侵权法中的体现就是损害救济理念的发展，即确定是否构成侵权责任的核心因素不再是侵害人是否有过错和是否侵权，而是受害人应否得到救济，如果横诸受害人方面有进行法律救济的必要性，则往往就会通过各种途径去认定侵权责任的存在。法律关注的重心不再是加害人的道德上可责难性，也不是个人的主观权利受到侵害，而是对受害人进行必要的填补，使其得以在物质和精神上获得必要的满足，以维护其人格的完善，维持基本正常的生活。"② 侵权法是保护财产的法律，保护权益救济损害是侵权法的根本任务，在权益受损害时，填补是基本宗旨，什么样的损害应获得救济，应获得怎样的救济才是考虑的根本点。侵害人的行为不再是关注的重点。

从个人责任出发，近代民法在侵权赔偿领域强调主观主义，主观的计算方法成为损害赔偿的主要方式，考察的重点是行为人的主观心理状态，损害赔偿以受害人的实际损害为准。到了现代，社会主体之间行为的信赖程度逐渐加强，统一行为标准的要求不断提出，侵权责任法中的主观主义开始让位于客观主义，损害赔偿的标准客观化表现为损害赔偿的标准不再仅仅以受害人的实际损害为准，社会公共的标准也开始进入

---

① Amundson S. M. "Apportionment and the Entire Market Value Rule Have Presented Problems in Practice When Determining the Value of a Patented Invention", *Texas Intellectual Property Law Journal*, Vol. 23, No. 1, 2014, p. 72.

② 杨彪：《可得利益损害赔偿理论研究》，博士学位论文，中国人民大学，2008 年，第 64 页。

法官考察的视野。

（二）专利侵权制度中的人本主义价值

人本主义价值是人类社会存在、运转的基本要求，一方面，人本主义价值是社会正常运转，人类正常生活的最低伦理要求；另一方面，人本主义价值也是人类社会幸福的必需，是人类社会追求的最高价值目标，是最高伦理要求。

人本主义价值强调在专利制度安排以及专利法律关系的运行中从人出发，以人为目的基本价值取向。人本身的发展就是社会的目的，人的价值在所有价值位阶中具有最高的地位，社会中其他所有事物都不过是为人类本身服务的手段。康德说过："人，实则一切有理性者，所以存在，是由于自身是个目的，并不是只供这个或那个任意利用的工具；因此，无论人的行为是对自己或是对其他有理性者的，在他的一切行为上，总要把人认为是目的。"① 人作为主体与作为客体的物有根本的区别，主体对行为完全的自我有了自我意识，即具有了人格。对人格的尊重和渴望是人的本性需要，专利侵权制度的安排必须符合人性要求。授予技术成果的创造者专利权，体现了对智力劳动成果的尊重，因为智力劳动成果体现了创造者的人格和意志，专利只不过是创造者人格的外化形式。专利制度应保护专利权人的人格，使其在专利关系运行中继续存在和发展，从这种意义上说，专利权就是一种人格权，保护专利权也就是保护专利权人的人格权，而人格利益是人的最高利益，一个现代文明的社会是不会对侵犯人格利益的事实听之任之的，必定会尽一切方法对这种行为制止和赔偿。就专利制度而言，人格和专利权人的物质利益联系在一起，具有利益性，人格利益需要通过物质利益体现。一方面，社会公众有不侵害专利权行为的义务，不去侵害专利权人的人格利益；另一方面，在专利权受到侵害时，权利人有要求恢复人格权圆满状态的权利，公权力有保障人格权损害能得到弥补的义务。

（三）专利侵权赔偿中的合理许可费制度的人本主义价值

财产权的权利本质在法理上主要有以洛克为代表的劳动利益说和以

---

① ［德］康德：《道德形而上学原理》，苗力田译，上海人民出版社1985年版，第56页。

黑格尔为代表的意志说,利益说着眼于权利所指向的客观利益,意志说则关注主体意思自由支配的范围,反映了权利主体的自由精神。在大多数财产侵权中,权利人的财产权益会发生减损,同时权利人自由支配自己财产权的自由意志也会受到侵犯,在有形财产权侵权时,两者可以达到统一,分别从不同的侧面描述了权利本质的内涵。但就损害的发生情形而言,专利权侵权要比有形财产的侵权复杂得多,在遭受侵权时,专利权人的专利产品有可能因为侵权行为而广为人知,客观上起到了广告的作用,专利权人的销售量也有可能不降反升;专利权人未实施专利,也难有财产差额的变动。在此情况下,很难认为专利权人有事实上的损害,以事实上损害为基础的传统有形财产权侵权赔偿难以适用,但权利人自由支配财产的意志无疑受到了实际的损害。针对有形财产权损害设计的权利人所失利益的前后利益差额的计算方式具有了不适性,新型无形财产权的出现要求对传统的侵权赔偿方式进行修正,以确保无形财产权利人的损害能得到赔偿,实现矫正正义。

  黑格尔认为,所有权是主体人格的意志在物上的体现,物的客体不仅包括具有物理形态的有形物,还包括知识信息等无形物。这些无形物在创造者的自由意志支配下,同样可以成为私人的财产。①

  在黑格尔看来,绝对精神借助于表达的形式将科学知识等精神性的东西加以外化,使它们转化为外在物。胡格斯指出,一些知识产权,即使是最具有技术性的知识产品,似乎都起源于人的思维过程。因而知识产品的生产无疑包括了创造者的意志。创造者作为一个思想的存在,他应该将自由转换为外部世界。② 专利权客体的本质是一种信息,信息无疑凝聚着创造者的意志,虽然这种创造者的意志和人格因素相比著作权来说较弱。财产权的损害不仅仅是财产形态的物质性的破坏,而且也是对人主观意志的侵犯,损害了人自主意志处分权。专利权的客体是人类创造的知识信息,没有固定的物理形态,具有无形性的特点,在受到侵害

---

① [德]黑格尔:《法哲学原理》,张企泰译,中国政法大学出版社2003年版,第198页。
② J. Hughes, "The Philosophy of Intellectual Property", *Intellectual Property Law & Policy Journal*, Vol. 37, No. 1, 1988, p. 91.

时没有物的价值损耗,但权利人主观的处分意志的损害却和有形财产权损害并无二致。专利侵权赔偿的是人预期的概况财产,这和物权损害对象是财产本身、是物本身价值的减损明显不同,杨立新教授曾把这种损害称为人的损失而非物的损失。①

相对于传统有形财产权的赔偿制度,人本主义价值的彰显是合理许可费赔偿的显著特点,合理许可费赔偿理论补充了传统有形财产侵权赔偿理论的不足,这是该制度作为重要技术性工具的优势所在。现代侵权赔偿理论更注重损害事实的可赔偿性和赔偿方式的选择,一般先根据案件情况综合判断受害人是否应得到赔偿,如果认为有救济的必要,则会通过各种方法去认定行为的可归责性,实现对受害人的充分赔偿。合理许可费赔偿理论的目的是给予权利人损失的填补,强调有损害必有救济的正当性和价值的优先性。侵权法中的损害包括事实上的损害和法律上的损害。事实损害是指侵权行为造成受害人在人身或财产方面的事实上的不利益,法律损害是指被法律所认可的能获得赔偿的事实,专利侵权中的损害是属于后者,是被法官裁定的损害。

同时,合理许可费赔偿不考虑专利权人是否有许可的事实,也不考虑专利权人是否有许可的意愿,只要存在侵权行为,专利权人就可以要求合理费赔偿,在赔偿的计算方面,采取了客观标准,对实现权利人的及时救济和提高司法的效率都有积极的作用。

第二节 专利侵权赔偿中的合理许可费制度的民法学分析

作为无形财产权的专利权属于私权,和有形财产权同样属于民法的调整范畴。在其受到侵害时,亦属于侵权责任法的调整范畴。同时作为知识产权的专利权又是和传统的有形财产权相对独立的财产权体系,因此专利权必须在符合民法基本原则的同时又要具有自身特殊的保护原则,

---

① 杨立新:《侵权损害赔偿》,法律出版社2010年版,第432页。

才能被融入民法体系①，从民法溯源探求其制度的正当性有合理性。

一　从契约自由到契约正义

契约自由原则为民法私法自治原则的重要表现，根据私法意思自由主义，契约是双方当事人的合意，自由选择的结果，不应受外在组织或机构的支配，契约义务由当事人自由设定。契约当事人应自由决定是否订立契约，选择与何人订立契约，订立何种内容的契约，以及以何种方式订立契约，此即契约自由原则的表现。契约自由在于保障个人自主与竞争自由，以作为市场经济活动的有效手段。在自由竞争的社会中，人们信仰自由意识，依自己的意志进行交易，坚信可以自由支配自己的交易能力，在此基础上建立起人与人之间的关系最为公正，因此，契约自由原则符合正义。

在契约自由原则下，当事人在缔约中完全意思自治，不受外在机构或他人的干涉，缔约过程的自由意志的充分展现，使缔约成本大大降低，实现效率的价值，促进了经济的发展。在资本主义发展的早期阶段，契约自由与私有财产不可侵犯、过错责任原则一起构成了近代民法三大制度。民法作为私法或公法的重要区别就在于民法实行的是意思自治原则，所以契约自由在民法上有着重要的意义

现代契约理论发展对当事人自由意志传统理论有所突破，将在不同的境界条件下考虑当事人的关系。由奉行自由意志到从社会公正的角度来对当事人的契约进行调整，公正的规范意义在于均衡不同主体的利益，有利于矫正契约自由带来的不正义。进入20世纪，社会本位思想随着国家对经济及其他事务的干预而产生发展，在法律领域出现了有别于传统公法、私法的社会法，社会法学家庞德认为，人的本性有控制需要的必要性，在现代社会，法律是强有力的工具。② 在法社会学派的影响下，以个人主义为主导的契约自由必定涉及公共利益的协调。

---

① 徐瑄：《关于知识产权的几个深层理论问题》，《北京大学学报》（哲学社会科学版）2003年第3期。

② ［美］罗斯科·庞德：《通过法律的社会控制法律的任务》，沈宗灵译，商务印书馆1984年版，第87页。

为了追求实质正义，各国在立法、司法上都对契约自由进行了规制，在立法上，把某些格式条款在法律上规定为无效，规定强制缔约以保护弱势群体等；在司法上，法官基于对公平价值的追求，运用价值判断，对契约进行符合实质正义的解释，从而对契约的部分显失公平的条款进行调整。至此，契约自由从形式正义走向实质正义。

在现代社会，契约自由仍然是主流，毕竟人是最了解自己的利益的，意思自治是契约存在基础，不可动摇。随着民法社会化的发展，契约正义开始显现，并对契约自由进行了修正，旨在平衡协调个人利益和社会利益。

在专利制度下，权利人应有权利通过契约处分自己的专利技术，不受他人的控制和干扰。正是有了这种对专利的自主处分权，专利权人的经济利益获得满足，从而激励其继续技术创新，从而最终促进社会进步。在权利人自主处分专利权的过程中，专利权人的自主意识会得到提升，从而促进人的人格发展，实现人的自我价值。

专利许可费是专利权人和被许可人就专利的使用价值协商一致而确定的专利使用费，专利许可费是双方对专利权未来能够产生的现金流收入的预期存在差异的结果，专利权人认为，一项专利权未来能够产生比较稳定的现金流收入，而被许可人则认为产生的现金流不稳定，作为市场经济条件下的经济理性人的专利许可双方，希望自己的利益最大化，博弈的结果确定的许可费必定是在被许可人的市场利润之下，能比较真实地反映出专利的市场价值。

即使有时候，许可费低于专利的市场价值，也是专利权人对自己权益的让渡，是其自由意志的体现，也是契约自由的应有之意。专利侵权合理许可费赔偿的基础有两种，一是以已有的许可费或市场惯常标准；二是若没有现存的许可费，则假设双方谈判虚拟许可费。专利侵权以许可费为基础确定赔偿额，是对双方自由确定体现专利市场价值许可费的尊重和认可，也是对契约自由原则的尊重。专利侵权许可费作为一种侵权后侵权人与被侵权人之间达成的"协议"，并不违反当事人意思自治原则，公权力本不应加以阻拦，理应成为一种专利侵权损害赔偿方式。

但是在某些场合，公权力会介入并对许可费进行必要的调整，使之符合正义原则，例如在行政强制许可、标准必要专利合理许可费的确定场合，行政机关会出于减少、消除垄断等因素考虑干涉、调整双方许可费的确定。在专利权侵权赔偿领域同样存在法院对作为赔偿基础的许可费调整，侵权的情形和正常商业许可的情形毕竟不相同，法院确定的合理许可费赔偿额要大于正常商许可费数，达到赔偿权利人所失利益的同时以消除侵权人再次侵权的诱因，实施实质正义。

二 信赖理论在侵权法中的运用

美国著名法学家庞德曾提出利益理论，他认为个人、群体的期待、主张是满足的需要，一旦被法律所认可就变成了利益。[①] 受庞德利益学说的影响，美国学者富勒和帕杜提出了著名的信赖利益学说，他们认为信赖利益是原告信赖被告的约定使自己产生的自我状态的变更，对此保护意味着将原告恢复到契约签订前的状态。[②] 但经过后来学者们的发展，逐渐扩展到侵权法等领域，正如有的学者指出的"信赖原理既然从约定人与其对方关系中寻找契约约束力的根据，可以说带来了必然将眼光投向一般社会关系的契机"[③]。这也使对信赖利益的保护不再局限于契约领域。在现代社会，人与人之间关系更加紧密，个人行为和群体行动将难以截然分开，群体的协同状态对个人的行动也有着越来越大的影响，每个人都有支配自己权利和获取财富的机会，在规则社会中，每个人都有理由相信这种机会不受干扰，由此产生了对他人遵守法律规则的合理信赖，对稳定的社会关系的信赖会产生制度惯性，基于此，人们会合理预期未来可得利益的获得。相反的情形是如果人们之间缺乏相互的合理信赖，稳定、有序的制度惯性难以建立，人们保有财富的方式极有可能只是占有财产，那么以将来利益形式出现的可得利益是难以保障的。因此，我们可以认为可得利益在法律本质上是一种信赖利益，对其的保护是对利

---

① ［美］罗斯科·庞德：《法理学》（第3卷），廖德宇译，法律出版社2007年版，第87期。
② L. L. Fuller, W. R. Perdue, "The Reliance Interest in Contract Damages: 1", *Yale Law Journal*, Vol. 46, No. 1, 1936, p. 52.
③ ［日］内田贵：《契约的再生》，胡宝海译，中国法制出版社2005年版，第65页。

益理论的回应。①

专利合理许可费的赔偿方式本质上是对专利权人可得利益损失的补偿，专利权人基于未来许可合同关系而产生的合理期待应该获得保护，未来的利益关系构成权利人财产权的重要部分，人们可以期待从中获得一定的经济利益。按信赖理论，其他人负有不阻碍这些利益关系正常发展的默示义务，否则将承担侵权赔偿责任。专利权作为一种私权得到民法确认，也得到了世界贸易组织《与贸易有关的知识产权协议》的确认，但与传统财产权相比，专利权具有更突出的社会属性，它是基于激励理论而建立起来的法律制度，既是保护私权的法律制度，又以促进社会整体利益为宗旨。就社会利益而言，合理许可费赔偿意味着社会信赖关系稳定延续的保障，体现了法的安定性，彰显了法的秩序价值。信赖利益的运用促使人们意识觉醒，避免相互干涉，尊重彼此生活的延续和获得财富的机会，从而通过良好的社会控制实现社会利益的持续增长和最大化。

三 损害赔偿计算方式从主观到客观

损害赔偿遵循完全赔偿原则，权利人受有多少损害，侵害人就应赔偿多少。因此权利人损害的确定就成了赔偿的前提和基础。传统损害赔偿理论曾认为损害是个事实问题，损害的计算应该依据权利人的实际耗损为准，但此种认识忽视了损害赔偿的法律性，因而计算无一定的法律规则可遵循。现代损害赔偿理论一般认为损害赔偿兼具事实性和法律性，事实性是指侵害所造成的损害是多少，本质是一种事实；法律性指探寻这一事实，必须依据法律方法。②

损害赔偿的构成因素一般有客观因素和主观因素之分，客观因素是指损害事实的发生不因为受害的不同而不同，损害事实如果并非发生于受害人而发生于其他人，其损害后与发生于现受害人相同。例如在物权侵权赔偿中，受害人的物权因侵权人的侵权行为导致毁损或灭失，侵害

---

① 杨彪：《可得利益损害赔偿的变迁与展望》，《北方法学》2009 年第 6 期。
② 曾世雄：《损害赔偿法原理》，中国政法大学出版社 2001 年版，第 78 页。

人的赔偿应以物的市场价值为基础计算赔偿，与受害人为何人没有关系，此即为客观因素。主观因素是指损害赔偿因受害人的不同而异的因素，如果损害事故发生于其他受害人，其损害的后果与发生于现受害人的可能不同。例如在侵权人造成物权人的物毁损时，物权人和第三方订立有租赁合同，物权人请求损害赔偿，可能使损害赔偿的范围扩大，不仅可以请求物的市场价值损害赔偿，亦可以请求租赁费的损失。租赁合同的存在与否因物权人的不同而不同，因此是主观因素。由此可见，主观因素具有受害人的个人主观色彩，而客观因素则无。

在计算损害赔偿时，如果仅仅考虑客观因素，其计算方式为客观计算方式；如果兼顾客观因素和主观因素，其计算方式为主观计算方式。曾世雄先生以汽车毁损赔偿为例说明两种赔偿方式的异同，汽车因毁损而送厂修理，侵权人对于毁损的修复部分，应付责任。对于在汽车修理期间，汽车所有人不能使用汽车损害的计算应以每日的损害为基础，客观的计算，应以通常的租车费为准，扣除营业费用及利润，即汽车的每日使用价值；主观的计算，则应以受害人是否租车而定，受害人已经实际租车，则其支付的租车费即是损害额。[①] 客观计算，损害的大小等于财产的客观价值，财产的客观价值以市场价值确定。主观计算，损害的大小以权利人的主观因素而不同。在大陆法系的国家或地区，一般采取主观的计算方式，如在法国，损害额原则上应具体计算，考虑受害人损失的具体情况，仅在例外时使用客观计算方式；在德国，损害原则上是具体的，将具体损失计算原则置于侵权损害赔偿核心位置；在瑞士，只有在例外的情况下，财产损失才不依据主观标准，而依据客观标准；我国台湾地区大多数学者认为应以主观计算方式为主以实现损失填补的目的。在英美法系的国家或地区，则采取客观的计算方式，以客观市场价值作为计算财产损失额的一般价值，所谓的客观市场价值系指在交易市场上知道标的在毁灭之前状态的人，愿意为购买该标的物所支付的价格。[②]

---

① 曾世雄：《损害赔偿法原理》，中国政法大学出版社2001年版，第79页。
② 杨彪：《可得利益的民法治理：一种侵权法的理论诠释》，北京大学出版社2014年版，第65页。

损害赔偿的计算究竟采取主观计算方式还是客观计算方式，不能仅就两种方式本身研究其利弊，而应结合损害赔偿制度的结构进行探讨。损害赔偿制度的重要功能是全部赔偿受害人的损失，不但实际损失应予填补，实际损失之外的特别的主观损害也应赔偿，所以，符合全部赔偿逻辑的计算方式应是主观计算方式。但客观计算方式也有其存在的合理性和必要性，客观计算方式的作用在于：（1）无论哪种形态的财产权，在市场上的客观交易价格是其价值的反映，在计算赔偿时，应以该价值作为最低赔偿额；（2）以损失推定的方式减轻当事人的举证责任。即在受害人未提供证据证明其有高于市场价的损失时，即应按照市场客观价计算损失。客观计算方式存在的未能填补受害人损失的缺陷，大陆法系一般采取的主观计算方式源于其考虑受害人个体的相关情况，实现侵权损害赔偿制度的损失填补功能。故而客观计算方式应作为补充性的计算方式，在受害人未证明被侵害财产权的特定价值时，即按照市场价值计算，若受害人可以明确地证明其财产权的价值高于市场价时，应按证明的价格计算。

奥地利学者拜德林斯基（Bydlinski）认为加害行为的结果是造成权利或利益被侵害，该种侵害必须依据权利或利益的客观价值来计算。因为被侵害的权利，对于所有的民众都具有平均相当的价值。但被侵害法益的客观价值，仅为损害赔偿的最低限度数额，受害人基于其特别情事主张超越客观损害以外的损害，应获支持。[1] 德国学者劳耶（Neuner）认为客观估定的价值赔偿，构成损害赔偿的最低额，在任何情况下均应予以赔偿。其理由是基于损害赔偿的权利保护机能，实现对受害人合法权益的保护，实施加害行为者应承担责任的原则。[2]

损害赔偿的客观计算以社会上中性的一般人为标准，以某特定的侵权行为在一般情形下所能造成的损害作为赔偿的范围，与侵权人对损害的预见以及权利人的实际损害的关系并不大，此种损害的衡量，即以

---

[1] A. M. Tettenborn, D. Wilby, "The Law of Damages", New York, LexisNexis, 2010, p. 87.

[2] R. Neuner "Interesse und Vermögensschaden", *Archiv für die civilistische Praxis*, Vol. 133, No. 3, 1931, p. 277. 转引自徐银波《侵权损害赔偿论》，博士学位论文，西南政法大学，2013 年，第 18 页。

"客观损害"为标准,其损害计算方式也为"客观计算"。常见的客观计算损害的方式包括以物的市场价格、物的数量、物的重量等。此种计算方式对于损害赔偿请求权人的举证责任的减轻,有很大的益处,亦会给予受害人合理的赔偿保障。

客观计算方式的特征使其特别适合运用于知识产权等无形财产权的损害赔偿中。按照财产损害赔偿原理,专利侵权赔偿中亦遵循全部赔偿原则,损害也因适用主观计算方式,但主观计算方式在适用于诸如专利权等无形财产权的侵害时,会有很大的困难。一方面,在主观计算方式中,权利人必须证明因侵权行为导致其专利产品受到损害。但是,专利产品的损害不一定发生,在专利产品的上升期,有可能因为侵权产品的销售,刺激了市场,导致专利产品销量不降反升。权利人需举证证明损害的存在,很多情形下,权利人因举证障碍而无法达到请求赔偿的目的。特别是在专利侵权损害赔偿中,权利人为了证明因侵权导致专利产品销量的下降,常需要将财务报表等可能涉及商业秘密的信息披露,权利人因此会处于两难地步,在商业秘密保护和损害赔偿证明之间选择。上述赔偿方式须对侵权行为所涉及的所失利益或侵权获利加以衡量,不仅在举证上有困难,也未必能使权利人获得合理赔偿。客观计算方式即可以避免上述窘态,在专利侵权中,无论权利人所失利益或侵权人获利是多少,专利的市场价值是一定的,体现专利价值的专利许可费一般也是一定的,侵权人违法使用专利所满足的市场需求即为权利人所遭受的损害,合理许可费为这一使用的客观价值,即以一般取得专利权人同意而使用专利权应交付的使用费。免去了专利权人举证之累,同时作为客观的计算方式,权利人也无须证明自己是否实施或许可他人实施过专利,因此此种方式对专利权人保护比较周全。

另一方面,专利权利人对于其所有的专利权的客体并无占有,与物的所有人占有物的情形不同。物的所有人占有、保管其物,他人接近其物并不容易,因此也不易损害其物。专利权具有天生的公共性和共享性,他人可以轻易地接近专利,因而受到侵害的可能性和危险性也很大,所以法律应给以其特别的保护,一有侵害,专利权人即可以请求赔偿,免负承担所失利益的举证责任,赔偿的数额即专利权的许可使用费。

四 侵权法中的补偿功能和预防功能

一般认为侵权法有两大功能，一是弥补损害，二是预防损害，我国《侵权责任法》第一条明确规定"为了保护民事主体的合法权益，明确侵权责任，预防制裁侵权行为，促进社会和谐稳定，制定本法"。可见我国侵权法把填补权利人损害和预防侵权行为的发生作为侵权责任法的基本功能。由此，损害赔偿制度应当实现两大目标：一是能够对受害人的侵害进行充分救济，使受害人的财产状况能够恢复到侵权行为发生前的状态；二是能够对侵害人和社会公众产生警示作用，以维持社会正常的秩序。

侵权损害赔偿的功能决定了权利人的损失应全部获得弥补，完全赔偿成了确定损害赔偿责任大小的基本原则，具有合理性和公正性。财产损害包括所受损害和所失利益，所受损害是指现有财产的减少，所失利益是指未来可得利益的丧失。完全赔偿不仅要赔偿权利人所受损失，对已经确定的权利人所失利益同样要赔偿。

我国《民法通则》第117条第3款规定："受害人因此遭受其他重大损失的，侵害人应当赔偿损失"，这里所指的"其他损失"就是可得利益的损失。可得利益是指倘无侵权人的侵权行为，权利人本可以获得利益。这种可得利益的损失和现有财产丧失的所受损害仅有形式上的区别，实质上都是权利人的因侵权行为遭受的不利益，都应获得赔偿符合完全赔偿的原则。

合理许可费赔偿作为专利侵权损害赔偿的方式，遵循全部赔偿的原则，主要体现在两个方面。

一方面，克服了传统有形财产损害赔偿的弊端，有利于权利人损害的弥补。

在专利侵权损害赔偿中，专利权损害的情况要较有形财产权的物权损害复杂得多，物权所受损害是指侵权人侵占或毁损权利人的物，导致权利人现有物的价值量实际减损。所受损害是直观的、可见的。

在专利侵权时，专利权客体的价值同样会因为侵权行为而实际减少，只不过由于专利权客体的无形特征，此种损失并不像物的直接损失那样直观、可见，专利权客体和专利权载体的可分性，使得专利权的载体即专利产品未必有直接的物质损害。各国专利法都把专利产品在侵权行为发生前后销量的差额作为专利权人因侵权而受到的损失，专利产品销量的下降是可以具体量化、可见的。但这样确定赔偿有一个前提就是必须建立专利市场价值的减少和专利销量下降之间的因果联系，这对权利人来说是很难的，甚至是不可能完成的任务。拘泥于民法传统的损害计算方式将会使权利人的损失得不到弥补，侵权责任法的补偿功能亦不能实现。

另一方面，在专利权人或侵权人未有专利产品销售的情况下，对损害具有填补作用。就侵权行为的角度而言，专利权人受有损害但自己未实施专利，专利产品并未销售，因而不能援引所失利益条款请求赔偿，或者侵权人本身实施专利，却未在市场销售侵权专利产品，专利权人也无法请求侵权人获利赔偿。由于专利技术的实施未必一定产生有形的专利产品，且专利法赋予专利权人的排他权，并不仅限于专利产品的制造和销售，专利权侵权人只要未经同意实施专利权，不限于何种形态，都可视为专利本身价值的减损，构成专利损害。合理许可费赔偿恰恰可以填补权利救济的空白，以求得权利保护的周全。

因此合理许可费损害赔偿制度在弥补权利人的完全损失有特殊的意义，在适用此种赔偿方式时，权利人无须证明因果关系，甚至无须证明权利人曾经许可他人使用专利，具有简单、可操作性强的特点，它确定了权利人损失额的最低限度，最大限度地在专利侵权赔偿领域实现了补偿功能。

有学者指出："补偿功能是全球损害赔偿主要功能，但不是唯一的功能。"[1] 各法域在承认损害填补功能外，大多都认同预防侵权的功能，英美法系直接认可，大陆法系的德国认为预防功能是一个值得追求的附属效果，欧洲统一司法研究小组在比较研究后则建议将其作为损害赔偿目的之一[2]；我国王利明、杨立新、张新宝教授等学者均认为侵权责任法有

---

[1] 王军：《侵权损害赔偿制度比较研究》，法律出版社2011年版，第35页。
[2] 杨立新：《侵权损害赔偿》，法律出版社2010年版，第432页。

预防功能。① 从某种程度上说，侵权行为的预防比损害赔偿的填补更为重要，损害赔偿不过是对损害发生后的资源事后分配，个人和社会财富并不会因此增加，相反纠纷的解决反而需要一定的成本。侵权的预防则在对权利人权利保护的同时，也避免了社会资源的耗费。

近代社会的侵权客体多为有形财产和物质性人格权，近代法律构建的损害学说及损失填补理论建立在侵害有形客体的框架下，损害表现为财产毁灭或人身伤害，赔偿旨在恢复应有的状态。损失填补一方面可使被侵权人恢复到应有状态，另一方面可反射性是侵权人恢复至侵权前状态甚至自掏腰包②，实现了损害赔偿法的补偿和预防功能。

当知识产权等无形财产权、精神性人格权成为普遍的权利时，传统的损害认定和填补损害的观点显得力不从心。物权的损害通常仅造成权利人损失，侵权人一般不会因此获利，因此只需考虑被侵权人损失的分配，无须考虑侵权人是否获利。但知识产权等无形财产权侵害行为，在权利人遭受损失的同时，侵权人可能因此获利，并且侵权人的获利有可能大于权利人损失。仅仅是填补权利人损失会使侵权人保留侵权的利益，显然和侵权法的预防功能不符。我国《侵权责任法》第 20 条和《专利法》《著作权法》《商标法》所采纳的损害赔偿计算规则，规定在损失难以确定时，可要求侵权人按其获利额赔偿。

此类规则，实质上认为不法侵害他人权益即构成侵权，以侵权人收益作为被侵权人损失的计算标准，其本意是在确定损失数额，但同时也解决了非法获利的问题，可以实现损害赔偿法的预防功能。但获益计算标准正当性还有所欠缺，因为侵权人获利和权利人损失可能并无关联，有可能来自第三方。在侵害专利权的案件中，只有在侵权人和权利人在同一市场竞争时，侵权人专利产品销量的增加会相应地减少权利人的专利产品销售量，排除其他因素的介入，侵权人获利可以近似地认为是权利人损失。但实际上在专利侵权损害赔偿中侵权人所获利益的赔偿方式

---

① 王利明、杨立新：《侵权行为法》，法律出版社 2005 年版，第 26 页；张新宝：《侵权责任法立法：功能定位、利益平衡与制度构建》，《人民大学学报》2009 年第 3 期。

② 徐银波：《侵权损害赔偿论》，中国法制出版社 2014 年版，第 185 页。

运用的比例并不多，原因在于权利人往往难以完成证明侵权人所获利益的证明责任，也就使得此种方式在实践中难以完成损害赔偿法的补偿和预防功能。

在侵害专利权时，法律拟定合理许可费是权利人损失。确定合理许可费赔偿，要综合考虑权利人在先已经确定的许可费，侵权人使用的情况及贡献度进行裁量。在先已经确定许可费是一个参照标准，在不同时期和不同领域，权利人商业运营规模有大小之分，其许可费都会不同。同样，需要考虑侵权人贡献度及专利权贡献度而确定价值。如果此前并无许可的先例，则参照市场价格及专利贡献度，如同类主体的许可价格上下浮动确定数额。合理许可费赔偿不能仅仅以许可费作为赔偿数额，侵权人有可能保留了侵权利润空间且节省了商业许可的交易成本，不仅不能实现损害赔偿的预防，还会导致违法无成本，其结果就是鼓励侵权发生。在计算合理许可费时，法院会根据案情，特别是被告侵权利润，来衡量合理许可费的数额，使合理许可费一般高于通常许可费，剥夺侵权人的利润空间，使侵权人无利可图，从而实现威慑作用。①

第三节　专利侵权赔偿中的合理许可费制度的经济学分析

将经济学理论运用于检验法律与法律制度的形式、结构、程序和影响是法经济学的任务。② 专利法符合经济学的价值定位，是法经济学分析的天然领域。③ 一项法律制度的经济学上的正当性在于通过成本效益分析，该制度是否能够促进资源的优化配置，能够促进经济增长。本章从法经济学的角度出发，分析和探讨合理许可费赔偿制度是否可以合理地

---

① M. Glick, L. A. Reymann, Hoffman R., "Intellectual property damages: guidelines and analysis", New York, John Wiley & Sons, 2006, p. 23.

② J. Evensky, C. Rowley, Tollison R, et al, "The Political Economy of Rent-Seeking", Topics in Regulatory Economics & Policy, Vol. 4, No. 1, 1988, p. 1063.

③ D. S. Chisum, "Principles of patent law: cases and materials", Biotechnology Advances, Vol. 1, No. 6, 2004, p. 351.

调配社会资源，达到社会效益最大化，探求该制度在经济学上的正当性基础。

一 专利制度与资源的优化配置

18世纪英国哲学家培根说过"知识就是力量"，现代经济的发展已经进入了知识经济时代，知识也就成为创造社会财富的必要条件，广义的知识指技术、专利、著作、商标以及商业秘密等，利用这些作为市场主体主要的投入资源与生产要素的经济模式即知识经济。任何产业通过知识创新，直接建立知识的创造、流通与利用的经济活动与体制，都能成为知识经济型产业。知识经济主要以新技术和新知识的创造和利用，来促进经济的增长，将创新引入现有产业，支持产业朝高附加值的方向发展，其核心是创新的精神和能力。

技术成果作为一种无形信息，其使用有非排他性和非竞争性特点，一个人使用并不会妨碍其他人同时使用且不会造成物质性耗损，技术成果明显的外部性导致了"搭便车"的现象，使用人获得了收益，但并不承担技术研发的成本。权利人获得的收益往往弥补不了其研发成本，负外部性对市场经济会产生很大的影响，市场因此不能更好地发挥其优化资源配置的基本功能。

经济学上给出的解决外部性的方法是外部性内部化，把经济活动产生的损益变成经济主体的损益。在专利制度产生以前，主要是通过保密和政府奖励来达到这个目的，技术保密是通过对相关产品市场的垄断来实现的，该情形下创新市场表现为被垄断的产品市场；政府奖励的体制下，创新的需求是政府，创新市场具有买方垄断的特点。在经济学的视野中，财产权的基本作用是为了确保有限的资源被分配给最重视该资源的人[1]，从而达成有效率的配置。作为一种财产权，专利权所提供的是一种适当的独占利益的保护，在此保护范围内，发明人的发明可以视为对资源做最优价值的配置。专利制度的出现改变了技术创新局限于政府需

---

[1] G. S. J. Lunney, "Reexamining Copyright's Incentives-Access Paradigm", *Vanderbilt Law Review*, Vol. 49, No. 3, 1996, p. 89.

求或主要发生于适合保密领域的狭小局面。

一般认为专利制度对创新市场竞争力的促进作用体现在以下四个方面：

1. 刺激发明产出

法律赋予专利权利人的排他权，在于对创新发明的奖赏。发明需要反复的研究，因此要投入大量的人力、资金，存在高度的风险。从经济学的角度分析，若专利权人没有排他权，将使发明人受到搭便车行为的影响，无法从因发明而投资的成本中获得回报，将造成发明人发明动力不足，发明数量会低于社会所需的适合量，从而无法达成最佳资源分配效率。专利法以赋予专利权人法定的排他权来排除潜在的搭便车行为并同时刺激创新发明。

2. 鼓励技术公开

专利制度建立是以公开换取排他，申请专利的发明必须公开其发明的技术内容，并且其公开的是确实有效的公开信息。一般社会公众可以通过该公开的信息而获得技术内容。以公开发明内容来换取暂时的排他权，一方面可以将专利权人获得专利保护的权利范围公示，以避免他人侵权；另一方面，他人可以利用该公开的信息再做发明或应用，避免资源浪费在重复的发明上，真正达到促进科技发展的目的。

3. 鼓励专利转化

技术成果最终目的是服务于社会大众，只有一般公众能接触并使用发明物，该发明才是真正有助于公共利益。如果权利人无法获得排他性专利保护，该发明人必须以商业秘密来保护其发明。在无资金的状况下，发明人要想发明商业化，在寻找资金的过程中将有可能会使其发明暴露于众而丧失市场先机，因而，发明人往往推迟发明的问世直到其筹足发明市场化的资金。在专利制度下，发明人不必担忧在寻找资金过程中发明被他人非法使用，甚至可以在自己不实施专利的情况下，将专利授予他人使用仍然可以获利，该发明同时也为公众所使用。在专利市场转化中有投资风险，专利制度提供给科技成果许可使用市场固定且公开的信息，一旦财产权确定，根据"科斯定理"，当事人之间会自己协商寻求最有效率的结果，投资该发明的公司自然会将该发明带入市场，社会公共才可获得市场化的发明供给。专利权人可以协调所有相关市场参与者，不但可以避免竞争者投入相同发明，还可以促成发明专利转化进程。

4. 鼓励改进发明

由于专利制度赋予专利权人的排他权利，竞争者只有回避该发明而另谋出路，原先发明并非完美而可能有缺陷，竞争者可以就此缺陷做出比发明更好的替代品或在原有专利上做技术改进，因此可获得替代技术或改进技术的专利。从这一点上看，专利制度也在相当程度上鼓励对专利做周边设计或改进。对专利周边的设计和改进的鼓励，也是在强化专利制度。

专利权作为一种无形财产权，是从事生产活动的生产要素和稀缺资源，专利制度是规范专利的产出、运用、管理和保护的法律制度，它以法律的形式，确立和保护创造者对专利技术享有一定的排他权利，从而激励技术创新、运用，合理平衡专利权人和社会公共之间的利益，实现专利技术这种稀缺资源的优化配置和效益最大化。创新是促进经济发展的重要因素，知识产权的创造、运用本身就是经济发展的重要标志，对促进经济增长具有重要作用。我国学者许春明、单晓光教授经过回归公式的处理，论证了专利侵权损害赔偿救济强度与人均国内生产总值呈现出显著的正相关关系。[①]

二 专利侵权损害赔偿制度中的财产规则和责任规则

侵权损害赔偿制度的任务是在侵权损害发生后，在侵权人应承担侵权赔偿责任的前提下，确定赔偿责任的分配、赔偿方式的选择以及赔偿金额算定的规则体系。从经济学的角度看，侵权损害赔偿制度是进行资源配置的制度，而且是强制的资源配置。要实现运用市场手段引导创新资源配置这一效果的前提是，确保"不能在偷盗和买他人财产两种行为中保持冷漠，要实现这一点，就必须使得损害赔偿额高于财产本身的价

[①] 许春明、单晓光:《中国知识产权保护强度指标体系的构建及验证》，《科学学研究》2008年第4期。

值，这样便不会认为侵占是一种可以接受的替代性购买行为"①。

传统法律经济学强调财产权的设定会影响资源的分配，消除侵权在于将外部经济内部化。但专利权客体是技术信息，与有形财产权存在差异，技术信息属于公共资源，具有共享性而不具有耗损性，其使用成本将会随着使用者的增加而减少；作为一种信息资源，无法在事实上排除他人使用；技术信息无形性而无法实际占用，导致其容易受到侵害；技术研发是否会成功，专利申请是否会核准，专利是否会被市场接受等均存在不确定性等。技术研发需要投入巨大的成本和研发成功后实施专利的成本相差巨大，使得专利权的边际成本几乎为零。专利和有形财产的差异导致专利权需要由法律创设排他性，达到外部性内部化的效果，消除侵权的动机，从而激励发明创新。

美国经济学家科斯提出了著名的交易成本理论，形成了法经济学家分析侵权的科斯定理。科斯认为，在交易成本为零时，无论对资源如何配置，交易总会实现效率最大化；而在存在交易成本时，在进行交易时应设法降低交易成本，因为交易成本越低，资源的利用会越有效率。②波斯纳法官提出财富最大化观点，有效率地运用资源来追求财富最大化，使整体社会财富增加，民众受益。卡拉布雷西（Cuido Calabresi）及道格拉斯·梅拉梅德（Douglas Melamed）提出了权利保护的三个规则：一是财产规则（property rules），除非事前得到权利人同意，否则法律赋予权利人禁止他人对其权利的侵犯；二是责任规则（liability rules），不管权利人同意与否，相对人仍可侵犯权利人的财产权，但必须补偿对权利人造成的损害；三是不可剥夺规则权利的任何转让都是禁止的。③ 卡拉布雷西及道格拉斯·梅拉梅德提出的这三个规则，特别是前两个规则，为财产

---

① [美] 理查德·波斯纳：《法律的经济分析》，蒋兆康译，法律出版社2012年版，第204页。

② R. A. Posner, "On the Receipt of the Ronald H. Coase Medal: Uncertainty, the Economic Crisis, and the Future of Law and Economics", *American Law and Economics Review*, Vol. 12, No. 2, 2010, p. 280.

③ G. Calabresi, A. D. Melamed, "Property Rules, Liability Rules, and Inalienability: One View of the Cathedral", *Harvard Law Review*, Vol. 85, No. 6, 2007, p. 19.

权救济的强弱提供了衡量标准。财产规则为强度救济,责任规则为弱度救济,相对人只是事后赔偿而已,从保护权利人的角度来看,责任规则所提供的保护层次较财产规则逊色。

在财产规则下,法律只是对初始权利进行界定,权利的转让及转让的价格尊重权利人的意愿。如果运用财产规则保护权利,其他人只有通过自愿的交易才能从权利人处获得这项权利。如果权利人不同意购买人的价格,权利人有权拒绝权利转让。由此可见,财产规则本质上是一种权利人事先的产权保护规范,权利人可以根据自己的意志保护自己的权利。任何未经权利人事先同意而行使权利人权利的行为都构成侵权,承担损害赔偿责任。

在责任规则下,法律对权利进行初始界定,但并不把权利人自由转让作为权利转让的方式,其他人可以未经权利人许可行使权利人的权利,但法律要求使用人应向权利人支付损害赔偿金。损害赔偿金是按照权利的市场客观价值确定,赔偿权利人的客观损害,一般不考虑权利人个体的具体主观损害,因此,损害赔偿金一般要小于按财产规则获得的损害赔偿。责任赔偿实质上是一种事后的产权保护规范,旨在事后的弥补。

总而言之,财产规则要求权利人依自己意愿的自由让渡的方式实现权利的转让,而责任规则则允许不经权利人同意的强制性转让。财产规则是权利人以"主观标准"来保护自己权利;而责任规则是以权利人以外的"客观标准"来保护权利。

财产法则或责任法则两者的选择应针对具体个案情况去作判断,从政府干预最少,让市场机制充分发挥功能的角度来看,财产规则是最佳的选择,在此规则下,政府执行成本最低,资源也会由最有效使用者来使用。然而有些交易会产生高交易成本,在此情况下,由政府取代市场反映的价格,以客观的角度确定损害赔偿额,反倒是最好的制度安排。①

专利权是一种可以自由转让的财产权,不适用不可剥夺规则,应考虑在财产规则和责任规则之间做出选择。若采取财产规则,意味着侵权

---

① 凌斌:《法律救济的规则选择:财产规则、责任规则与卡梅框架的法律经济学重构》,《中国法学》2012年第6期。

发生时，专利权人极有可能获得禁令的救济，损害赔偿额将根据受害人的主观状态确定；采取责任规则，则意味着专利权人获得禁令的可能性低，损害赔偿额确定是客观的核定，而非经当事人间主观认定的价值与谈判实力自行协商议价。究竟采取财产规则还是责任规则，按照卡拉布雷西及道格拉斯·梅拉梅德提供的理论模式，要视专利权的交易成本而定，交易成本低则采用财产规则，交易成本高则应采用责任规则。而专利权交易成本是高还是低呢？美国学者按照交易步骤将交易成本分为搜寻成本（search costs）、议价成本（bargaining costs）及执行成本（enforcement costs）三种形式，并具体化10个因素。① 通过表5—1我们可以看出专利在这10个因素下交易成本的高低。

表5—1　　　　　　　　　专利交易成本的细分

因素		交易成本	专利交易成本
1. 产品或服务	标准	较低	较高
	特殊	较高	
2. 权利状况	清晰、简明	较低	较高
	不确定、复杂	较高	
3. 当事人数量	较少	较低	较低
	众多	较高	
4. 当事人主观意愿	善意	较高	中等
	恶意	较低	
5. 当事人关系	熟悉	较低	中等
	不熟悉	较高	
6. 交易时间	实时交易	较低	较高
	非实时交易	较高	
7. 突发状况	常有	较高	中等
	不常有	较低	
8. 行为理性	合理行为	较低	较低
	不合理行为	较高	

---

① R. Cooter, T. Ulen, "*Law & economics*", New York, Pearson, 2012, p. 14.

续表

因素		交易成本	专利交易成本
9. 监督成本	较高	较低	较高
	较低	较高	
10. 追究责任难度	容易	较低	较高
	困难	较高	

把此 10 个因素与专利权相对照，则可以发现，一部分因素涉及的专利交易成本较高；而另一部分因素涉及的专利交易成本则较低。第 1、2 项因素体现了搜寻成本和价值评估成本，每一个专利都是独特的，搜寻成本较高。近年来全球专利数量急剧增加，以至于出现了专利丛林现象，进一步提高了专利搜寻成本。专利权的范围具有模糊性，专利权的市场价值具有不确定性，专利的价值评估成本较高；第 3—8 项因素则体现了专利的议价成本，专利一般在同行业之间进行交易，交易的当事人数较少，而且当事人一般都是有市场经济理性的，从第 3、8 项因素来看，专利交易成本较低。专利交易是技术性交易，非实时交易，从第 6 项因素看交易成本较高。从第 4、5、7 项因素来看，交易成本高或低的情况都极有可能出现，因此，专利交易成本处于中等。第 9—10 项因素体现交易后的监督成本，专利交易的对象是无形财产权，其交易后监督成本和追究责任难度的成本较高。综合来看，我们无法简单得出专利权交易成本是高还是低，因而无法明确判断专利权救济强度应为财产规则还是责任规则。

路易斯·卡普洛（Lousi Kaplow）及斯蒂文·萨维尔（Steven Shavell）进一步分析了权利救济体系，对财产规则和责任规则的选择提出了自己的观点，他们认为以交易成本选择救济方式只能适用于外部不经济问题，即行为人对社会造成的伤害并非由行为人承担的问题，财产权的保护必须以财产规则保护，在侵权行为以及其他外部不经济情形下，以责任规则保护较有经济效益。① 对财产权采用财产规则的理由不是因为交易成本低，而是因为只有财产规则才能保持正常的占有物的财产秩序，否则任何静态的财产权都是不可能存在的。路易斯·卡普洛和斯蒂文·萨维尔结论是，财产规则适用于占有物的财产权；而责任规则适用于外部不经济，从而建构起以财产权、外部性二分法代替交易成本高低，作为选择财产规则与责任规则的基础。他们的理论着眼于占有物财产权具有外部性所不具有的两个特点：（1）明确的市场价格；（2）可追及性。由于占有物市场价格确定，因此不需要责任规则下的政府定价；而外部性财产权利缺少市场定价机制，需要责任规则，由政府就个案加以认定。占有物具有可追及性，财产规则能够完全实现。而外部性财产权利是无法追及的，只能按照责任规则由政府确定的赔偿。专利作为一种公开的信息，权利人并不能通过占有形式独占权利，任何人都可以加以利用，具有明显的经济学上外部性问题，但和外部性权利需要法院通过确定权利权属来主导资源的配置不同②，专利权的权利归属是明确的。专利权不具有可追及性，在遭受侵权后，专利权很难恢复到侵权行为发生前的状态。因此，将占有物财产权、外部性二分理论简单适用于专利权并不合适。

由此看来，简单地按交易成本的高低或者按占有物财产权、外部性二分理论来解释专利权侵权救济应采用财产规则或者责任规则并不恰当，但财产规则和责任规则理论提供了一种运用经济学的理论来分析财产权侵权救济选择的范式，可以成为对财产权救济进行经济分析的基本范畴，为专利权救济规则正当性的经济分析提供了方向。我们可以从权利的范围、权利特性等方面分析在专利侵权中财产规则和责任规则的选择。

专利权作为财产权，权利人拥有自己使用和许可他人使用的权利，不经专利权人的许可，任何人不得使用专利。专利权救济规则适用财产规则自然没有疑问，但是专利权具有的不同于有形财产的特征，使得专利侵权损害赔偿以责任规则作为计算损害赔偿的基础有其合理性。

---

① L. Kaplow, S. Shavell, "Property Rules versus Liability Rules: An Economic Analysis", *Harvard Law Review*, Vol. 109, No. 4, 1998, p. 713.

② 魏建、宋微：《财产规则与责任规则的选择——产权保护理论的法经济学进展》，《中国政法大学学报》2008年第5期。

首先，专利侵权纠纷的发生有不可避免性，原因是专利权利范围系由文字组成，而文字本身即具有语义解释的模糊性，当事人会对权利保护范围认识宽严不一，因此产生诉讼。行为人认为自己的行为不侵权，也就不可能事先取得权利人同意使用，只能在侵权行为被诉讼程序认定后，才能要求行为人承担损害赔偿责任。

其次，从专利权的特性方面，专利权和有形财产权同样是个人私权利，但和有形财产权不同在于其要受社会公共政策的调整，较多地关涉社会利益，权利人拥有在专利有效期间的市场排他权，倘仅仅以财产法则保护，这无疑是对权利人在许可谈判时索要高价的机会主义的激励，或者采取各种策略使正常商业协商无法进行，从而会有碍于专利技术的传播，有悖于专利法设立宗旨，为了避免此类"挟制问题"（hold-up）出现，在一定条件下，在专利侵权损害赔偿中应允许责任规则的适用。

最后，专利侵权损害赔偿方式一般有权利人所失利益、侵权人所获利益和合理许可费赔偿，选择哪种赔偿方式可以看出专利权保护政策的倾向。专利权损害赔偿额的确定相当于法院对专利权的定价，这种司法定价对专利市场交易价格有影响，若损害赔偿数额普遍较低，专利权的市场交易价格也不高，从成本效益的角度考虑，专利使用人不可能支付超出专利侵权损害赔偿额的许可使用费。

因为专利权的客体具有无形性的特点，衡量专利侵权损害赔偿额的专利权人所失利益和侵权人获利天然具有难以确定性，由于存在市场替代技术或价格侵蚀等因素，侵权行为和损害赔偿额之间的因果关系难以证明。在专利侵权损害赔偿的语境下，损害赔偿额的确定不再仅仅是一个运用事实证据证明的事实问题，更多的是一个依靠法官的自由心证酌定赔偿的法律问题。法官根据个案的具体情形，参照专利权人或侵权人的不同情况确定赔偿额。仅从专利侵权损害赔偿额由法官自由裁量酌定来看，无疑符合责任规则。

综上所述，我们可以看出，作为个人财产权的专利权，未经权利人许可其他人当然不能使用，适用财产规则自无疑义，但同时专利权具有的权利范围界限模糊、关涉公共利益等特性使专利侵权有了适用责任规则的余地。

三　专利侵权合理许可费赔偿制度中的责任规则和财产规则

专利侵权损害赔偿方式一般有权利人所失利益、侵权人所获利益和合理许可费赔偿，选择哪种赔偿方式可以看出专利权保护政策的倾向。专利权损害赔偿额的确定相当于法院对专利权的定价，这种司法定价对专利市场交易价格有影响，若损害赔偿数额普遍较低，专利权价值评估也自然不会高。专利权人所失利益是专利权人根据自己客观实施能力及专利产品市场预期确定的价值，和一般物权侵权行为相比，损害赔偿额并不能使专利权人恢复到若没有侵权应有状态，专利侵权中因果关系证明困难，所失利益赔偿由法院依心证证明，倾向于责任规则。侵权人所获利益赔偿在一定程度上相当于物上所有权救济的返还原物，因为一旦发生专利侵权，专利权人不可能恢复到侵权前的状态，专利权不具有追及性，若专利权人对专利技术的实施能力低、生产效率低，存在着许多个生产效率高的潜在侵权人，其实施专利技术的利润大于专利权人实施利润，若不允许侵权人非法获利赔偿，则不利于专利侵权的遏制。[①]

在专利侵权发生后，侵权人以合理许可费作为赔偿数额，无论是以现有的还是虚拟的许可费作为赔偿，都是侵权人可以事先侵犯权利人的专利，然后事后支付相应许可费即可的模式，体现了责任财产的规则。如果发生侵权的情况下，侵权人给付合理许可费，意味着侵权人可以先侵权，侵权的结果不过是赔偿原本应提前达成的许可费用，合理许可费赔偿允许侵权人先从其侵权行为中获得利润[②]，但仅以许可费作为赔偿额做法实际上是把侵权人和被许可人同样对待，所不同的只是使用专利及许可费数额是否事先获得权利人同意而已，这就导致专利侵权救济上的责任规则强制授权的效果，在某种程度下，不能起到预防侵权作用。

合理许可费是法律拟定的结果，如果权利人根本没有许可打算，仅仅赔偿合理许可费，其效果相当于对专利权进行私人征收和强制许可，

---

① 王文宇、郑中人：《从经济观点论知识产权的定位与保障方式》，《月旦法学杂志》2007年第8期。

② Hughes Tool Co. v. Dresser Indus., Inc., 816 F. 2d 1549, 1558 (Fed. Cir. 1987).

在同一市场竞争中，专利权人的市场竞争者有四种选择模式：生产销售非侵权的替代品、在经过专利权人授权许可后实施生产专利产品、直接侵权冒被诉风险、与权利人谈判许可费但不支付挑战专利的有效性。由于专利权公告之日起，侵权人就获得了专利技术的相关信息，他一旦决定使用专利技术，侵权人就不会再研发。第三种模式直接侵权所获得合理许可费不应与第二种模式要求授权许可费相同，因为侵权行为人的侵权行为不见得会被发现，即使被发现也不见得会走到诉讼程序。如果侵害后发现合理许可费赔偿于侵权前协商确定的许可费相同或为低，将无法达到威慑侵权的作用，也对其他不侵害他人专利的竞争者不公平。[①] 对权利人而言，仅取得侵权人本该支付的许可费，并未考虑权利人实际上其他利益的损失，例如权利人因侵权诉讼所支付的成本；侵权人提供劣质产品所产生名誉损害；若侵权人事先取得许可，可能基于合同关系负有的义务；权利人丧失了约束侵权人订立价格的利益等。专利侵权人一般是针对市场上已经成功的专利产品进行侵权，其不用承担额外的商业风险，拥有比合法的被许可人更多的优势。因此，合理许可费赔偿和一般当事协商许可费相同显然是鼓励侵权。而且，合理许可费赔偿的支付一般比商业协商许可费的支付要晚较长时间，专利侵权人在侵权时，至少会节省下许可费的利息，仅要求支付许可费会无法保护和促进技术创新。合理许可费赔偿接近专利的市场价值，但仍然不同于客观的市场价值，它仍然要考虑个案情况，比如双方是否存在市场上的合作或竞争关系，由专利权人与侵权人假设在侵权前谈判达成的许可费。

与有形财产侵权相比，专利侵权往往难以发现，主要因为专利作为一种无形的财产权，具有经济学上公共物品的性质。专利一旦被创造出来，增加一个使用单位不会造成专利创造成本实质增加。同时，专利本质上是一种信息，其传播成本很低，专利权人阻止他人使用专利成本却很高，从而导致专利权人确定侵权成本很高，仅仅以许可费赔偿会带来侵权激励。

1947 年，汉德法官提出了著名的汉德公式：损害的强度（L）、损害

[①] 朱雪忠、陈荣秋：《专利保护的经济分析》，《科研管理》1999 年第 2 期。

发生的概率（P）之乘积与避免损害所负注意义务之大小（B）相比较，以认定行为人是否已尽注意义务。如损害强度（L）、损害发生概率（P）之乘积大于避免损害发生所应注意义务大小（B），则行为人没有注意义务的过失。如果从侵权人的角度来看待汉德公式，以侵权的预期效益替换注意力的大小（B），将损害发生的概率（P）改为被判侵权的概率，并将损害的强度（L）改为被判赔偿的数额，用以说明侵权人决定侵权的成本效益考虑。如果原告获得胜诉困难或即使被判侵权，被告仍有可能未对原告的全部损害负赔偿责任，无疑增加了其侵权行为的诱因，侵权人会倾向于向侵害他人专利，而不考虑自行研发或以合法的方式要求许可授权使用。

专利侵权行为会产生典型的负外部性问题，亦即侵权人的侵权行为会为专利权人带来外部成本，而解决侵权外部性的核心问题是将这一外部成本内部化，让侵权人承担侵权行为的外部成本。在侵权人全部承担侵权行为责任的情形下，对所造成的损害予以相当的补偿时即可解决侵权的负外部性问题。

因此，在专利侵权中的合理许可费赔偿方式中仅适用责任规则是不够的，应用财产规则加以补充，赔偿数额应高于正常商业许可费，以完全弥补权利人的损失。美国法院在解释专利法规定的"合理许可费"中的"合理"二字时，强调"合理"就是实现对专利权人充分赔偿，避免强制授权，[①]从而把合理许可费赔偿提高一般的财产规则的救济水平，在计算损害赔偿时放松因果关系证明，使所失利益赔偿在一定程度上更接近于财产规则。[②]我国专利法则通过许可费的合理倍数的设置来达到相同目的。

四 专利侵权赔偿中的合理许可费制度的诉讼成本效益分析

诉讼成本效益分析下的损害赔偿计算方式可以使诉讼当事人对损害赔偿数额有可预期性，避免过度期待诉讼结果而继续无谓的诉讼，浪费

---

① Sinclair Refining Co. v. Jenkins Petroleum Process Co., 289 U. S. 689 (1933).
② Rite-Hite Corp. v. Kelley Co. 56 F. 3d 1538 (Fed. Cir. 1995).

司法资源。

从经济学的角度来看，引起专利侵权的原因是专利资源的稀缺性。专利资源的稀缺性导致了专利资源的供给和需求的矛盾，同时专利资源作为一种信息资源，具有公共共享性，有极强的外部性，专利权人并不能阻止社会公众对其的使用，天生具有导致侵权人"搭便车"的属性。对于侵权人来说，如果侵权人的侵权收益减去侵权成本，获得利润大于生产原有产品利润时，侵权对他是有效益的，那么就有发生侵权的可能。侵权人预期成本包括两部分，一是侵权产品的生产成本，由于专利外部性因素，侵权人可以轻易地"搭便车"，不必承担专利技术开发的费用，其生产的成本比专利权人要低得多。二是侵权成本，主要是侵权人被认定侵权后给付权利人的损害赔偿额。由于专利性客体的无形性，专利侵权损害赔偿认定具有天然的复杂性，比如，难以认定侵权行为和损害事实因果关系；损害认定难以量化以致损害赔偿额难以计量。侵权人常常有侥幸的心理，即使被认定侵权但赔偿额认定低，预期的侵权成本就低，发生专利侵权的可能性就会大。

对于专利权人来说，通过专利侵权诉讼是其达到制止侵权的主要方式，如果诉讼收益减去诉讼成本后还有较高的回报，那么权利人则会有可能提出专利侵权诉讼。权利人的诉讼收益主要是获得损害赔偿额，诉讼成本主要有诉讼费、调查取证费、律师费以及用于诉讼耗费的人力和时间成本。一方面，由于专利侵权损害的难以计量性，专利权人付出确定损害赔偿额的费用较高，甚至付出较高的费用也难以确定损害额，同时也必然导致权利人付出较高的人力和时间成本。而在另一方面，侵权人的行为即使被认定为侵权，但侵权损害赔偿额却认定低，权利人诉讼收益就会低，权利人提起诉讼的可能性就小。

专利侵权损害赔偿是民事权利纠纷，属于私权范畴，虽然专利侵权行为的认定及赔偿的裁判权在于法院但是没有专利权人的起诉，法院不能主动处理专利侵权赔偿。因此权利人起诉意愿的高低影响着专利侵权行为的遏制。

侵权人无利可图自然不会去侵权，这就需要加大侵权人的侵权成本；权利人可获得的诉讼利益较高，自然会有利于权利人提起诉讼。如果损害赔偿额低于损害额，那么预期损害赔偿额就比预期损害额低，当事人降低风险的激励就不足；如果损害赔偿额高于损害额，那么预期损害赔偿额就会超出预期损害额，当事人降低风险的激励就会过量。①

在诉讼中，双方当事人自我认定的赔偿额乘上诉讼获胜的概率，加上诉讼合理费用，将会得出原告在诉讼终结后获得赔偿预期值和被告付出赔偿的预期值。如果原告预期获得赔偿额不大于被告预期付出赔偿额，则双方将会选择和解结案；但如果原告预期获得赔偿大于被告预期付出的赔偿，则双方都会认为诉讼到底会得到对自己有利的结果，双方可能选择继续诉讼。②

上述经济分析，必须建立在双方对于损害赔偿额具有可预期性的基础上，因此，从诉讼经济的角度出发，专利侵权赔偿的可预期性，将是促进理性当事人迅速做出和解或诉讼的重要参考，也是避免过度诉讼达到节约司法资源、诉讼经济目的重要推动力。只有在诉讼收益高于诉讼成本时，专利权人才不会"赢了官司，输了钱"，才会有通过诉讼维护合法权益的意愿。但如果诉讼收益远远高于权利人的损害，又会引发权利人机会主义倾向，通过诉讼谋求利益。合理许可费赔偿以专利许可费为基础酌定赔偿额会更接近专利的市场价值，可以应对专利权客体无形性带来的侵权行为复杂化挑战，从而弥补专利侵权损害难以确定的天然缺陷，减轻专利人对损害举证和法院审核繁杂证据的责任，降低诉讼成本，提高诉讼效率，增强诉讼可预期性。在诉讼成本和诉讼收益之间建立平衡，既能起到遏制侵权保护合法权益的作用，又能防止专利权人恶意诉讼的倾向。

本章小结

合理许可费赔偿制度可以从伦理学、民法学和经济学的角度论证其

---

① ［美］斯蒂文·萨维尔：《法律经济分析的基础理论》，赵海怡译，中国人民大学出版社2013年版，第45页。

② W. M. Landes, "An Empirical Analysis of Intellectual Property Litigation: Some Preliminary Results", *Hous. L. Rev*, Vol. 41, No. 1, 2004, p. 749.

制度的正义性。

首先，从伦理学角度看，专利制度的构建实现了正义，创造性劳动者获得专利权，社会公众获得专利权的机会平等，创造条件尽可能使每个人获得专利权的机会实质平等，符合社会正义的分配正义要求。损害赔偿制度是通过弥补权利人所失利益实现来实现矫正正义。专利权客体的无形性，权利人难以证明所失利益和侵权获利与侵权行为的因果关系，这两种赔偿方式难以实现矫正正义。合理许可费赔偿制度减轻了权利人的举证责任，最佳地实现了社会矫正正义。合理许可费赔偿制度体现了显著的人本主义价值特点，专利权客体的本质是凝聚着创造者意志的信息，财产损害不仅仅是财产形态的物质性破坏，而且损害了权利人自主意志处分权。专利权的客体在受到侵害时没有物的价值损耗，但权利人的主观处分意志的损害却和有形财产权损害并无二致。合理许可费赔偿不考虑专利权人是否有许可的事实，也不考虑专利权人是否有许可的意愿，只要存在侵权行为，就认为权利人受到了损害，专利权人就可以要求合理许可费赔偿，在赔偿计算方面，采取的是客观标准，对实现权利人及时救济和提高司法效率都有积极的作用。

其次，从民法的角度看，合理许可费赔偿制度是信赖理论在侵权领域的运用，本质上是对未来期待经济利益的保护。按信赖理论，其他人负有不阻碍这些利益关系正常发展的默示义务，否则将承担侵权赔偿责任，合理许可费赔偿意味着社会信赖关系稳定延续的保障，体现了法的安定性，彰显了法的秩序价值。合理许可费赔偿计算方式无须证明因果关系，甚至无须证明权利人曾经许可他人使用，具有简单、可操作性强的特点，最大限度地在专利侵权赔偿领域实现了补偿功能。同时合理许可费赔偿一般高于商业许可费，剥夺侵权人的利润空间，使侵权人无利可图，从而实现预防作用。合理许可费赔偿作为损害赔偿的客观计算方法，避免了主观计算方法根据不同权利个体举证困难的窘态，以侵权人未经许可使用专利满足市场需求的客观价值合理许可作为赔偿实现了对权利人保护的周全。

最后，从经济学的角度看，专利制度应实现对社会资源的优化配置，有利社会创新和社会福利增加。专利侵权制度是社会资源的强制配置，更应符合优化的原则。侵权人以合理许可费作为赔偿的数额，即侵权人可以侵犯权利人的专利，只是事后支付相应的许可费即可的模式，体现了责任规则。但这显然会纵容侵权，所以仅适用责任规则是不够的，应用财产规则加以补充，赔偿数额应高于正常的商业许可费，以完全弥补权利人的损失。合理许可费赔偿方式简单、便捷地确定权利人损失额，增强了诉讼可预期性，将会成为促进理性当事人迅速做出和解或诉讼的重要参考，避免过度诉讼达到节约司法资源、诉讼经济目的。

第 六 章

我国专利侵权赔偿中的合理许可费制度的改进

对一项制度的改进包括改进的总体思路和具体的建议，总体思路从宏观方面把握改进的脉络，具体建议从微观方面体现改进的措施，两种缺一不可，相辅相成。

第一节 改进的总体思路

我国专利合理许可费赔偿制度的改进，有必要借鉴西方国家已经比较成熟的经验，以使我国的专利合理许可费赔偿制度更趋于合理。但借鉴的过程必须格外关注我国专利侵权赔偿制度的法治土壤和西方国家的异同，考虑国外制度移植到国内实施的实际效果等问题，对法律制度移植应采取扬弃的态度，有所取舍，才能真正发挥制度移植的最佳效果。

一 现阶段我国引进美国"虚拟谈判法"确定合理许可费赔偿的时机不成熟

在面对我国专利侵权合理许可费赔偿适用率过低，适用范围狭窄的困境，学者们提出了解决的方法，归纳起来，主要有两种观点。

一种意见认为可以用法定赔偿来解决合理许可费赔偿适用过低的问题。

如周健宇提出在法定赔偿的框架下，对无专利许可使用费供参照的专利赔偿通过价值分析和估算确定。①朱启莉把同类许可合同确定的许可费视为法定赔偿考虑的因素。②丁文枢认为将专利许可使用费列入法定赔偿的参考因素更为恰当，而《专利法》应删去"以专利许可使用费的倍数确定赔偿"的适用模式。③纪璐提出在司法实践中，合理许可费适用比例太低，且合理许可费主要依靠法院的自由裁量，和法定赔偿有相似之处，应把合理许可费纳入法定赔偿中。④

另一种意见认为应扩大我国的许可费合理倍数赔偿的适用范围，法官可以在无专利许可合同的情况下，借鉴美国的"虚拟谈判法"对合理许可费赔偿进行认定。如徐小奔认为：以假想契约为对象，从主体基准与时间基准全面参考典型缔约谈判因素，借鉴"Georgia-Pacific"案中确立的要素来确定合理的赔偿数额⑤；范晓波认为在不存在被市场普遍认可的许可费的情况下，则可综合考虑多种因素，采用通过"虚拟谈判法"确定合理许可费⑥；张玉敏、杨晓玲认为：美国在不存在已经确定的许可费的情况下，运用虚拟谈判和分析法来计算合理许可费的方法值得借鉴，由原告举证证明合理性的存在⑦；赵海涛、阎亚男认为：因侵权人而导致实施费收入的减少，一般认为假定在权利人与侵权人之间存在许可契约，并在此基础上进行许可费计算。⑧

我们基本同意第二种观点。目前法定赔偿制度在我国专利侵权损害赔偿的司法适用中同样是困境重重，实务界和司法界对其多有适用范围

---

① 周健宇：《无专利许可使用费可供参照的专利侵权损害赔偿探讨》，《当代经济管理》2012年第7期。

② 朱启莉：《我国知识产权法定赔偿制度研究》，博士学位论文，吉林大学，2010年，第56页。

③ 丁文枢：《知识产权法定赔偿制度研究》，硕士学位论文，浙江大学，2013年，第14页。

④ 纪璐：《美国专利侵权损害赔偿制度及其借鉴》，硕士学位论文，南开大学，2012年，第5页。

⑤ 徐小奔：《论专利侵权合理许可费赔偿条款的适用》，《法商研究》2016年第5期。

⑥ 范晓波：《以许可使用费确定专利侵权损害赔偿额探析》，《知识产权》2016年第8期。

⑦ 张玉敏、杨晓玲：《美国专利侵权诉讼中损害赔偿金计算及对我国的借鉴意义》，《法律适用》2014年第8期。

⑧ 赵海涛、阎亚男：《专利侵权赔偿原则问题的思考》，《政法论丛》2003年第5期。

过大，赔偿额低等诘责。我们要做的是扩大其他赔偿方式的适用，而不应取消合理许可费赔偿将其列入本来适用比例就过大的法定赔偿中。

对于目前专利合理许可费适用范围窄的困境，持第二种观点的学者提出的在不存在专利许可事实的情况下，可以参考美国"虚拟谈判法"（hypothetical negotiation approach），根据专利的市场价值等因素，确定一个合理的许可费。许可费是直接反映专利市场价值的指标，合理许可费赔偿是国际上常见的计算专利损害赔偿的方法，目前我国适用比例过低的主要原因在于适用范围过窄，可以通过扩大适用范围来达到适用比例扩大的目的。

但我国应借鉴美国的"虚拟谈判法"来确定合理许可费赔偿的观点值得商榷。美国在没有在前的已经确定的许可费可以参照的情况下，通过"虚拟谈判法"确定损害赔偿额。所谓的"虚拟谈判法"是指通过虚拟谈判拟制出双方的授权意向，在"专利有效"和"侵权存在"的前提下，衡量侵权的情况和可能授权条件，推导出专利权人在专利侵害下可以接受的合理许可费。在计算合理许可费时，需要决定许可费基础（royalty base），或是找出侵权专利的总收入集合（revenue pool implicated by the patent infringement），同时自该侵权收益集合中决定百分比，作为弥补权利人所失利益的许可费比率（royalty rate）。估算方法以假设的销售情况或者预期的收益作为依据，最后使用佐治亚·太平洋因素来调整形成合理许可费最终比率。①

1970 年的 Georgia-Pacific Corp. v. U. S. Plywood Corp 案判决书指出："虚拟谈判不发生在纯逻辑的真空中，它们涉及双方对抗的市场地位，其结果依靠的因素包括：双方相对的谈判能力；与许可收入相比，预期许可人合理认为其由于许可专利而损失的期待获利量；对于公众接受度和获利来说其发明在过去的商业能力，被开发的市场以及在类似情形下正常谨慎商人会在假想协商许可中考虑的其他因素。"② 它确定了 15 个在判

---

① D. Geradin, M. Rato, "Can standard-setting lead to exploitative abuse? A dissonant view on patent hold-up, royalty stacking and the meaning of FRAND", *European Competition Journal*, Vol. 3, No. 1, 2007, p. 101.

② Georgia-Pacific Corp. v. U. S. Plywood Corp, 318 F. Supp. 1116, 1120 – 21 (S. D. N. Y. 1970).

断合理许可费应该考虑的因素,主要包括两个方面:专利于市场上的特性及市场条件;专利为侵权人使用、销售所达到的预期效益,该案真正意义上建立了"虚拟谈判法"确定合理许可费赔偿。这15个因素被称佐治亚·太平洋因素,至今影响着美国专利损害赔偿的计算。

虚拟谈判协商许可与正常协商许可的区别在于法院在考虑赔偿时会采取很多虚拟的假设,这些假设改变了双方谈判的地位。美国学者研究了两者之间的区别[①],如表6—1所示。

表6—1　　　　　　　虚拟协商许可与正常协商许可的区别

虚拟协商许可	正常协商许可
双方都承认专利在侵权时是有效的	被许可人可能会提出无效许可
被许可人的行为被推定为侵权	被许可人通常提出其行为不构成侵权。许可人在证明侵权时可能无法确定
专利权人被推定为具有合理条款做出许可意愿	专利权人可能不会有任何条款的许可意愿
被许可人被推定为具有合理条件和补偿条款获得许可意愿	被许可人可能没有意愿以任何价格获得许可
双方当事人被推定知晓所有行业事实	双方当事人中某一方可能不完全知晓所有事实
以后事件中数据可能被用来补充过去知晓情况	双方当事人都无法推测出来

通过"虚拟谈判法"确定合理许可费赔偿,在美国专利侵权损害赔偿的司法实践的适用比例已经达到80%以上,主要原因有以下4点:(1)权利人所失利益认定比较复杂,当事人双方的争议点比较多,如果要确切证明,花费的成本很大;(2)如果要证明所失利益,常常会有揭露商业机密之虞;(3)证明所失利益的证据效力常常有争议;(4)现代社会有很多不从事专利实施的专利权人实体,在遭受侵权时也就没有所失利

---

① R. B. Troxel, W. O. Kerr, "*Calculating Intellectual Property Damages*", New York, Thomson West, 2007, p. 25.

益的损失。总而言之，权利人所失利益的证明在专利侵权中有举证困难以及诉讼时间长的困境，导致权利人无法获得赔偿的现象，使得合理许可费赔偿成为计算专利侵权赔偿的主流。

这种制度是和美国的专利司法制度紧密相关的，是在美国专利侵权损害赔偿制度的历史发展法治土壤中形成的，适合美国专利侵权损害实践。通过"虚拟谈判法"确定合理许可费赔偿的制度和我国现行的专利侵权赔偿制度并不协调，扩大合理许可费赔偿制度的适用范围是必须的，但在无特定的已经确定许可费的情况下，我国实行类似美国通过"虚拟谈判法"来确定合理许可费赔偿的时机并不成熟，也和我国现有的专利侵权赔偿制度不能协调一致，现阶段不宜引进该制度，理由如下：

1. 美国的"虚拟谈判法"确定合理许可费赔偿制度本身存在不可预测性和不可复审性的问题，这和我国专利侵权损害赔偿裁判中存在的问题有相似之处。

实际上，美国根据"虚拟谈判法"框架确定的赔偿数额往往是天文数字①，因为这种框架鼓励陪审团考虑侵权事后因素，没有排除被控侵权人的"锁定成本"（lock-in costs），例如在涉嫌侵权产品上的投资和转换到非侵权替代品的成本，从而经常导致过度估价了侵权产品的价值。② 这在一定程度上刺激了专利非实施实体的滋生。2007 年，美国国会意识到"合理许可费已经超过了失去的利润，已经成为最常见的损害赔偿的基础"③。合理许可费赔偿适用的重要性不言而喻，在美国困扰合理许可费赔偿的问题主要有以下两个方面：

（1）不可预测性（Unpredictability）

确定合理许可费赔偿参考的佐治亚·太平洋要素确立于 1970 年，距今已经有五十多年，在这期间科技技术革命迅猛发展，许多复杂的科学技术和产品层出不穷。佐治亚·太平洋要素在应对新技术案件时在某种

---

① J. W. Schlicher, "Patent Damages, the Patent Reform Act, and Better Alternatives for the Courts and Congress", *J. pat. & Trademark Off. socy*, Vol. 91, No. 1, 2009, p. 19.

② W. F. Lee, A. D. Melamed, "Breaking the Vicious Cycle of Patent Damages", *SSRN Electronic Journal*, Vol. 1, No. 2, 2016, p. 385.

③ Patent Reform Act of 2007, 110th Cong. 259 § 4 (2008).

程度上有些力不从心。

佐治亚·太平洋要素并没有提供一个连贯的框架，相反，他们只是一些重叠的因素清单，并没有给陪审团提供足够的指导如何平衡这些要素或确定他们相对的权重。[1] 这种缺乏指导性使得陪审员难以综合、协调和平衡各要素以达到合理的许可费。[2]

在确定合理许可费赔偿参考的佐治亚·太平洋要素中，当事人双方都可以从15要素中寻找出有利于自己的要素，并根据相应要素提出支持较高或较低的合理许可费赔偿的证据。对这些针锋相对的不同的损害赔偿主张，几乎没有什么司法约束。正如一位美国学者评论的那样："因为佐治亚·太平洋允许考虑几乎所有可能的相关证据，并给予被认为合适的任何权重，很难确定专家证词中的合理许可费赔偿是不可靠的，只要专家声称对佐治亚·太平洋要素表面上的坚持。"[3] 事实上，在 Georgia-Pacific Corp. v. U. S. Plywood Corp 案中的联邦法院已经认识到15要素因素的内在不精确[4]，法院认为"没有一种公式，可以使这些因素定额地以它们相对重要性或其经济意义自动转入其金钱等价"[5]。Apple Inc. v. Motorola, Inc. 案中"本法院也承认估计一个合理许可费并不是一门精确的科学"[6]。美国有学者评论"专利需要适当的保护，保护来自于

---

[1] Marine Polymer Techs., Inc. v. HemCon, Inc, No. 06 – cv – 100, 2010 WL 3070201at ∗3 (D. N. H. Aug. 3, 2010).

[2] Jorge L. Contreras & Michael A. Eixenberger, Model Jury Instructions for Reasonable Royalty Patent Damages, 57 JURIMETRICS J. 1, 8 (2016) ("From a practical standpoint, the Georgia-Pacific framework does not give courts or juries meaningful guidance concerning how the fifteen factors should be weighted or compared."); Daralyn J. Durie & Mark A. Lemley, A Structured Approach to Calculating Reasonable Royalties, 14 LEWIS &CLARK L. REV. 627, 628 (2010) ("The fifteen-factor test overloads the jury with factors to consider that may be irrelevant, overlapping, or even contradictory."); Christopher B. Seaman, Reconsidering the Georgia-Pacific Standard for Reasonable Royalty Patent Damages, 2010 B. Y. U. L. Rev. 1661, 1703 – 04 (2010) (discussing how "the Georgia-Pacific test provides juries with inadequate instruction on how to determine a reasonable royalty").

[3] C. B. Seaman, "Reconsidering the Georgia-Pacific Standard for Reasonable Royalty Patent Damages", *Brigham Young University Law Review*, Vol. 5, No. 1, 2010, p. 1661.

[4] E. E. Bensen, D. M. White, "Using Apportionment to Rein in the Georgia-Pacific Factors", *Ssrn Electronic Journal*, Vol. 4, No. 1, 2008, p. 35.

[5] Georgia-Pacific Corp. v. U. S. Plywood Corp, 318 F. Supp. 1116, 1120 – 21 (S. D. N. Y. 1970)

[6] Apple Inc. v. Motorola, Inc, 757 F. 3d 1286, 1315 (Fed. Cir. 2014).

司法机构的可预测的结果"。在缺乏可预测性的情况下，会产生有害后果，例如，由于专利非实施实体（NPES）的诉讼威胁，创新更成为一种负担。①

美国合理许可费赔偿存在一定程度的不可预测性，而此种不可预测性与专利制度激励创新宗旨是相悖的，在专利侵权诉讼中确定的损害赔偿额对专利潜在的市场价值和专利许可费用都有很强的指示功能。目前，对于合理许可费赔偿证据的认可，几乎没有明确的界限，例如 Apple Inc. v. Motorola, Inc. 案②中，联邦法院推翻了地方法院排除两种专家意见的判决，两位专家提出合理许可费的损失是由 140 个因素造成的。在联邦法院的推理中，法院解释说，损害证词的区别在于证据的权重，而不是其可受理性，因为法官的把关作用仅限于排除基于不可靠原则和方法获得的证词。然而，很难想象有着 140 个因素的两种不同的损害赔偿观点是如何都符合基于证据可靠原则的多伯特标准③要求的。在 i4i Ltd. P'ship v. Microsoft Corp. 案④中，专利权人出示了一份证据，证明合理的专利权使用费应该是 2 亿美元，依据是类似的技术许可，而被指控侵权人认为赔偿应该在 100 万到 500 万美元之间，依据是自己过去的许可。联邦巡回法院认为，陪审团在考虑这两个观点时都是有道理的。这些案例说明，对损害事实的确定者实际上不受合理许可费方面证据的限制。波斯纳法官敏锐地观察到"这些差距的大小是一个警告信号，专家或者是偏离实际，或者对合理许可费赔偿的估算仅仅是猜测，远离了专家知识的应用，

---

① J. Bessen, J. Ford, M. J. Meurer, "The private and social costs of patent trolls", *Regulation*, Vol. 4, No. 1, 2011, p. 34.

② Apple Inc. v. Motorola, Inc., No. 1: 11 - cv - 08540, 2012 WL 1959560, (N. D. Ill. May 22, 2012).

③ Daubert v. Merrell Dow Pharms., 509 U. S. 579, 593 -94 (1993) [(1) whether others can or have objectively tested the expert's technique or theory; (2) whether the technique or theory has been the subject of peer review and publication; (3) the known or potential error rate of the technique or theory when applied; (4) the existence and maintenance of standards and controls; and (5) whether the scientific community has generally accepted the technique or theory]. 69. *Id.* at 590.

④ i4i Ltd. P'ship v. Microsoft Corp, 598 F. 3d 831, 857 (Fed. Cir. 2010).

这应该是在知识范围内的一个可控的问题"①。这种不可预测性是对资源的巨大浪费,也导致专利非实施实体的滋生和泛滥。

专利非实施实体通过许可或强制执行专利来获得大部分收入,他们没有将他们的专利商业化,不出售自己产品或服务,也就不可能侵犯其他人的专利,也就不怕其他权利人的反诉和反索赔。专利侵权损害赔偿的不可预测性强化了这些专利非实施实体所享有的诉讼筹码。专利非实施实体获得巨大谈判优势的一个原因是专利侵权诉讼花费昂贵,在美国知识产权法协会(American Intellectual Property Law Association)2013 年的一份报告中,专利诉讼的诉讼费用约为 260 万美元。②

更重要的是,参与这些诉讼对被指控的侵权者构成了巨大的风险,合理许可费损害赔偿的计算通常是由陪审团决定的,他们可能容易被复杂的数字估值概念混淆。如果没有一个可预测的合理许可费赔偿的框架,专利权人可以轻易地评估专利的价值,专利非实施实体就获得了一个优越的谈判地位。诉讼的天价成本有利于被诉专利侵权者和专利非实施实体之间和解,而不再考虑证据和观点的有效性③,例如,专利非实施实体提出了 10 万美元的许可费要求,被诉专利侵权者要做出一个抉择:是花费数百万美元来捍卫一场有可能输的诉讼,还是 10 万美元或更少的支出换得事情尘埃落定?在大多数情况下,后者都是最佳的选择。对于被诉专利侵权者来说,这是一个经常重复出现的情况,而无论这些诉讼指控的有效性如何。在 Eon-Net LP v. Flagstar Bancorp 案④中,专利非实施实体起诉了 100 多个被告,指控他们侵犯了自己的与文件处理系统有关的专利。大多数被告都选择了在诉讼前和原告和解。也有被告决定为打赢官司而支付 60 万美元的诉讼费用,而这只是为了避免支付 2.5 万到 7.5 万

---

① Apple Inc. v. Motorola, Inc, No. 1: 11 - cv - 08540, 2012 WL 1959560, (N. D. Ill. May22, 2012).

② A. Haus, S. Juranek, "Non-practicing entities: Enforcement specialists?", *Social Science Electronic Publishing*, Vol. 5, No. 2, 2017, p. 145.

③ Patent Reform Act of 2007, 110th Cong. 259 § 4 (2008) ("[L] itigation concerns can encourage unreasonable posturing during licensing negotiations, as well as premature settlements simply to avoid the high cost and uncertainty of patent litigation.").

④ Eon-Net LP v. Flagstar Bancorp, 653 F. 3d 1314, 1316 (Fed. Cir. 2011).

美元的和解费。正如最近在一项关于专利非实施实体的报告中所强调专利非实施实体的专利诉讼数量在仅仅6年里就增长了526%（2006年的466件，2012年的2914件）[1]，但不幸的是根据统计数据，专利非实施实体获胜率只有8%，与其他主体40%的胜诉率相比要低得多[2]。但由于和解的成本更低，受经济利益驱动的被诉侵权人会让步，选择与侵权人和解，因此专利非实施实体往往会实质性地获得利益。[3]

在当前制度下，当事人无法评估专利诉讼的价值，从而决定是否通过和解或提起诉讼解决纠纷，显然这种制度是无效率的，是与专利制度的根本宗旨相悖的。正如美国学者评论："清晰可预见的专利损害规则，将导致公平损害赔偿，有利于后来的发明者改进现有发明。"[4]

（2）不可复审性（No reviewability）

由于陪审团不能将其决定的结果和相关因素联系或如何权衡这些因素，使得佐治亚·太平洋框架下的合理许可费具有难以预料、不可复审的"黑箱"判定（black box determinations）。[5] 合理许可费赔偿制度除了不可预测性之外，也几乎不可能充分审查损害赔偿的证据。2014年联邦巡回法院的撤销率已经接近50%，这种撤销往往是因为合理的专利损害赔偿是由错误的方法和不相关的或不被认可的证据造成的，因此"不受支持"。[6] 在佐治亚·太平洋要素原则下的不可复审证据的认可使得联邦法院的撤销越来越普遍。合理许可费赔偿的证据几乎是不可能审查的特

---

[1] "A Report on the Litigation Industry's Intellectual Property Line of Business", http://www.triallawyersinc.com/updates/tli_update11.html（lastvisited Oct. 19, 2017）archived at http://perma.cc/AW6M‐WQNT.

[2] Yeh, T. Brian "An Overview of the Patent TrollsDebate", *Congressional Research Service*, Vol. 12, No. 1, 2013, p. 12.

[3] C. V. Chien, "Startups and Patent Trolls", *Social Science Electronic Publishing*, Vol. 2, No. 1, 2012, p. 6.

[4] M. J. Hasbrouck, "Protecting the Gates of Reasonable Royalty: A Damages Framework for Patent Infringement Cases", *J. Marshall Rev. Intell. Prop. L*, Vol. 11, No. 1, 2011, p. 192.

[5] Lucent Techs, Inc. v. Gateway, Inc, 509 F. Supp. 2d 912, 940（S. D. Cal. 2007）

[6] R. E. Dodge, "Reasonable Royalty Patent Infringement Damages: A Proposal for More Predictable, Reliable, and Reviewable Standards of Admissibility and Proof for Determining a Reasonable Royalty", *Indiana Law Review*, Vol. 48, No. 3, 2015, p. 23.

性强化了不可预测性,因为证据和相应的佐治亚·太平洋要素的连接不需要对应的数值评估就可以提出赔偿意见。有学者注意到,佐治亚·太平洋要素"可以很容易地被事实上的操纵者操纵以达到几乎任何结果"[①],因为法院没有明确有意义的指导来决定一个因素权重超过另一个因素,陪审团也不需要给予的每个要素的相应权重来支持裁决。

波斯纳法官观察到"关于损害赔偿专家证人提出的证据似乎没有像处理责任问题的专家证据要求高"[②]。在 Revolution Eye ware,Inc. v. Aspex Eye ware,Inc 案中,地区法院拒绝否决陪审团就损害赔偿做出裁决,陪审团不需要报告所采用的价格、侵权单位数量或价值计算百分比。

根据陪审团审议规则,法院不能说陪审团裁决是不一致,法院也不能从与佐治亚·太平洋要素有关的专家证词中收集相关的因素权重。[③] Revolution Eye ware 方面的专家使用的一个例子是考虑佐治亚·太平洋要素因素3:可比许可是非排他性许可,因此比实施的独家许可中专利许可费要低[④]。法院认为这一定性断言与其他类似评估的因素一样,足以作为充分的证据,以支持5%合理许可费率。[⑤] 尽管这只是一个推断性的事实,这同样是一个有代表性的例证,被认为是足够充分可以接受陪审团的合理许可费的赔偿裁决。[⑥]

根据以上分析我们可以看出在专利侵权损害合理许可费赔偿中,中美两国存在比较相似的问题,一方面,我国专利侵权损害赔偿数额的论

---

① Seaman, B. Christopher, "Reconsidering the Georgia-Pacific Standard for Reasonable Royalty Patent Damages", *Brigham Young University law review*, Vol. 5, No. 1, 2010, p. 1661.

② John Bone et al, *An Interview with Judge Richard A. Posner on Patent Litigation*, SRROURNAL, http://www.srr.com/article/interview – judge – richard – posner – patent – litigation (last visited Dec. 16, 2017), *archived at* http://perma.cc/K9LJ – PZ9L.

③ Revolution Eye ware, Inc. v. Aspex Eye ware, Inc., No. CV 02 – 1087 – VAP, 2008 WL6873809, at *10 (C. D. Cal. Apr. 24, 2008).

④ Revolution Eye ware, Inc. v. Apex Eyeware, Inc., No. CV 02 – 1087 – VAP, 2008 WL6873809, at *7 (C. D. Cal. Apr. 24, 2008).

⑤ Revolution Eye ware, Inc. v. Aspex Eye ware, Inc., No. CV 02 – 1087 – VAP, 2008 WL6873809, at *8 (C. D. Cal. Apr. 24, 2008).

⑥ Revolution Eye ware, Inc. v. Aspex Eyeware, Inc., No. CV 02 – 1087 – VAP, 2008 WL6873809, at *6 (C. D. Cal. Apr. 24, 2008).

证过程简陋，同样存在不考虑各个因素在侵权损害赔偿中的权重，存在"千判一律"的"讲套话"的现象，在判决书采取这种大而化之的、简单罗列应考虑因素，并未对相关考虑因素展开评述，由此确定的赔偿数额显然谈不上严谨，缺乏规范性和合理性。

另一方面，法院在判赔过程中缺少论证，在一定程度上使判赔的结果难以捉摸，原告的诉讼请求与法院最终判决赔偿额有一定的差异，在2008—2012 年的专利侵权案件中，权利人经济损害赔偿诉求平均金额为50.1 万元，法院判赔的平均金额仅为15.9 万元，法院对专利侵权的判赔支持度平均为36.80%，依据"法定赔偿"所确定的获赔额均值和判赔支持度均值一般都低于适用其他确定标准时的水平。[1] 有学者通过模型回归分析，自变量"损害赔偿请求额"对于变量"获赔额"显著性的影响非常小，相关系数只有0.008，相当于原告损害赔偿侵权额每增加100 万元，实际获赔额只增加8000 元，这意味着无论权利人认为自己遭受了多大的损害并侵权赔偿，其诉讼请求额的高低对于法院判赔额几乎没有影响。[2] 法院的判决缺乏预期性，将使权利人通过诉讼解决侵权的动力减退，刺激了专利侵权行为，有碍于科技创新。

我国法院若采取美国的"虚拟谈判法"确定合理许可费赔偿是否会消除目前专利侵权损害赔偿的弊端，是否会避免目前美国专利合理许可费赔偿的困境，值得探讨。

2. 美国的"虚拟谈判法"确定合理许可费赔偿制度和我国现行的专利侵权损害赔偿的法定赔偿制度在适用过程中存在冲突。

美国确定合理许可费赔偿的"虚拟谈判法"和我国的法定赔偿制度在设立目的、确定赔偿额应考虑因素、适用前提条件等方面存在相同或相似之处，因此在我国已经存在法定赔偿制度的前提下，再适用美国式的"虚拟谈判法"，其适用过程必定和法定赔偿存在重叠之处。

（1）两种制度的设立目的基本相同

---

[1] 詹映、张弘：《我国知识产权侵权司法判例实证研究——以维权成本和侵权代价为中心》，《科研管理》2015 年第 7 期。
[2] 张陈果：《专利诉讼"权利救济实效"的实证分析——兼评中国专利法修订的成效与未来》，《当代法学》2017 年第 2 期。

我国法定赔偿的设立目的是确保受到侵害的权利人获得充分的救济，侵权行为得到遏制，同时降低无效的诉讼成本支出，减少诉讼成本，提高诉讼效率。① 美国《专利法》第284条规定，法院判予原告的损害赔偿至少不得少于侵权人使用专利所应支付专利权人的合理许可费。在 Georgia-Pacific Corp. v. U. S. Plywood Corp. 案件说明中，合理许可费赔偿的性质在于专利权人无法举证证明所失利益时，仅系确保专利权人取得的损害赔偿设立一个底限。合理许可费赔偿制度在美、德等国广泛应用，他们认为这是最简捷、最容易操作，也是公平、合理的赔偿方法。可见美、德等国的合理许可费赔偿制度和我国的法定赔偿制度设立的目的基本相同，一是为了保障权利人不会因举证不充分或不能而不能获得赔偿；二是提高审判效率，减少审理期限的延长。

（2）两种制度的适用前提基本相同

美国专利侵权损害赔偿的实践中，在专利权人的所失利益难以确定时，专利权人可以请求不低于合理许可费的赔偿额。在确定合理许可费赔偿时，法院会首先考虑在先的已经确定的许可费，在没有满足条件适用的在先已经确定许可费时，将通过"虚拟谈判法"确定合理许可费赔偿额。目前美国单独适用在先已经确定许可费很少，大多数适用"虚拟谈判法"确定合理许可费赔偿。我国专利侵权损害赔偿方式有严格的适用顺序，只有在顺位在前的赔偿方法不能适用时才会适用在后的赔偿方式，合理许可费赔偿是指权利人所失利益、侵权人获利不能适应的情况下才可以适用，而法定赔偿则是在合理许可费赔偿不能适用时才可以适用。目前我国合理许可费赔偿的适用范围仅限于在先的已经确定的许可费。

美国专利损害赔偿制度中并没有类似中国的法定赔偿制度，他们可以从容设计主要依靠法官自由裁量的"虚拟谈判"法来确定合理许可费。而如果我国也建立通过类似"虚拟谈判"法来确定合理许可费的制度，那么此种设计的合理许可费制度和在后的法定赔偿制度之间将难以存在界限，因为法定赔偿的适用前提也是无许可费可以参照。法官在实际裁

---

① 李永明：《知识产权侵权损害法定赔偿研究》，《中国法学》2002 年第 5 期。

判中将无所适从，不可能准确选择适用何种制度。

美国是判例法国家，法院经过长期的司法沉淀具有较高的裁判素养和丰富的裁判经验，可以熟练地运用自由裁量权结合相关因素考虑确定赔偿。陪审团具有权限决定合理许可费赔偿的基础和范围，当原被告提出相关的合理许可费数额时，陪审团从双方的证据中选取其认为较为合理者作为合理许可费数额认定依据，而不能采用不合理、纯粹推测的证据。而我国是成文法国家，法官裁判有成文法的路径依赖，专业的知识产权法院建立不久，法官的学识和经验是否可以承担起主要运用自由裁量权认定合理许可费赔偿的任务是值得考虑的。我国已经实行多年的法定赔偿是依靠法官的自由裁量来确定赔偿额，其实施效果已经遭到广泛的质疑。如果在无特定的已经确定许可费的前提下，引进类似美国的"虚拟谈判"法确定合理许可费的制度，恐怕也难逃法定赔偿的命运。在我国目前具体的专利侵权裁判现实下，扩大合理许可费的适用应考虑设计有较为明确的裁判基础、易操作的标准。

（3）两种制度都要求自由裁量权的充分运用，在确定赔偿额应考虑的因素有相同或相似之处

美国目前单独适用已经确定的许可费为基础确定赔偿额已经非常少见，虚拟谈判法为大部分判决所采用，通过虚拟许可假设出双方的许可意向，在专利有效和侵权成立的前提下，衡量侵权的情况和可能许可的条件，假设出双方都可接受和同意的许可费，作为侵权人的损害赔偿额。[①] 1970年Georgia-Pacific案中确定了15个应该考虑的因素，主要包括两个方面：专利于市场上的特性及市场条件，包括该专利以往及现在的许可情况、行业惯例以及类似专利的许可情况、专利权人的许可政策以及专利权人和被许可人之间的关系；专利为侵权人使用、销售所达到的预期效益，包括预期侵权获利，该专利与非专利产品或方法具有的实用性及不侵权的替代物的情况、附带产品的销售及获利、该专利的改进以

---

① 张乃根：《美国专利法：判例与分析》，上海交通大学出版社2010年版，第45页。

及利润的分割、该专利在市场上取得成功及专利有效期。① 根据我国《专利法》第 65 条规定，法院可以"根据专利权的类型、侵权行为的性质和情节等因素，确定给予一万元以上一百万元以下的赔偿"。可见我国侵权损害法定赔偿考虑的因素包括权利人方面的因素和侵权方面的因素，权利人方面的因素可能包括权利类型、权利稳定情况、权利使用情况、市场价值、剩余保护期限等；侵权方面的因素包括主观过错、行为情节、侵权类型、地域时间范围等。②

可见，两者在确定赔偿额时考虑的因素大致相同，都主要从专利的本身属性和侵权行为的属性以及专利许可费等方面考虑赔偿额。

在指导专利侵权损害赔偿的我国地方性司法文件中，法院被要求在法定赔偿阶段考虑专利许可费。如浙江省高级人民法院颁布的《关于审理侵犯专利权纠纷案件适用法定赔偿方法的若干意见》第 6 条第 11 项的规定③，上海市高级人民法院颁布的《关于知识产权侵权纠纷中适用法定赔偿方法确定赔偿数额的若干问题的意见》第 8 条第 3 项和第 4 项的规定④、江苏省高级人民法院 2005 年颁布的《专利侵权纠纷中适用定额赔偿的规定》第 6 条的规定⑤。三地法院都要求把许可费作为法定赔偿的参考因素之一，虽然具体内容并不相同，浙江高院要求的是"同类的合理许可费"，上海高院要求的是"侵权发生时的合理许可费"，江苏高院要求的是"合理的许可使用费"，但都明确规定在法定赔偿中要考虑许可费。最高人民法院认为，可以参考许可费、行业一般利润率、侵权行为的性质、持续时间、当事人的主观过错等因素，酌定

---

① N. Petrov, "What is Reasonable? Royalty Calculation in Patent Litigation and Competition Law: Balancing Compensation and Limitation Considerations", *Social Science Electronic Publishing*, Vol. 41, No. 1, 2016, p. 76.
② 周晖国：《知识产权法定赔偿的司法适用》，《知识产权》2007 年第 1 期。
③ 第 6 条第 11 项：适用法定赔偿方法确定赔偿数额时，应当综合考虑以下因素：(11) 同类专利的合理转让费、许可费。
④ 第 8 条第 3 项和第 4 项：专利侵权诉讼中，可以根据以下因素衡量专利权利的价值：(3) 侵权发生时的合理转让价格、合理许可费用；(4) 专利使用许可的种类、时间、范围。
⑤ 第 6 条：适用定额赔偿办法时，应当根据以下因素综合确定赔偿数额：(4) 合理的转让费、许可使用费等收益、报酬。

计算赔偿所需的其他数据，公平合理地确定赔偿数额。在司法实践中也出现了不少法院在适用法定赔偿时参考了许可费的案例。① 有些学者认为在法定赔偿中考虑的因素应包括许可费，如朱启莉认为：法定赔偿中应考虑"同类产品在同类条件下合理的转让费、许可使用费"②；徐聪颖认为：出于审慎裁判的考虑，大多数法院并不会直接将原告提交的专利许可使用费证据作为判赔的基础标准，而是将其作为法定赔偿的参考因素之一。③

法定赔偿阶段考虑许可费因素和美国"虚拟谈判法"确定合理许可费的佐治亚·太平洋要素中的有关专利于市场上的特性及市场条件的因素相吻合，如第1要素至第6要素：已经确定的许可费；相似专利许可费；授权范围与限制；专利权人的独占地位；专利权人与被许可人之间关系；授权期间。有学者研究也发现在美国确定合理许可费的佐治亚·太平洋案中15要素中的第5到第11要素和我国法定赔偿应考虑的因素存在高度重叠。④

可以看出美国通过"虚拟谈判"法确定合理许可费和我国法官确定法定赔偿额存在一定的趋同性。

3. 我国的科技创新和专利竞争水平与美国还存在差异，不宜直接、完全移植美国专利侵权合理许可费制度，向美国的高赔偿额看齐。

科技创新的竞争已经成为世界主要国家直接的竞争，高新专利技术产业的竞争已经成为科技创新的制高点。世界主要国家都加紧进行新一轮的技术革命和新技术产业的创新，美国的再工业化、日本的再兴战略、德国工业4.0和中国的2020创新性国家等莫不如此。我国高新技术产业的发展顺应全球产业发展趋势，是推动产业结构升级、加快经济发展方

---

① 参见（2015）济民三初字第976号；（2015）粤高法三终字第181号；（2014）淄民三初字第6号；（2014）济知民初字第77号；（2014）宁知民初字第228号；（2014）浙甬知初字第121号；（2013）皖民三终字第00079号等。

② 朱启莉：《我国知识产权法定赔偿制度研究》，博士学位论文，吉林大学，2010年，第56页。

③ 徐聪颖：《我国专利权法定赔偿的实践与反思》，《河北法学》2014年第12期。

④ 李小武：《论专利法中法定赔偿制度的终结》，《电子知识产权》2015年第10期。

式转变的重大举措，对经济增长和改善民生也有重大意义。

我国实行创新型国家建设战略以来，取得世界瞩目的创新成绩[①]，但我们更应该看到，我国是发展中国家，相对于美国等科技发达国家，科技创新整体水平并不高，仅在某些领域取得领先水平，许多创新活动依然是初步的，比如缺乏核心技术依然是我国科技创新和发展的短板，还有不少行业处于全球产业链的低端，我国是制造业的大国，还不是制造业强国，不少企业还不具备核心竞争力、自主创新能力。

美国作为科技创新和专利竞争水平较高的国家，倾向于采取专利权的强保护，其专利侵权损害赔偿额也较高。而我国作为科技创新水平发展中国家，如果直接采取美国专利强保护政策，向美国的高额专利侵权赔偿额看齐，实际上会有害于我国的科技创新和国际高科技专利竞争。赔偿额应和国家的科技、经济发展水平相适应。我国专利侵权损害赔偿额总体偏低，我们应采取逐步和渐进的步骤提高，而不能一蹴而就，不是赔偿额越多越好。

实际上，美国专利侵权高额的合理许可费赔偿在美国国内也受到批评[②]，高额专利侵权赔偿额成为美国大量"专利螳螂"肆意横行的诱因，在某种程度上，美国专利侵权高额赔偿造成了专利制度的异化和诉讼制度的滥用，阻碍了创新。目前美国已经开始考虑通过降低赔偿额，比如，未实施专利的赔偿额只能获得名义上的赔偿[③]，以及限制禁令的发布等措施来解决"专利螳螂"问题。虽然因为我国专利侵权赔偿额总体偏低，目前还不存在类似美国的大规模"专利螳螂"问题，但并不意味着随着

[①] 比如：2018年前5个月，我国高新技术制造业增加值同比增长12%，比规模以上工业高5.1个百分点；高技术制造业投资36727亿元，同比增长9.7%，比全部制造业投资高出4.5个百分点。另外，新兴领域亮点频现，今年前5个月，集成电路制造业投资增长28.1%，半导体分立器件制造业投资增33.1%，工业自动控制系统装置制造业投资增长31.6%，通信系统设备制造业投资增长30.5%；同时，大数据国家工程实验室和重大工程顺利实施，国家大数据综合试验区建设取得积极成效，数字经济加速推进。参见董希淼《高新技术产业成国际竞争制高点》，《中华工商时报》2018年7月12日第3版。

[②] H. Jeon, "Patent infringement, litigation, and settlement", *Economic Modelling*, Vol. 11, No. 1, 2015, p. 99.

[③] Liivak, Oskar. "When Nominal is Reasonable: Damages for the Unpracticed Patent", *Boston College Law Review*, Vol. 56, No. 3, 2014, p. 56.

我国专利侵权赔偿额的提高永远不会出现此类问题。

美国的专利合理许可费赔偿制度以其赔偿额高成为我国的借鉴，但我国也应对该制度引发的问题应保持足够的警惕，尽量避免我国在专利侵权赔偿额提高的同时出现"专利螳螂"等专利诉讼滥用问题。

二 我国专利侵权合理许可费赔偿中法官自由心证应充分呈现

侵权责任法赋予了权利人的损害赔偿请求权，以填补权利人的损失，但按照一般举证规则，权利人欲请求侵权人承担赔偿责任，需有证据证明自己遭受损害的事实以及所主张的损失数额，若未达到诉讼法所要求的证明标准，则无法获得赔偿。在专利侵权损害赔偿的实际中，侵权行为不会导致有形的损害从而产生直观的物质性损害，专利权人难以将自己的损害通过客观的载体展现于公众，难以证明自己因此遭受多少损害。侵权损害的特征恰恰是权利人在很多情况下难以证明损害以及损失额。对此，不能将"谁主张，谁举证"固化为教条，使侵权责任法的立法目的落空，因此需要探寻解决问题的路径，使法律规范走向司法实践。

如果在单一的个案中，权利人无法证明损失额，依据程序正义原则驳回起诉尚属正义，但在一些案件中，权利人因为客观的原因或障碍而无法证明损害额，因受限于固化的举证责任而无法获得赔偿就是对实质正义的严重背离。《美国侵权行为法重述》（第二版）第912条评论"法律并没有一般性地要求，受害人应以相似的确定性证明，其因侵权行为而遭受伤害的程度。人们期望，除非原告能证明受指控者的行为导致其伤害，而该证明具有合理的确定性，否则，不应要求其承担责任。人们还期望，应在合理的限度内尽可能地确定证明损害。但人们更期望，一个受到伤害的人，不能仅仅因为他不能充分确定地证明其受到伤害的程度，就被剥夺获得实质性赔偿的权利。"由此可见法院对损害赔偿金的确定，一般拥有较大的自由裁量权，其不受一般证据法规则的限制，只要法官认为可能导致损害，就可以决定赔偿。

为了破除这一困境，许多国家在立法规定或司法实践上将损害赔偿数额的确定交由法官根据个案具体情况运用自由心证来确定。法国、德国、奥地利、日本和我国台湾地区对此情况做出了特别的规定。《德国民事诉讼法》第287条规定："当事人对于是否有损害、损害的数额已经应赔偿的利益颇有争论时，法院应考虑全部情况，经过自由心证，对此点做出判断。"在其立法理由说明中提道："在损害赔偿中，若严格要求受害人证明损害或额度，不仅容易导致诉讼迟延，而且在依损害性质，难以或不能算定损失额时，将使损害请求权实际上陷于无从实现的状态。"可见避免实体法上的损害赔偿权的无法实现，是自由心证制度确定的理由。1996年《日本民事诉讼法》第248条规定："在已经认定损害发生，依据损害的性质证明其数额极为困难时，法院基于辩论及调查证据结果，认定相当之损害额。"日本仅仅赋予法官在损害已经认定的基础上酌定赔偿额的权利，相较于德国法官不仅可以酌定损害赔偿，也可以酌定损害的发生显得保守和谨慎。

我国台湾地区"民事诉讼法"第222条第2项规定："当事人已证明受有损害而不能证明其数额或证明有重大困难者，法院应审酌一切情况，依所得心证定其数额。"我国台湾地区的规定和日本基本一致，在承认法官自由心证的基础上又对其范围有所限制，只能在损害已经确定发生的基础上酌定损害赔偿额。这种方式符合我国大陆地区的实际，值得借鉴。

从损害本质而言，根据差额说，受害人不仅要证明导致损害的基础事实，还要证明其权益受到不利益所导致的差额。依组织说，只有受害人证明了客观的损害，无须证明损失数额，即可以获得赔偿。组织说虽不需证明损失的数额，但还要证明自己遭受了具体的损害。专利侵权损害的是可得利益，难有具体的损害，显然差额说和组织说都不能适应专利侵权损害赔偿的逻辑。而依规范说，只要证明权益受到侵害就应获得救济，并不需要确切证明受到客观的毁损，这非常契合专利侵权损害的现实，专利权人证明侵权人非法侵害了自己的专利权，即等于证明了损害事实，至于具体的损失数额，权利人可以具体证明，若无法证明也不能驳回权利人的诉讼请求，法官应自由酌定一个赔偿额。

我国专利侵权损害赔偿的司法裁判文书中往往注重专利侵权行为构成的论证，对损害赔偿的确定往往寥寥数语，一笔带过。在我国专利侵权损害合理许可费赔偿的"倍数"确定过程中，法院一般仅仅罗列考虑的因素，甚至完全照搬司法解释要求参考因素的内容，很少有法官论证自由心证确定赔偿额的过程，当事人很难看出参考因素对判决数额的影响，因此裁判的结果也难以服众，难免影响司法公信力。形成这种现象的原因既有专利侵权的客体是无形财产，无形财产的损害天然具有难以确定的特点，影响赔偿额的因素相对有形财产而言要复杂烦琐得多，也和法官不愿自由心证、即使心证也不愿意公开过程有关。

我们实务界和学术界均已经认识到权利人"举证难"事实存在，且是造成"赔偿低"的主要原因之一，而"举证难"是导致这一结果的关键因素。从解决"举证难"入手，破解"赔偿低"问题，建议改革和完善专利侵权诉讼证据规则，适当加大被告的举证责任，减轻权利人的举证负担，构建证据妨碍、证据披露、法院调查取证等制度来保障侵权损害证据的获得也成为专利法第四次修改关注的重点。但现实情况却不容乐观，一方面我国企业信用环境制度不是很健全，公司治理水平不高，中小企业一般难有完备的财务资料①，专利转化率低导致专利许可合同不多。有学者通过实证研究，发现目前我国个体工商户和小微企业是知识产权案件的主要发起者（超过 6 成），且大多集中于传统的快速消费品和耐用消费品领域，这两类产业相关案件所占比重达到 67.2%，从而使得专利侵权案件中的平均赔偿额较低。② 因此导致举证难困境的一个重要的方面可能是当事人无证据可举，设立各种举证规则并不一定有利于解决这个问题。另一方面，纵然权利人可以通过举证妨碍等程序取得证据，但侵权人亦可以以可能造成商业秘密泄露为由而抗辩，损害赔偿额的认定仍然是专利权人在诉讼中的举证负担。

从证据获取的角度考虑证据规则制度的构建，改变"举证难"的状况，使举证变得相对容易，加强证明责任的思路，只是问题的一个方面。专利侵权损害赔偿额难以确定的问题存在两个层面：一是确定损害赔偿数额的客观标准问题，是静态化的裁判规范标准；二是损害赔偿数额的主

---

① 詹映、张弘：《我国知识产权侵权司法判例实证研究——以维权成本和侵权代价为中心》，《科研管理》2015 年第 7 期。

② 李黎明：《专利侵权法定赔偿中的主体特征和产业属性研究——基于 2002—2010 年专利侵权案件的实证分析》，《现代法学》2015 年第 4 期。

观证明问题,是法官主观动态化的证明过程。法官自由心证的目的是给权利人提供救济,将专利侵权诉讼从完全的当事人主义、举证责任中解放出来,避免权利人的损害赔偿请求权在司法现实中成为一纸空文。法官在判决中应表明自己对证据的判断和取舍,对采纳的证据,应分析证据内容与损害赔偿之间的关系,使证据的认定与损害赔偿额的确定之间有一定的因果关系,增加判决的说服力。

我国目前专利侵权损害赔偿诉讼中法官基本采取法定证据原则,对证据认定过于严苛。法院在审查许可合同的真实性和合理性时,如双方当事人存在公司法上的关联等利害关系,法院一般把许可合同是否备案作为合同有效的要件等。我国民事诉讼法只是规定利害关系人提供的证言不能单独作为案件事实的依据,并不意味着所有涉及利害关系人的证据都可以不予认定,如果结合其他证据,完全可以达到补强的作用。我国合同法也从没有把合同的备案作为合同有效的条件,法院的做法其实是把认定合同真实的责任推给合同登记备案机关。许可合同是否可以作为合理许可费赔偿的基准,在于其是否真实地反映了专利的市场价值,而不在于合同的形式。合同要约在美国也可能成为合理许可费的证据,虽然其证明力很低。①

法院目前这种对待有关许可合同证据简单的做法,固然有我国目前诉讼环境诚信不强而对当事人提交的许可合同保持相当的警惕外,也有法院劳神费力考虑各种因素确定许可费的事实,当事人却不一定满意而上诉,而在法定赔偿中法官对赔偿数额的确定拥有更大的自由裁量权,使得法官对自己的判决有着更多的自信的原因。

我国最高人民法院《关于民事诉讼证据的若干规定》第64条规定:"审判人员应当依照法定程序,全面、客观地审核证据,依据法律的规定,遵循法官职业道德,运用逻辑推理和日常生活经验,对证据有无证明力和证明力大小独立进行判断,并公开判断的理由和结果。"该条规定宣示了有中国特色的自由心证证据制度,在借鉴德日等国有关自由心证

---

① Deere Co. International Harvester Co, 710 F 2d 1551, 218 U.S. P.Q 481, 13 Fed. R. Evid. Serv. 1443 (Fed. Cir. 1983).

制度先进经验的基础上,确立和发展了我国法官审查判断证据的原则。这项规定有两种意义,首先双方当事人对同一事实举证证据相反,但都没有达到充分否定对方证据的情况下,法院可以自由心证结合案件的情节对双方证据的证明力高低进行自由裁量;其次是当比较双方证据证明力高低的结果一经确定,即采用证明力较大的证据作为认定事实的依据。此项规定明确地将盖然性作为民事证据证明的依据,即根据事物发展的概率来判断案件的事实,借以评价证据,运用已经确定的事实联系其他合理性因素从而对案件的整体事实做出可能性较大的确定。此高度盖然性原则是为当今法院在面临证据与案件的事实的认知达不到客观真实程度时,所采取的方式。该原则要求的具体内容包括两个方面内容:(1)法院对双方当事人所提供的证据进行对比、分析、衡量后,认为某方当事人对其主张事实所提供的证据较对方所提供的证据更符合客观事实时,因其所提供的证据更能使人相信其所证明的事实,法院即基于该证据所证明的事实予以认定并做出判决。(2)当法官运用高度盖然性原则对案件进行裁判时,必须依赖丰富的法学理论和实务经验,并且要秉持公正态度衡量双方当事人所提供的证据。

专利侵权损害赔偿诉讼中,由于专利权不同于传统财产权的特点,原告所受损害的事实已经获得证明,但不能证明损害的数额或证明有重大困难是常见的情况,如果仍强令原告举证证明其损害数额,则对于原告过于苛刻,不利于权利保护。

法官自由心证本身是以探求客观事实为目的,而不是否定客观事实,依高度盖然性确定的事实是据证明力较高的证据所认定的事实,不一定与客观事实一致或相近,是法律事实,两者之间只有程度上的不同,没有实质上的差异。法官在裁判过程中,让双方当事人提出对己有利的证据,并适度依职权调查取证,以增加合理许可费赔偿适用的合理空间,同时提高判决的可预测性。对于运用法官的"自由心证"确定的合理许可费赔偿数额,应允许被告举出反证推翻法官裁量的结果,以避免专利权人获得过度的赔偿。

合理许可费赔偿并不是一种具有科学性与严密性的损害赔偿认定方式,其认定过程具有自由裁量性。为了避免法官自由心证的过程出现恣意的裁判，自由心证应受证据法则、经验法则等的约束，其要求考虑各方面涉案因素，不受制于专利侵权损害自身特性带来的举证困难，以尽量准确推断侵权行为造成的损害，达成程序法和实体法的结合，最终实现对权利人的救济和社会公平正义。所以在探讨专利侵权合理许可费损害赔偿制度的同时，完备的民事证据法则，包括自由心证制度的建立是必须的，否则，纵有再精细的专利侵权赔偿制度的设计，也难以解决酌定赔偿的难题。

第二节 具体的改进建议

根据我国专利侵权合理许可费赔偿制度存在的问题，本节从合理许可费适用模式、适用范围、适用的参考因素等方面提出具体的改进建议。

一 灵活适用合理许可费赔偿模式

现阶段，我国专利侵权合理许可费赔偿制度在适用模式方面存在许可费适用顺序固化、适用模式单一的问题，本书认为应采取以下改进建议。

（一）允许权利人自由选择专利侵权合理许可费赔偿模式

我国现行专利侵权损害赔偿制度规定的适用严格顺序受到学者们的批评，王迁、谈天、朱翔[①]认为我国对三种计算方式的次序规定不利于保护权利人：实际损失必须要和证明侵权行为和原告销量减少之间的因果关系，只有在权利人和侵权人在同一市场竞争，且产品可以相互替代才可以适用，因而适用很少；侵权人获利产品销售价格低，因此计算所得也低；合理许可费在我国背景下是最适合保护权利人的，但因为我国赔偿方式的适用顺序，能证明侵权获利，就不能适用合理许可费，不利于保护权利人利益。

---

① 王迁、谈天、朱翔：《知识产权侵权损害赔偿：问题与反思》，《知识产权》2016年第5期。

本书认为我国现行专利侵权损害赔偿方式适用严格顺序过于僵化，理由如下：

1. 赔偿方式应是当事人诉讼请求的范畴，而不仅仅是法官适用法律的问题。

传统侵权损害赔偿的基本原则是填平原则，损害赔偿制度的功能设计就是围绕权利人的损失，但在专利侵权中，权利人的损失往往难以确定，法律则推定侵权人获利为权利人损失，在侵权人获利难以确定的情况下，则直接拟定合理许可费赔偿为权利人所失的损失，这种拟定和前一种计算方法侵权人获利所采用的是对权利人因侵权所受损失的推定一样，都是对权利人因侵权所受损失这一损害填补原则的细化和运用。如果从现行法律的规定、从合理许可费赔偿制度的性质等角度出发考虑，仅仅考虑法官适用法律的问题，无疑是有合理性的。但侵权赔偿归根到底是对权利人私权利的保护，选择何种赔偿方式应属于权利人可以自由决定的诉讼请求范畴，这种通过与权利人损失的距离远近来确定适用先后顺序的观点无疑存在片面之处，因此应赋予权利人以完全的选择权，自由选择赔偿的方式。权利人出于诉讼效率考虑，有可能直接请求按合理许可费赔偿，从诉讼权利的角度来看，权利人是可以选择自己的诉讼请求的，但在现行的专利侵权损害赔偿制度下，法官仍然会首先依次考虑权利人的损失和侵权人获利，权利人难以达到提高诉讼效率的目的。

2. 专利侵权赔偿的适用的严格顺序有可能不能恰当配置当事人之间的利益，不能实现矫正正义。

我国现行专利侵权损害赔偿适用的严格顺序要求在前一种赔偿方式可以确定的情况下，不能适用后一种适用方式，由于专利权利无形性的特征，在司法实践中极有可能造成不公平的结果。在专利侵权中，专利权和作为专利权物质载体的产品相对分离，权利损害并不具有外观上、物质性损害，专利权受到损害，专利权的物质载体未必受到损害。在有些情况下，专利权人未必有产品销量的下降或利润的减少，由于侵权产品的广告作用，专利权人的产品销量还有可能上升。在专利权人是高校或科研院所的情况下，专利权人没有实施专利的行为，也就谈不上有产品销量的下降或利润的减少。在上述情况下，按照我国现行的专利权利人损失的计算方法，权利人的损失不是难以确定，而是根本没有损失，法官是不能适用在后的侵权人获利和合理许可费赔偿的，这显然和任何人不能因侵权而获利的侵权损害赔偿基本原则相悖，不能充分发挥侵权损害赔偿预防侵权的功能。另外还有一种情况，权利人的所失利益难以确定，但有证据证明侵权人并没有因侵权而获利甚至亏损，法官也难以适用在后的合理许可费赔偿方式，权利人的损失将不能得到弥补，将和侵权损害赔偿的填平功能相违背。

以上无论哪种情况的出现，都不能实现损害赔偿重新调整当事人利益的功能，矫正正义难以实现，如果机械地坚持法律规定的损害赔偿的严格顺序，权利人不能根据自己的意愿自由选择损害赔偿计算方式，不仅有悖于权利人诉讼的初衷，而且也有悖于专利权作为私权的属性。自由选择意味着权利人可以选择赔偿方法中所得最高的方式请求赔偿，这也是国外通行做法，而我国在移植外国专利法时人为地设立适用顺序，这种设定在司法实践中并没有发挥其顺序适用的目的。

从实施情况来看，权利人可以轻易地规避适用顺序的规定，权利人不提供证明专利产品的合理利润，就足以使权利人损失难以确定，进而使权利人损失赔偿难以适用；侵权人拒绝提供侵权专利产品的合理利润，侵权人获利就难以认定；权利人拒绝提供专利的许可合同，合理许可费赔偿也难以适用。这事实上使法律规定的适用顺序没有操作的价值，权利人实际上可以达到自由选择赔偿方式的目的。

从实施效果来看，我国专利法规定的侵权损害赔偿规定的严格顺序并没有发挥所期望的效果，现在我国专利侵权损害赔偿98%以上都采用法定赔偿的方式，前三种方式几乎形同虚设。

2013年最高人民法院《关于审理专利纠纷案件适用法律若干规定》第20条的规定[①]，已经改变了立法关于权利人所失利益和侵权人获利适用的前后顺序，赋予了权利人的选择权。但这只是司法的变通，在立法并没有变化。事实上，我国《著作权法》第三次修改草案送审稿已经采

---

① 第20条规定人民法院依照专利法第57条第1款的规定追究侵权人的赔偿责任时，可以根据权利人的请求，按照其因侵权行为所受到的损失或侵权人因侵权所获得利益确定赔偿。

取了允许权利人自由选择侵权损害赔偿的模式①，国务院法制办在送审稿说明中指出：将顺序性规定修改为选择性规定的目的在于：着力强化著作权的保护力度，有效防范侵权行为。我国应该对现行《专利法》第65条第1款进行修改，做出如下规定："侵犯专利权的，在计算损害赔偿数额时，权利人可以选择实际损失、侵权人的违法所得、权利许可费的合理倍数进行赔偿。"我国关于专利侵权损害赔偿方式的首次规定是1992年颁布的《最高院解答》第四条，权利人损失、侵权人获利和合理许可费赔偿方式的适用是没有顺序限制的，当事人可以自由选择其中一种方式。2000年专利法第二次修改，第一次在法律层面确定了专利侵权损害赔偿的方式，同时规定了严格的适用顺序，合理许可费只有在权利人损失、侵权人获利都不能确定时，才能适用，该规则一直适用至今。专利法重新修改专利损害赔偿适用的严格顺序为自由选择适用，正是否定之否定，溯本清源之举。

（二）允许合理许可费赔偿和其他赔偿方式并用

美国在权利人的损失难以确定的情况下，至少要赔偿权利人不少于合理许可费的赔偿，可见合理许可费是被视为权利人损失的最低赔偿（set a floor）。在最低赔偿不足于补偿其损失时，自然可以和其他赔偿方式并用以对权利人充分补偿。美国专利侵权损害赔偿金额的计算只有两种方式：一是所失利益，二是合理权许可费。一般来说，如果专利权人自己实施专利，又和侵权人是在同一市场领域内竞争，则适宜于请求所失利益赔偿。按照美国普通法规则，如果专利权人没有基本的市场获利能力，则在侵权之诉中不得请求所失利益赔偿，因为所失利益损害包括销售减少、价格侵蚀以及生产成本增加等形式。如果专利权人并未与侵权人在同一市场上竞争，或者无法证明其所失利益，则只能请求合理许可费的赔偿。②

但美国专利侵权损害赔偿额的决定并非只能选择"所失利益"或

---

① 《中华人民共和国著作权法（修订草案送审稿）》第七十六条：侵犯著作权或者相关权的，在计算损害赔偿数额时，权利人可以选择实际损失、侵权人的违法所得、权利交易费用的合理倍数或者一百万元以下数额请求赔偿。

② Dowagiac Mfg. Co. v. Minnesota Moline Plow, Co, 235 U. S. 641 (1915).

"合理许可费"中之一,为了达到完全赔偿专利权人的目的,美国法院常将损害赔偿区分成"所失利益"和"合理许可费"两部分,经过个别计算,再汇总,从而构成"所失利益"和"合理许可费"的合并运用①,专利权人有可能以所失利益加合理许可费作为专利侵权的损害赔偿,例如在 Polaroid Corp. v. Kodak Co 案中,宝丽来(Polaroid)公司认为柯达(Kodak)公司侵犯了其拥有的 12 个与相机和胶卷有关的专利,法院认定其中 7 个专利有效并受到侵犯。宝丽来公司证明了其所失利益与柯达公司的侵权销售相关,最终法院根据这种销量损失而支持了 2.33 亿美元的所失利益,对于其他无法证明的部分,法院适用合理许可费而给出了 2.04 亿美元的赔偿额。② 在 Minco, Inc. v. Combustion Eng'g, Inc. 案中,法院也认为专利权人可以用所失利益来计算损害赔偿,在所失利益无法涵盖的部分用合理许可费来代替。③

权利人损失的赔偿需要证明权利人的专利产品销量下降和侵权行为之间有因果关系,这就要求权利人和侵权人应在同一地域互为仅有的两个竞争者,且没有其他非侵权替代品的存在,侵权人生产销售的侵权产品挤占了专利权人的市场份额,侵权产品生产销售量恰恰是专利产品减少的销量。只有这样才可认定权利人的损失是由侵权人的侵权行为造成的,才可以要求适用权利人所失利益或侵权获利来赔偿。假如专利权人自己并没有实施专利也就没有专利产品的生产和销售,在侵权人侵权时专利权人自然没有专利产品销量的下降,也就没有具体的损害。在这种情况下,权利人不能要求侵权人承担权利人损失的赔偿,而只能要求权利人承担合理许可费赔偿。倘若侵权人侵权的区域包括 A、B,而专利权人实施专利的区域仅仅是 B,那么在 B,权利人可以要求以权利人所失利益的赔偿方式,在 A 则只能适用合理许可费的赔偿方式,因为侵权人侵权涵盖 A、B,权利人要获得充分的补偿,权利人所失利益和合理许可费的赔偿方式并用才能达到目的。具体来说,包括下列情况:

---

① R. John, Boyce, Aidan Hollis, "Preliminary Injunctions and Damage Rules in Patent Law", *Journal of Economics & Management Strategy*, Vol. 16, No. 2, 2007, p. 385.

② Polaroid Corp. v. Kodak Co 16 USPQ2d 1481 (D. Mass. 1990).

③ Minco, Inc. v. Combustion Eng'g, Inc, 95 F. 3d 1109, 1119 (Fed. Cir. 1996).

1. 侵权人的专利侵权地域范围超出了权利人专利产品生产、销售的范围。在权利人的生产、销售达不到区域的侵权行为，自然不存在和权利人产品的竞争，权利人也就谈不上所失利益的损害，只能要求合理许可费赔偿。在这种情况下，权利人可以要求在和权利人生产、销售重叠的地域区域的所失利益的赔偿加上超出权利人生产、销售区域的合理许可费赔偿。

2. 侵权人的专利侵权时间范围超出了权利人专利产品生产、销售的范围。在权利人已经停止生产、销售专利产品后，侵权人仍然持续专利侵权行为的这段时间区域内，专利权人不会有具体的损害，只能要求专利侵权人合理许可费赔偿。在这种情况下，权利人可以要求在和权利人生产、销售重叠的时间区域内的所失利益赔偿加上超出了权利人生产、销售时间区域的合理许可费赔偿。

3. 侵权人的销售对象范围超出了权利人销售对象的范围，权利人销售对象只是侵权人销售对象中的某一部分的消费群体。专利权人可以要求在权利人销售对象范围的所失利益的赔偿加上超出权利人销售对象范围的所失利益的合理许可费赔偿。

日本《专利法》第102条规定了专利侵权损害赔偿制度，其中第2款规定了合理许可费赔偿制度①，第3款规定了合理许可费赔偿额"并不妨碍超过该规定金额的请求"。可见日本和美国规定一样，均是以实施费作为损害赔偿的最低额。当权利人证明超过实施费以上的损害时，自然可以请求该较高赔偿额。因为专利权保护的主要法益是专利权人的市场独占机会，合理许可费赔偿是兜底性的赔偿救济条款，即使专利权人本身没有实施技术方案而不存在因为侵权人的侵权造成所失利益的损害，也可以至少获得高于行业惯常许可费的与专利的市场价值相当的许可费。

我国合理许可费制度是适用顺序位于权利人损失、侵权人获利之后的独立的赔偿方式，立法也未确定合理许可费是权利人损失的最低赔偿。

---

① 该条规定："发明人或专属实施权人，对于因故意或过失侵害发明权或专属实施权人的请求损害赔偿时，得以与实施该发明专利所应取得的实施费相当的金额，以为自己的损害额而请求赔偿。"

从语义解释上看，似乎排除了和其他赔偿方式并用的可能，但若这样解释，将极有可能造成对权利人赔偿的不充分。

在我国专利侵权损害合理许可费赔偿是在权利人所失利益和侵权人获利都不能确定的情况下适用，那么如果侵权发生在不同的地域、不同的时间或实施不同的行为，权利人的所失利益或侵权人获利有时存在部分可以查明、部分不能查明的情况，对能够确定的所失利益或侵权获利，对不能查明的部分则可以适用合理许可费赔偿。承认合并适用损害赔偿方式，在于各侵权行为和其所造成的损害均为可分，所以彼此之间不应该相互影响和消减。我国学者张扬欢认为：合理许可费应于利润损失分别计算，合并赔偿。①

但是本文并不认为合理许可费赔偿可以和法定赔偿并用，如果专利侵权的部分地域、时间等范围可以用合理许可费确定赔偿，那么侵权的其他部分地域、时间等范围是不存在法定赔偿适用的余地的，因为我国法定赔偿适用的前提是合理许可费不能适用，而在上述情况下，其他侵权部分地域、时间等范围完全可以参考已经适用的许可费来确定赔偿。比如，侵权人在 A、B、C 三地侵权，权利人只是在 A 地授权他人许可使用，A 地自然可以适用合理许可费赔偿，那么 B、C 完全可以参照 A 地适用的许可费并考虑其他相关的市场因素确定赔偿额，并不存在合理许可费赔偿不能适用的问题。

值得注意的是，我国现行的合理许可费赔偿的司法实践中，在已有的许可费和侵权的情况如地域、时间等不相匹配时，法院一般将不再适用合理许可费赔偿，而直接转向法定赔偿，在法定赔偿阶段再考虑许可费因素，结合其他相关因素最终酌定赔偿额。笔者认为这种做法并不妥当，具体理由将在下一部分分析。

二 扩大合理许可费赔偿的适用范围

现阶段我国专利合理许可费赔偿适用率低的原因主要在于该制度的适用范围狭窄，法院一般只考虑权利人和第三人签订的已经备案且已经

---

① 张扬欢：《专利侵权之许可费损失赔偿研究》，《电子知识产权》2016 年第 12 期。

履行的许可合同。如果被许可人和许可人存在利害关系，许可合同和侵权情况不一致也将不予认可合同的合理性，从而不予适用。针对以上问题，本文认为应做如下改进。

（一）我国应把法定赔偿阶段的许可费因素提前到合理许可费赔偿阶段考虑

相比美、日、德等国而言，我国专利损害赔偿许可费适用的范围过于狭窄，权利人只有在侵权前和第三方签订了涉案专利许可合同，并且许可费已经交付，合同已经履行，同时该许可合同必须和侵权情况相匹配，比如许可的时间、地域、行为等要和侵权的时间、地域、行为一致才有可能作为合理许可费赔偿的参考。我国这种过于严格的合理许可费的适用其实只是相当于美国曾经实行的已经确定的许可费（established royalty）赔偿制度。

已确立许可费是指在侵权前权利人已经接受的由权利人和其他被许可人在自由意识支配下根据专利市场价值自由协商确定的许可费。已经确定的许可费曾是法院确定专利权人损害赔偿的重要形式，如果有证据证明存在已经确定的许可费，则专利权人不能获得所失利益的赔偿，这意味着：首先，相较所失利益而言，已经确定的许可费具有优先性；其次，已经确定的许可费是专利权人可获赔偿的最高限额。如果不存在已确立的许可费，则专利权人可以请求所失利益赔偿；若专利权人证明不了所失利益，只能获得名义性赔偿（nominal damages）。[①] 因为只有专利权人自己实施或者许可他人实施专利，社会公共才能享受到技术进步带来的福利，一旦没有市场价值的专利增加，发明创新的精神将会遭到扼杀。

由此可见，已确立的许可费在历史上具有举足轻重的地位。作为一个事实认定问题，美国在司法实践中，认识到已确定的专利许可费的形成往往和许可合同双方当事人的关系、市场变化等因素相关，有时已确定的许可费未必会反映出专利的市场价值，已经确定的许可费有可能偏

---

① J. S. Turner, "The Nonmanufacturing Patent Owner: Toward a Theory of Efficient Infringement", *California Law Review*, Vol. 86, No. 1, 1998, p. 179.

离专利的市场价值，美国判例法为已经确定的许可费规定了严格的认定标准：（1）已确定的许可费发生在诉讼前；（2）由一定数量的被许可人支付，以表明许可费的合理性得到认可；（3）得到许可地区内该许可费是一致的；（4）非在受到诉讼威吓的情况下达成的或者在诉讼和解中支付的；（5）许可的专利实施活动是相类似的。实践上能同时达到这5个条件的已经确定的许可费的情况很少。① 由此可见，所谓已经确定的许可费，必须是在专利权人起诉主张侵权之前，并且有相当数量的许可合同以确定其合理性，如果仅有一个许可合同，法院通常认为其不足以作为已经确定许可费的证明。② 1922年美国修改专利法确立合理许可费赔偿制度后，已确立的许可费被包括在合理许可费中，法院很少将已确定的许可费拿来直接用做合理许可费赔偿，已确定的许可费成为合理许可费赔偿考虑的因素之一。毕竟，已确定的许可费有时会和专利的市场价值相偏离，比如可能因为许可费确定时专利权的市场价值还没有得到充分认可而被低估；或者在许可费确定时专利侵权已经普遍从而导致已经确定的专利许可费低于专利的市场价值。③ 如今，由法官裁量认定的合理许可费成为赔偿数额的底限，已经确定的许可费成为合理许可费赔偿考虑的第一个因素，当已经确定的许可费低于合理许可费时，仍然按照合理许可费计算专利侵权损害赔偿。

目前我国法院也存在如美国适用特定的已经确定许可费时曾遇到的困境。在合理许可费赔偿制度下，由于举证责任的降低，当事人可以较为容易地举出存在许可合同的证据，但被法院采纳的并不多。考虑到诉讼当事人的诚信素质不高、专利实施率不高等因素，法院对当事人提交的许可合同普遍保持警觉。从法院的角度看，与其法官要花费很大的时间和精力考虑各种因素确定合理许可费赔偿，当事人难以信服而上诉，不如转入法定赔偿，因为在法定赔偿中法官拥有更大的自由裁量权，使

---

① J. D. Taurman, "Reasonable Royalty for Patent Infringement-Theory and Practice", *Ipl Newsl*, Vol. 23, No. 3, 2005, p. 16.

② 和育东：《专利侵权损害赔偿计算制度：变迁、比较与借鉴》，《知识产权》2009年第5期。

③ Parker Rust Proof Co. v. Ford Motor Co, 23 F. 2d 502, 505 (E. D. Mich. 1928).

得法官对自己的判决有着更多的自信。这种对法定赔偿的路径依赖也导致法官在权利人提交的许可合同真实而和侵权情况不匹配时，更愿意适用法定赔偿，而把许可合同确定许可费作为法定赔偿的考虑因素之一。

我国专利侵权损害合理许可费赔偿阶段和法定赔偿阶段，法官都要考虑许可费因素，但两者有明显的区别。因为如果许可合同是真实的、合理的且适合适用于合理许可费合理赔偿阶段，就不会有顺序在后的法定赔偿的适用。在法定赔偿阶段考虑的"许可费"，只能是不能适用于许可费合理倍数确定赔偿额但真实的许可合同。

但现行这种适用的后果会在逻辑上不能自洽。法定赔偿的前提是专利许可费难以确定，而在法定赔偿中法院又要考虑许可费，难逃重复评价的嫌疑。虽然两者考虑的着重点不同，这种在法定赔偿阶段考虑许可费因素酌定的赔偿显然和在许可费合理倍数阶段根据真实、合理的许可合同确定的赔偿不同，但仅从法律用语的字面含义来看，两者意思是一样的。法院先否定根据专利权人签订的许可合同上的许可费来确定赔偿额，而后又参考许可合同上的许可费来酌定赔偿额。在法定赔偿阶段，法官自由裁量权很大且在判决书中又很少有法官心证过程，加之赔偿额和权利人预期有一定的差异，一般情况下权利人会很难感受到公平，至少是形式公平。2015年最高人民法院的司法解释删除以许可费的1—3倍确定赔偿额，只规定许可使用费的倍数确定赔偿，法官的自由裁量权得到进一步扩大，原则上可以在许可费上确定任意的倍数，这就使合理许可费赔偿倍数和法定赔偿的考虑进一步接近。

从我国司法解释的规定来看，合理许可费倍数的确定，需要考虑专利权的类别、侵权人侵权的性质和情节、专利许可使用费的数额、专利许可的性质、范围、时间等因素；法定赔偿需要考虑是专利权的类别、侵权人侵权的性质和情节等因素。从法律文本来看，合理许可费倍数的考虑因素只是比法定赔偿多了专利许可的考虑，其余的考虑因素是没有差别的。在前已经论及在地方司法文件和法定赔偿司法实践中，法院往往会考虑许可费的因素，这就使两者几乎不存在差别。

在法定赔偿也考虑许可费因素的情形下，两者不同赔偿方式在判决书中往往都有"参照许可费，酌定"等字样，有可能会对当事人造成一定困惑，当事人有时会难以分辨法院是在适用合理许可费赔偿抑或法定赔偿。如在济南澳科矿山工程技术有限公司与山东跃通矿山工程技术有限公司侵害专利权纠纷案[①]判决书有关损害赔偿部分的叙述："原告要求被告赔偿经济损失及维权费用合计51.7万元，本院将结合下列因素予以综合酌定：(1)原告涉案专利的类型为实用新型专利；(2)原告所提供的专利实施许可合同的许可费和许可期限；(3)被告的侵权故意、侵权时间和规模；(4)原告为维权而支付合理费用。"很难看出法院是适用的合理许可费赔偿还是法定赔偿，实践中也确实存在当事人把两种赔偿混淆的例子，特别法院在判决书中引用合理许可费赔偿或法定赔偿条款不明确的情况下，如在福建省德化县雅园陶瓷有限公司与林奕文等侵害实用新型专利权纠纷上诉案[②]、德化县祥越陶瓷研究所与林奕文等侵害实用新型专利权纠纷上诉案[③]判决中，法院均认为："对本案的赔偿，原审法院参照讼争专利的许可费的倍数确定，符合法律及司法解释的规定，也应维持。上诉人认为原审法院自由裁量酌定赔偿50万元不公平系误读，原审法院系依照专利法的规定，采用参照专利许可费的倍数确定的赔偿数额，因此，上诉人认为原审法院判决的赔偿数额不公平的上诉请求也无理，本院不予支持。"在上海恒昊玻璃公司诉春光公司外观设计侵权纠纷上诉案[④]中，上诉人认为一审法院应参照许可费，判定被上诉人春光公司赔偿上诉人5万元，一审法院判决属于法律适用错误，应予撤销。二审法院认为："一审法院系根据参照专利许可使用费来确定赔偿的，只是在引用法律条文时没有引用这一条，属于表述不完整，应予纠正，但并不影响实体判决。"

根据我国专利侵权赔偿制度的现状，在法定赔偿阶段不应再考虑许可费因素，许可费应全部在合理许可费赔偿阶段考虑。这样既可以相对明晰合理许可费赔偿和法定赔偿的界限，也可以扩大合理许可费适用的范围。

---

① (2014)济民三初字第648号。
② (2012)闽民终字第849号。
③ (2012)闽民终字第848号。
④ (2005)湘高法民三终字第58号。

(二) 我国应把适用专利侵权合理许可费赔偿基准扩大到相似专利的许可费

1. 美国对相似可类比专利许可费作为合理许可费裁判基准的司法实践探索。

由于我国存在美、德、日等国通过"虚拟谈判法"确定合理许可费相似的法定赔偿制度，我们不适宜建立类似"虚拟谈判法"确定合理许可费制度。我国虽然不宜采用美国的"虚拟谈判"法来确定合理许可费，但美国确定合理许可费的司法思维却值得借鉴。

在美国专利侵权损害赔偿中，考虑到合理许可费赔偿框架存在的问题，许多学者提出了不同的改革方案。有学者提出将损害赔偿金限定在侵权人"次佳"（next best）替代投资的价值上[1]，而另有人则建议完全废除佐治亚·太平洋的所有因素[2]，还有人建议用行业平均许可使用费作为合理许可费基数来简化计算。[3] 虽然这些建议各有自己的优势，但是它们也有可能没有对技术的独特性及其在不同市场应用中的价值予以足够重视，因此美国目前保留当前合理许可费赔偿框架做适当地修改，而不是创立对诉讼当事人来说是一个全新的适应的标准。

这种改进要考虑损害赔偿额的相对准确性和诉讼的效率性，可以通过一个真实的、可类比的许可合同作为评估合理许可费的起点，极大地提高专利诉讼程序的可预见性，从而节省专利诉讼成本。[4] 建立了合理许可费赔偿的起点后，佐治亚·太平洋因素作为随后考虑的因素，从而可以弥补可类比许可费的不足使其达到赔偿损害额的程度。在这种情况下，专利的价值越高，法院对损害的评估审查就越严，对每一个调整因素都要求附上定量的评估数值，这样能符合多伯特证据标准要求，为调整许

---

[1] R. J. Epstein, P. Malherbe, "Reasonable Royalty Patent Infringement Damages after Uniloc", *Aipla quarterly journal*, Vol. 39, No. 1, 2011, p. 4.

[2] D. J. Durie, M. A. Lemley, "A Structured Approach to Calculating Reasonable Royalties", *Social Science Electronic Publishing*, Vol. 14, No. 2, 2011, p. 627.

[3] A. Schmitt-Nilsen, "The Unpredictability of Patent Litigation Damage Awards: Causes and Comparative Notes", *Intellectual Property Brief*, Vol. 3, No. 3, 2012, p. 53.

[4] S. J. Shapiro, "More Pitfalls in Determining the Reasonable Royalty in Patent Cases", *Journal of Legal Economics*, Vol. 75, No. 17, 2011, p. 18.

可费提供支持。

在 Apple Inc. v. Motorola 案中，法官认为：使用充分可类比的许可合同是估算专利价值的普遍可靠的方法。[①] 可类比的许可合同一旦被法官接受，法官会仔细审查调整因素，这些因素越来越多地从可类比许可费起点出发，增加了可预测性。这实际上使得佐治亚·太平洋因素中的第 2 因素"相似的许可"成为合理许可费赔偿确定门槛要求。以在现实世界中的充分可类比许可作为合理许可费赔偿的起点无疑将提高裁判的可预测性。

权利人与第三方签订的许可合同在某种程度上都是独一无二的，专家证人根据最接近专利技术和诉讼情形的许可，权衡差异进行相应解释，法官根据差异阐释，通过佐治亚·太平洋因素进行调整，可以更接近双方都同意的合理许可费率。

判例法提供了相应的支持，认为可类比的许可费可能存在于每一个合理许可费赔偿的决定中，例如在 Lucent Tech., Inc. v. Gateway, Inc 案中[②]，法院处理了八项不同许可合同的可比性，法院对专家证人的四项许可合同的可比性理由并不满意，因为专利权人只是解释说这些合同涉及了"与 PC 相关的专利"。对于其余的许可合同，法院认为根本无法从呈现的证据中确定主题。法院解释说，如果没有更多关于许可合同的信息，人们只能通过猜想的方式确定许可合同和涉案专利相关许可合同的可比性[③]，隐含在法庭推理中的是更多的专利和专利许可的信息，可能使其具有足够的可比性，在 Finjaninc. v. Secure Computing corp 案[④]中也有同样的认识，联邦巡回法院强调需要考虑可比许可合同之间的经济上和技术上的不同，原告的专家证人成功提出了可比许可合同之间的不同：（1）原告没有与被许可方竞争，而被告确与原告竞争；（2）原告从被许可方获得无形经济支持。

双方当事人所提出的自己与他人或者他人之间的专利许可协议，都

---

① Apple Inc. v. Motorola, Inc., 757 F. 3d 1286, 1325 (Fed. Cir. 2014).
② Lucent Tech., Inc. v. Gateway, Inc., 580 F. 3d 1301, 1327 (Fed. Cir. 2009).
③ Lucent Tech., Inc. v. Gateway, Inc., 580 F. 3d 1301, 1328 (Fed. Cir. 2009).
④ Finjan, Inc. v. Secure Computing Corp., 626 F. 3d 1197, 1211–12 (Fed. Cir. 2010).

是与涉案专利上相似，法院要比较其他客观情况以及授权许可条件与本案的相似之处。① 专利许可会因是否独占许可、许可时间、使用领域、与专利权人自己销售的重叠和竞争而不同，此外，在实现专利可行性市场商业化所需的额外投资方面，专利也会不同。专家证词中的许可合同使用费和诉讼中确定的合理许可费之间存在区别，在做出裁决过程中需要对许可合同费进行权衡，否则会被认为证据不充分。

有用的信息资源可用于充分确定许可证的可比性，各种知识产权信息服务使其在各种情况下决定合理许可费率。例如，在无形资产评估中，常用的收益法（income approach）即指专利技术导致产品在市场上的收益增加部分或是若使用其他替代技术需要支付许可费的节省（relief from royalty savings method），通常以取得同类技术需要支付的代价作为比较的基础，也就是以使用其他可替代技术所需要支付的对价，作为使用该专利的价值。在研究可比较许可合同时，逐步地分析许可证，以适应许可合同的差异和相似之处。② 美国联邦法规法典（Code of Federal Regulations）考虑了许多因素来决定无形资产的可比性，确定无形资产可比性的相关性因素包括：（1）在同一行业或市场内与无形资产有关的产品或过程的相似性；（2）无形财产的利润潜力；（3）转让的条件；（4）发展阶段；（5）许可期限；（6）产品责任风险。关键是专家证人可以揭示这些差异，法官因此可以将最具可比性的许可作为合理许可费的起点。这虽然是一项可能艰巨的任务，但在合理许可费赔偿分析中使用过去的许可作为强制性起点，由于信息的充分性使得优化和提高可预测性方面有了很大程度上提高的可能性。例如，包括美国和加拿大在内的许多国家都要求上市公司在公开的信息库提供许可协议信息（术语、价格、参与方、产品描述），这样的数据库将使信息准确和变得容易访问。在i4i Ltd. P'ship v. Microsoft Corp案③中，原告方使用可比许可合同要求支付总额达2亿美元的赔偿金，而被告方使用可比较的许可证，总额达100—

---

① Saffran v. Johnson & Johnson, 2011 WL 1299607（E. D. Tex.）.

② J. Lu, "The 25 Percent Rule Still Rules: New Evidence from Pro Forma Analysis in Royalty Rates", *Social Science Electronic Publishing*, Vol. 13, No. 2, 2010, p. 23.

③ i4i Ltd. P'ship v. Microsoft Corp., 598 F. 3d 831, 853（Fed. Cir. 2010）.

500万美元。然而，如果当事人知道法官将会承认一个可比许可合同作为合理许可费赔偿的基准，双方从相对确定的小差异开始，那么双方肯定会有动机找到最可比的许可合同。

总之，美国法院在考虑将佐治亚·太平洋因素中的"相似专利的许可费"作为合理许可费的参考依据时，会主要考虑下列因素：（1）相似专利技术与涉案技术的相似性；（2）相似技术的许可与涉案技术许可的不同之处，如相似技术为非独占许可而涉案技术为独占许可、相似技术的许可有地域限制而涉案技术的许可没有地域限制、相似技术的许可中专利权人与被许可人是合作关系而涉案技术的专利权人和被许可人是竞争关系、相似技术及涉案技术的许可是否包括交叉许可、相似技术及涉案技术是否包含前期许可费（upfront payment）；（3）相似技术及涉案技术的市场情况是否相似、经济规模是否相似[①]；（4）涉案专利与相似专利的许可是否是在诉讼威胁下签订的；（5）许可签订时，产业的侵权行为是否已经相当普遍；专利权人为了避免以大量的金钱进行诉讼，可能会接受较低的许可费，此时，法院认为专利权人不能因为这样被认为自愿接受较低的许可费。

美国虽然放弃了单独直接以特定的已经确定许可费来确定赔偿额的方法，但美国首先仍然要考虑是否有特定的已经确定许可费，这不仅包括佐治亚·太平洋案中15要素中的第1要素"相同专利的已经确定的许可费"，还包括第2要素"可类比相似专利的许可费"，然后再根据其他要素对特定的已经确定许可费进行合理调整使其高于正常的许可费，以作为损害赔偿额。在没有特定的已经确定许可费时，才通过虚拟双方谈判，结合佐治亚·太平洋案中15要素的考虑确定合理许可费。美国法院在适用合理许可费赔偿时，基本上以第14要素"专家意见"作为联系双方的媒介，以第1要素"相同专利的已经确定的许可费"和第2要素"可类比相似专利的许可费"这两项已经存在真实世界中的过去许可作为重要的参考依据。在实际情况下，一般专利权人或公司本身并不会拥有太多的专利，所以在合理许可费赔偿中引用"相似许可"的居多。

[①] Data Quill Ltd. v. High Tech Computer Corp., 2011 WL 6013022, (S. D. Cal. Dec 01, 2011).

2. 我国合理许可费赔偿的基准扩大到相似专利的许可费的具体建议。

我国法院适用许可费合理倍数的前提是涉案专利与独立的第三方有真实、合理的许可合同，且要求许可费已经实际支付，法院一般不考虑相同或类似行业、相同或类似专利的许可情况，更不会在没有许可合同的情况下根据相关因素确定合理许可费。在实践中，即使存在在先的涉案专利与第三方签订的许可合同，但有时候存在交叉许可、多种专利或专利和技术秘密共同许可等情况，许可费也因此各异。此种情况不同于专利权人单一许可他人实施涉案专利的情形，专利权人和侵权人的情况并不一致，法院一般也不予适用此类许可合同确定的许可费，而转向寻求法定赔偿方式酌定赔偿。

根据我国专利侵权赔偿制度的现状，我们可以借鉴美国经验，改变目前专利合理许可费适用比较窄的情况，把我国合理许可费赔偿基准扩大到相似专利的许可费。在市场经济中，理性人的设定使其成为自己利益的最佳判断者。对被许可人来说，其接受许可费一定是低于其通过许可获得利益；同样对许可人来说，允许他人使用专利可以获得许可费的利益。因此，在市场条件下通过自由协商达成的、交易条件基本类似的许可合同是法院在计算合理许可费时常用的方法。如果说在先的已经确定的许可合同和侵权行为的情况具有纵向的可比性，那么相似专利的许可费和侵权行为就具有横向的可比性。

适用相似专利的可类比许可费作为合理许可费赔偿的基准，有以下优势。

首先，体现了市场自由交易的理念。

在理想市场状态下，专利费确认应当是由许可方与被许可方在平等、自由的基础上通过谈判来确认的许可费，这种许可费是当事人真实意志反映，接近交易现实。个体是理性经济人，是自己利益最佳判断者，许可费能体现专利价值，这实际上也说明专利所具有商业价值最终取决于市场需要，也成为合理许可费赔偿制度存在基础。已经存在的在先的相似许可费不过是相似专利技术在同样竞争状况下形成的，换句话说，就是在没有"胁迫"的市场下形成的。

其次，简化了法官判断过程，有利于实现精细化裁判。

目前我国专利侵权适用的绝大多数是法定赔偿，法定赔偿存在法官酌定性强，判赔不一，同案不同判的现象较多，且专利平均判赔额低于企业同等专利的授权费。相似专利技术基本可以达到涉案专利的技术效果，在某种程度下可以起到替代技术的作用，也就和涉案专利具有基本相同的市场价值。对于证据的要求，相似专利需要证明技术效果的基本一致，而在虚拟谈判中，法官则需要结合各种因素综合考虑分析确定合理赔偿额，相对而言，在虚拟谈判中，法官的判断过程更加复杂，对法官心证能力要求更高，相似专利许可费适用过程较为简单，有利于法官做出判断。同时相似专利许可费的适用是以在先的已经确定的许可费为计算基准，以事实存在的许可费作为赔偿的考虑起点，不仅有利于解决判赔不一，实现同案同判，而且法官一般是在已经确定许可费的基础上向上调整数额，最后确定损害赔偿额不会低于已经确定的许可费，也有利于解决专利平均判赔额低于企业同等专利许可费的问题。

总之，参考相似专利许可费对于合理许可费赔偿额的确定，其证据更为直接、判断过程更为简单，因而可以提高司法效率，比较适合我国专利侵权损害赔偿的实际。

日本法院在决定合理许可费赔偿时，会采用以各产业领域以往惯常许可费为基准，再参照发明专利的重要性、发明实施后可得利益或成本节省等因素，加以调整。例如，在"活体检测针"专利案中，法院以和被侵权专利"活体检测针"相似的其他精密机械的专利的一般实施许可费为5%为例，而认定该被侵权专利的实施费也为5%。[①] 专利权人在主张此项损害额的计算时，虽以业界的一般许可费率作为基准，但权利人针对该发明专利的价值、与侵害者间的竞争关系、专利权人的营业政策等因素，具体主张及证明此种因素对于合理许可费赔偿造成何种影响，从而对惯常许可费做若干加减，作为其应得赔偿额。美国在《2008年专利改革法案》中强调两个不同专利之间，如果所使用的是相同（same）或类似（analogous）的技术，或是在价值或经济上的评价相同者，可以

---

① 东京地判昭和55.5.9，无体集12卷1号163页判决，转引自李孟聪《专利法之损害赔偿——以日本平成修法沿革为中心》，硕士学位论文，中原大学，2006年，第12页。

其他专利的许可费作为案件合理许可费的考虑因素。①

我国法院在适用许可费合理倍数赔偿制度时在程序上可以分两个阶段。

第一，专利权人和独立第三方存在真实、合理的许可合同。有两种情况：一是许可合同是普通许可合同，专利的授权内容和侵权的类型（制造、进口、使用、许诺销售、销售）等相匹配，可以直接以该许可合同确定的许可费作为计算许可费合理倍数的基数。这也是目前我国法院在适用专利许可费合理倍数确定赔偿时普遍采取的方式。二是在侵权行为的类型、时间等因素和许可合同不一致时，A. 许可合同授权和侵权的时间不同；B. 许可合同授权和侵权的地域范围不同；C. 许可合同是一揽子许可（制造、进口、使用、许诺销售、销售），或者专利和技术秘密的共同许可，而侵权类型仅是其中一种或者专利许可合同是单一行为的许可（仅许可制造、进口、使用、许诺销售、销售中的一种行为），而侵权行为则包括了多种行为；D. 专利许可是独占许可等情况时，就不能直接以许可合同中的许可费作为计算合理许可费赔偿的基数。应充分考虑正常的许可合同与侵权实施的时间、范围、规模和实施方式等方面的不同，以及专利产品的市场前景，必要时可以参照行业惯例，对许可合同中的许可费做出适当的调整，增加或降低许可费，再以此作为合理许可费赔偿计算的基数。

2007年我国台湾地区高等法院在判决②中分析了许可合同中的许可条件与侵权行为的差异，并做出相应的调整，法院认为"专利权人虽将包括系争专利权在内的3项专利权授予娇生公司制造、贩卖，但此为专利权人与娇生公司间个别之授权条件，非专利权人授权其他厂商制造、贩卖时通常可取得的授权金额，观诸专利权人自承授权三狮公司制造、贩卖时，原以每月生产3000片时，由三狮公司给付营业额20%为授权金，但因三狮公司生产量不及预期，故未支付，益证专利权人授权金，并无

---

① M. M. Peters, "Equitable Inequitable: Adding Proportionality and Predictability to Inequitable Conduct in the Patent Reform Act of 2008", *Depaul J. art Tech. & Intell. prop*, Vol. 19, No. 1, 2008, p. 1.

② 台湾高等法院96年度智上易字第15号判决。

通常标准，难以其与娇生公司间之授权金为专利权人实施系争专利权通常可取得之利益。虽专利权人不能证明其实际所受之损害额为何，但本院审酌专利权人授权娇生公司制造、贩卖系争专利权及其他 2 项专利产品，授权期间为自 2006 年 2 月 6 日起至 2013 年 5 月 31 日止，总授权金额为 543.116 万元，以 1/3 之平均数计算，授权系争专利权之金额 181.386 万元，授权期间为 88 个月，每月约为 2.572 万元，专利权人主张侵权期间约 36.5 个月，则专利权人所受损害金额约为 75.878 万元（20572×36.5=750878）。"

2016 年我国台湾地区台北地方法院曾有判例①："参酌被上诉人授权台湾全部内需市场每年权利金为 135 万元，而一般商业授权经营通常区分为北、中、南、东等四区，上诉人仅在台湾北部地区贩卖系争眼镜，且同地区尚有位于台北市大安区之万通眼镜行亦因贩卖系争眼镜而经本院 92 年度智字第 98 号判决应付损害赔偿责任，以及在正常授权之情况下，同地区若有两家经销商，市场必遭瓜分，每一经销商给付之权利金数额应少于其可在该地区独家经销时的数额情况，应认被上诉人因上诉人贩卖系争眼镜侵害系争专利所受损害，以被上诉人授权台湾全部内需市场每年权利金 135 万元之八分之一即 168750 元为适当。"在此判决书中，法院在许可合同确定许可费和侵权行为不一致的情况下，并没有简单地不适用或机械的直接适用而是考虑了许可和侵权的地域不同以及多个竞争者对于市场的分割，对许可费进行了调整，使之适应于侵权行为。在日本专利侵权损害赔偿案中也存在类似判例，如在"东京地判平成 13 年 2 月 8 日判时 1773 号案"② 中，许可合同中除了以销售额为基础的许可费之外，还有预付款的约定，法院以预付款的金额除以许可先例中被许可人的实际销售量，计算出单一实施产品的许可费率，并参照该费率决定合理许可费赔偿。在"东京地判平成 8 年 10 月 18 日判时 1585 号案"③

---

① 台北地方法院 95 智上 1 号。
② 东京地判平成 13 年 2 月 8 日判时 1773 号 130 页判决。转引自张鹏《日本专利侵权损害赔偿数额计算的理念与制度》，《知识产权》2017 年第 6 期。
③ 东京地判平成 8 年 10 月 18 日判时 1585 号 106 页判决。转引自李孟聪《专利法之损害赔偿——以日本平成修法沿革为中心》，硕士学位论文，中原大学，2006 年，第 34 页。

中，许可先例的许可费率为8%，在订立该许可合同时系考虑到合同双方长期以来的友好信赖关系，此因素在认定合理许可费时不应考虑，因此法院以10%作为合理许可费率。在"东京地判平成11年11月4日判时1706号案"① 中，专利权人的芳香产品，就除臭功能而言，市场上已经出现其他竞争产品，因此侵权产品的消费者并非基于系争专利芳香效果而购买，而是基于侵权产品的除霉效果而购买，法院认为侵权人的市场占有率来自其营销的效果，因此认定1%的合理许可费率。

我国大陆地区法院也开始出现类似的判例，如2018年3月28日，北京市高级人民法院宣判的西电捷通诉索尼案的二审判决中②，法院在侵权专利是单个专利，而许可费是按包括侵权专利在内的专利包收取的情况下，对专利包许可费和侵权专利适应情况进行了分析，论证了专利包许可费作为合理许可费赔偿基准的合理性。

第二，当专利权人和独立的第三方不存在真实、合理的许可合同时，可以考虑参照相同或相似行业的同类或相似专利许可合同的许可费。

除了专利许可人承担的已经确定的许可费之外，相同或近似行业内其他专利许可授予中类似专利的许可费，对于确定损失赔偿的合理许可费赔偿基数有指引作用。相同或相似行业的同类或相似专利在实施中可能成为涉案专利的替代技术，起到和涉案专利基本相同的作用，因此在一般情况下两者的市场价值也基本相同，在不存在专利权人和第三方之间的许可时，可以用来参照再斟酌交易上的个别情况加以修正来确定专利侵权合理许可费赔偿基数。

---

① 东京地判平成11年11月4日判时1706号119页判决。转引自王铭勇《以相当权利金数额为专利侵害损害额——日本特许法第102条第3项之研究》，《科技法学评论》2010年第12期。

② （2015）京知民初字第1194号判决：被告索尼公司认为，原告提供的许可合同中约定的1元/件的专利许可费指向的是专利包，涉案专利只是其中1件，仍按照1元/件作为计算基础不合理。法院经审理认为，四份合同分别于2009年、2012年签订于西安和北京，其适用地域和时间范围对本案具有可参照性。四份合同约定的专利提成费为1元/件，虽然该专利提成费指向的是专利包，但该专利包涉及的专利均与WAPI技术相关，且核心为涉案专利。因此，上述四份合同中约定的1元/件的专利提成费可以作为本案中确定涉案专利许可费的标准。

对相似许可的可类比性可以从以下三个方面认定：（1）相似专利要涵盖侵权专利技术；（2）许可证条款，相似许可是非独占的，单纯的专利许可（没有捆绑额外的专利、专有技术或其他知识产权许可）；（3）许可证成立情况，相似许可证是在没有诉讼威胁下达成的。以上方面反映了当事人的相同关系：专利使用的用途相同；被许可人的授权程度相同；规避技术的可能性相同。① 以上方面是在理想情况下的认定，在现实世界中，几乎没有完全符合可比性条件的，所有相似可比性在作为合理许可费赔偿的指引前需要评估②，这种评估应在每一个案件中具体适用。

法院在适用过程中，要注意相似专利许可与系争专利许可的不同之处。比如在相似专利为普通许可而系争专利为独占许可、相似专利许可有地域限制而系争专利的许可没有地域的限制、相似专利及系争专利的许可是否包含交叉许可等情况下，就需要对相似专利的许可费进行调整，使之与侵权行为的类型相匹配。"可比较的专利使用费能通过考虑支付给类似权利的价格提供定价的指示。例如，对一栋住宅定价时，买方和卖方都将注意类似住宅的价格，对于技术，卖方和买方也将进行同样的关注。"③

美国近年来专利侵权损害赔偿额巨大，立法及司法上已经极力避免此问题进一步扩大，故对"相似许可"的判断衡量标准逐渐严格，要求损害赔偿的原告在举证上承担较高的义务，以实际上与系争专利具有相同经济、技术条件，方可以参考。我国专利侵权损害赔偿的情况恰和美国相反，赔偿额低，可以考虑对相似许可的认定采取比较宽松的标准。我国在司法实践中已经出现类似的案例，例如入选2015年江苏省知识产权司法保护十大案件的"江苏固丰管桩集团有限公司专利权利

---

① J. C. Jarosz, M. J. Chapman, "the hypothetical negotiation and reasonable royalty damages: the tall wagging the dog", *Stanford Technology Law Review*, Vol. 34, No. 2, 2013, p. 345.

② Laser Dynamics, Inc. v. Quanta Computer, Inc., 694 F. 3d 51, 77–78 (Fed. Cir. 2012).

③ ［美］罗素·帕尔、戈登·史密斯：《知识产权价值评估、开发与侵权赔偿》，周叔敏译，电子工业出版社2012年版，第234页。

纠纷案"①，法院认定关联技术方案的专利实施许可费可以作为确定赔偿额的依据。

若无满足条件的相同或相似产业的同类或相似专利可供分析对比时，方才可适用法定赔偿确立专利侵权赔偿。

改进后的我国合理许可费赔偿仍然以特定的已经确定许可费为中心设计，但适度扩大了适用范围，把在法定赔偿阶段考虑的许可费因素提前到许可费合理倍数阶段考虑，也就提高了许可费合理倍数的适用比例，减少了法定赔偿适用的比例。我国现行专利损害赔偿制度在立法上没有变化的情况下，在司法实践中改善合理许可费赔偿是比较切实可行的方法。

改进后的许可费合理倍数赔偿依然和美国曾经适用的已经确定的合理许可费赔偿基本相同，但美国认为特定的已经确定许可费并不能反映专利的真实市场价值，此种方式已经不再单独适用而仅仅作为在"虚拟谈判"中确定合理许可费需要考虑的因素之一。我国也会遇到类似的问题，选择适用特定的已经确定许可合同即使在形式上是真实和合理的，但在实质上也存在不能真实反映专利市场价值的可能性。在此情况下，我们不能效仿美国把根据特定的已经确定许可费来确定赔偿的方式弃之不用、另行创制"虚拟谈判"法来确定赔偿。上文已经论述，此种方式和我国既有的法定赔偿有一定的重叠，不适合我国的专利司法实际，并不可取。而法官如果要审查许可合同是否反映了专利的市场价值，必定涉及专利的创新程度、专利的贡献度等因素的审查，这些因素又是法定赔偿需要考虑的因素，所以法官不宜主动审查此类因素的存在。

本书认为可以在诉讼程序设置中解决这个问题。首先，权利人提供相似的许可费，应附上和侵权情况的对比分析说明的资料，尽可能阐明

---

① （2015）苏知民终字第00038号判决：虽然在本案中固丰公司是以其拥有ZL201110031334.1号发明专利权作为其主张权利的依据，但ZL201110031334.1号发明专利的权利要求保护范围包含ZL201120030513.9号实用新型专利权的保护范围之内。因此，固丰公司将ZL201120030513.9号实用新型专利权授权给大力神公司的实施许可中也包含了涉案发明专利权利要求保护的技术方案。因此该专利实施许可合同所确定的专利实施许可费对确定本案侵权赔偿数额具有较强的参考价值。

相似许可费和侵权情况的可比性,使法官确信作为合理许可费赔偿的计算基准;其次,这种相似合同的可比性的事实允许侵权人提出相反证据推翻,若侵权人认为特定的在形式上已经具备真实性和合理性的合同不能真实反映专利的市场价值,他应举证证明。法官通过初步审查,如果内心确认证据可以证明其主张,那么法院应不再适用合理许可费赔偿,而转向适用法定赔偿。

三 明确专利侵权合理许可费倍数赔偿的参考因素

我国专利侵权损害合理许可费赔偿"倍数"参考因素司法解释规定过于简陋,仅规定参照:"专利权的类别、侵权行为的性质和情节、专利许可使用费的数额、专利许可的性质、范围、时间等因素",地方法院也未见出台详细的裁判指导性司法文件,司法裁判中也鲜见对各参考因素和确定的赔偿额关系的分析,看不出各因素对赔偿额确定所起权重的大小,大多数判决的裁判理由也沦为司法解释的语句的复述。

合理许可赔偿本身系法官根据相关因素来酌定赔偿额,没有确定的计算公式,不可避免地会有主观性。合理许可费赔偿不在于赔偿数额的精准性,况且专利权本身的特性也不可能达到如数学般的精准,而在于制度设计的有效性,可以有效解决合理许可费赔偿认定的规范性和可预期性问题,尝试实现对合理许可费赔偿相对量化管理,达到给予权利人充分的补偿,有效地防止侵权的发生,充分激发技术创新的目的。

(一) 美国对合理许可费赔偿佐治亚·太平洋因素明晰化的探索

美国"虚拟谈判法"确定合理许可费赔偿的制度因和我国现有的法定赔偿制度存在一定的重叠,因此并不适合现阶段引进我国。但美国在"虚拟谈判法"中评估专利侵权损害赔偿数额的重要参考依据佐治亚·太平洋因素对我国却具有一定的借鉴意义。相对于我国司法解释中合理许可费赔偿参考因素规定的简陋,佐治亚·太平洋因素较为细致,对合理许可费赔偿额的确定有较为明确的指引,它不仅在专利侵权领域发挥着重要作用,还对标准必要专利、强制许可的合理许可费的确定有着影响。它也存在着适用的不确定性、不可复审性等弊端,美国司法实践对佐治亚·太平洋因素进行了明晰化探索，试图在每一因素采用和最终赔偿额之间建立比较清晰的联系，增加判决预测性。

美国"虚拟谈判法"确定合理许可费赔偿至少包括两个步骤：（1）决定合理许可费基准；（2）合理许可费的比率的确定。其中合理许可费基准相当于"已经确定的许可费"或"可类比的相似许可费"，在前已经论述，目前我国应把合理许可费赔偿适用范围扩大至相似许可费。而合理许可费赔偿因调整因素不确定性，原被告专家证人会提出不同的合理许可费数额，美国联邦第二巡回法院于 1971 年 Georgia-Pacific Corp. v. United States Plywood Corp. 案中列出了在实务判例中影响合理许可费数额的 15 因素，该 15 因素被称为确定合理许可费赔偿的黄金法则，至今仍然对美国专利侵权损害赔偿起着重要作用。

在美国 LucentTechs., Inc. v. Gateway, Inc 案中，法官认为"合理许可费的分析必然涉及近似值和不确定性"①。在 Apple Inc. v. Motorola, Inc 案中，法官也认为"估算合理许可费并不是精细的科学"②。然而，消除合理许可费赔偿计算中的某些不确定性因素的一种方法就是要求所有与佐治亚·太平洋因素有关的证据具有可量化关联或范围，在此范围内可以评估证据。正如波斯纳法官指出的那样，合理许可费的评估"并不一定是绝对精确的……，但必须要有一个负责任的量化的努力才能使一个特定的赔偿额有说服力"③。

联邦巡回法院在 Whitserve, LLC v. Computer Packages, Inc 案中也表达了这一意思："专家的证人应该专注于充分分析相关的因素，而不是粗略地将所有的 15 个因素都计算在内。而且，虽然不需要精确的数学，但也需要解释为什么，一般在多大程度上影响了许可费的计算。"④

2009 年美国专利改革法案提供了具有守门员功能的条款，不论是确

---

① Lucent Techs, Inc. v. Gateway, Inc., 580 F. 3d 1301, 1336 (Fed. Cir. 2009).
② Apple Inc. v. Motorola, Inc, 757 F. 3d 1286, 1315 (Fed. Cir. 2014).
③ John Bone et al, "An Interview with Judge Richard A. Posner on Patent Litigation", SRR JOURNAL, http：//www.srr.com/article interview-judge-richard-posner-patent-litigation (last visited-Dec. 16, 2017), archived at http：//perma.cc/K9LJ-PZ9L.
④ Whit serve, LLC v. Computer Packages, Inc., 694 F. 3d 10, 32 (Fed. Cir. 2012).

定"所失利益"还是"合理许可费",均由当事人详细说明其主张的相关潜在的法律及事实争议,并由当事人建议给予陪审团指示以决定损害赔偿的方法与因素,然后要求法院辨识出与决定损害赔偿相关的因素,而且仅能依据法院确认后的方法与因素加以决定损害赔偿。这种方式使赔偿有了比较明确的准则,降低了诉讼的不确定和不必要的诉讼成本。主要的修正建议点包括:(1)要求法院辨识出决定损害赔偿相关的方法以及因素;(2)要求当事人以书面且特别说明当事人所建议为了给陪审团指示以决定损害的方法及因素,详细其主张的相关潜在的法律以及事实争论;(3)引入任何关于决定损害赔偿的证据之前,法院应考虑是否一当事人的损害赔偿中一个或多个主张缺乏法律上充分的证据基础;(4)法院应为记录辨识出这些方法及因素哪一个是有法律上充分的证据基础,以进行损害赔偿计算,并且法院应该仅核准决定与损害赔偿有关的方法及因素。

美国有学者建议调整合理许可费赔偿的因素证据需要具有相关的可量化价值或范围,然后法院可以更充分地评估提交给陪审团证据的充分性,清楚地知道哪些因素被允许考虑,以及它们的相对数值权重。[①] 这不仅会迫使专家们提供充分的关于佐治亚·太平洋调整权重的笼统说明和定性断言的理由,也促使合理许可费赔偿审判程序中提高效率和可预测性。此外,对每个被认定证据的数值范围的阐述,可能会让陪审员对他们的最终计算更加有信心。在没有这种要求的情况下,陪审团可能会完全无视佐治亚·太平洋的证据,并以猜测方式确定赔偿。[②] 虽然这是一个小的证据要求,但这一变化可能会对合理许可费赔偿制度产生实质性的改进。2014 年美国联邦巡回法院对合理许可费赔偿的判决的撤销率达到 50%,联邦巡回法院法官认为损害赔偿金得不到实质性证据支持,实际

---

① J. P. Choi, "How Reasonable is the Reasonable Royalty Rate? Damage Rules and Probabilistic Intellectual Property Rights", *Cession Working Paper*, Vol. 18, No. 8, 2006, p. 12.

② M. K. Gooding, W. C. Rooklidge, "Real Problem with Patent Infringement Damages", *J. pat. & Trademark Off. socy*, Vol. 484, No. 91, 2009, p. 489.

上是不知道这些赔偿金是如何认定的。① 如果专家证人对可比性许可合同量化性描述，那么法官就可以清楚地看到合理许可费赔偿额是如何达到的，并审查与调整相关的具体证据，法官就可以确定这些证据是否是实质性的。

（二）我国细化专利侵权合理许可费倍数赔偿参考因素的具体建议

在明确合理许可费倍数赔偿的参考因素方面，虽然美国的"虚拟谈判法"确定合理许可费赔偿制度和我国的法定赔偿制度存在重叠和冲突，现阶段整体引进该制度的时机并不成熟，但在美国"虚拟谈判法"确定合理许可费赔偿的过程中，需要考虑的因素的确值得我们借鉴。合理许可费赔偿是通过法官自由心证确定的赔偿额，是法律认定的赔偿，相对于事实认定的赔偿主观性较大，因此法官据以参考的因素在裁判中具有重要意义。参考因素基本是涉及法律技术性的问题，所以美国确定合理许可费赔偿佐治亚·太平洋考虑因素及其明确化对我国改进合理许可费赔偿制度有一定的借鉴意义。

专利侵权合理许可费赔偿的参考因素基本上是从专利权本身特性和侵权行为的两个方面来考虑赔偿额，确定合理许可费赔偿因素基本上可以分为提供专利权和侵权行为方面的信息。所以美国确定合理许可费赔偿佐治亚·太平洋明晰化的探索对我国改进合理许可费赔偿制度有一定借鉴意义。适用合理许可费赔偿的过程中，并不意味着损害或获利的证明因素不再重要，在认定合理倍数的数额时，需要进行经济和市场的分析。

德国司法实践中确定合理许可费赔偿，法院将会考虑所有会在商业谈判中对许可费数额有决定影响的因素，如对侵权人来说经济上合理替代技术选择、专利的独占地位、同时使用其他专利、从属专利或者竞争地位的改善、任何自由约定许可的金额等。侵权个案中的具体情形决定许可费的数额，在有些案件中，侵权人同时使用了自己的专利权，获得

---

① R. E. Dodge, "Reasonable Royalty Patent Infringement Damages: A Proposal for More Predictable, Reliable, and Reviewable Standards of Admissibility and Proof for Determining a Reasonable Royalty", *Indiana Law Review*, Vol. 48, No. 3, 2015, p. 34.

较高的销售额，而所涉领域销售额通常是等级下降的；高销售额是基于侵权者的声誉、能力等。综合考虑这些因素，法院也许会降低合理许可费赔偿额。法院也会根据案件中的一些因素，提高许可费赔偿额，例如侵权人没有支付因专利无效而支付的专利许可费的风险；事后支付许可费而省下利息；许可标的范围，尤其是利用了被侵权人的知识和声誉；专利权人的垄断地位；专利技术获得了价值提升；省去了技术研发费用；侵权产品质量低下而损害权利人的形象。[①]

在确定了合理许可费赔偿的计算基础，法院会综合考虑多种因素，一些因素会导致许可费赔偿额上升，一些会导致许可费赔偿额减少。不仅需要对参考因素逐条和赔偿额关联性及权重进行对比分析，考虑其对赔偿额的正或负项影响，在个案的裁量中斟酌以上因素的正、负影响后，还需要进一步考虑个因素影响的强度不同，综合考虑确定最后合理许可费倍数。

标准必要专利许可费需要在 FRAND 许可原则下确定，侵权人不可避免地要使用标准必要专利，而在当然许可中，权利人本质是允许他人使用自己的专利，许可费的设定也较普通许可费低，这两种专利的合理许可费赔偿参考因素以及确定倍数的赔偿必定和普通专利许可有一定的不同，有单独讨论的必要。

1. 普通专利侵权合理许可费赔偿需考虑的因素

（1）专利本身的权利特征

专利本身的权利特征包括专利的有效期，专利许可的范围与限制等。一般而言，如果涉案专利属于成熟期且有效期长时，会增加专利价值；涉案专利属于独占专利，许可区域广，对销售对象的限制较少时，专利会有较高的价值。专利权人的市场占有率越高，其专利价值会越高。因此，专利的有效期、专利的许可区域与限制、专利权人的市场地位一般都属于正向影响。但需要注意的是有时候专利有效期短，并不意味着其价值低而应获得较小的赔偿，要结合其他商业因素综合考虑，如专利满

[①] 刘晓海：《德国法院专利侵权损害计算——三种计算方法适用》，首届中国知识产权法官论坛演讲，北京，2015 年 4 月 17 日。

足了侵权人的长期需要，可以获得商业上的即刻成功等。

(2) 当事人之间的市场竞争关系

如果专利权人和侵权人是同一市场的竞争对手，法院应考虑较高的赔偿额，双方越是直接的、激烈的竞争，赔偿额应该越高。因为作为专利权人的竞争对手的侵权人的规模越大，将会导致专利权人越多的专利产品的销售量流向侵权人，专利权人自然可以要求较高的赔偿额。但如果同一市场还包括其他非侵权竞争者，侵权人与其他竞争者争夺销售额的有可能使专利权人受益，合理许可费赔偿应低些。有学者认为如果专利权人自己有能力制造产品，他会倾向于独占垄断市场，一般不会许可给他人，这时确定的许可费应高些。[①] 也有学者认为，专利权人未生产、销售专利产品，那么他也就没有实际的或预期的利益损失，许可费赔偿应该较低。[②] 从专利权人和侵权人市场竞争关系来看，专利权人未生产、销售专利产品，也就不会和侵权人有市场竞争，侵权人也就不会侵占专利权的销售量，合理许可费应是唯一的赔偿方式，在这种情况下，合理许可费的确定应较低。但如果专利权人可以举证证明，他有计划或已经准备了设备等将进行专利产品的生产，侵权产品的销售无疑已经确定侵占了专利权人的未来的销售市场，这时，法院应确定较高的合理许可费。

在确定双方的竞争关系时，法院可以通过企业的内部文件材料或本行业协会等组织的报告或商业评论来确认。因为当事人的企业资料如市场调研报告等一般会涉及竞争对手和竞争产品，如果当事人在材料中将对方视为竞争对手，对方产品视为竞争产品，可以判断双方竞争关系。[③] 也可以通过比较双方当事人的客户来判断双方的竞争关系，如果双方当事人的客户基本来自同一行业或阶层，就是证明双方是竞争对手的有利证据。

---

① M. A. Lemley, "Distinguishing Lost Profits from Reasonable Royalties", *Social Science Electronic Publishing*, Vol. 2, No. 2, 2009, p. 107.

② M. B. Stewart, "Calculating Economic Damages in Intellectual Property Disputes: The Role of Market Definition", *J. pat. & Trademark Off. socy*, Vol. 2, No. 2, 1995, p. 24.

③ M. Glick, L. A. Reymann, R. Hoffman, *Intellectual Property Damages: Guidelines and Analysis*. New York, John Wiley & Sons, 2006, p. 23.

由此可见，法院可以从以下方面来考虑竞争关系对合理许可费赔偿的影响：权利人有没有相应的生产能力来实现侵权人的销售量，因此即使侵权人在市场上存在，权利人也不会有销售量的损失，或者双方产品是否因价格、地域以及其他差异，双方其实并未在同一相关市场中竞争。

因此，专利技术创新性越强，其附加价值也就越高，则其专利产品的质量将相对提高，竞争力强，其市场优势将更加明显，专利的价值也会提高，故此附加价值是正向的影响，而侵权行为人的侵权程度越高，表示专利权利人的专利损害范围越大，故侵权程度属于正向影响。专利权人与侵权人的市场竞争的程度越高，专利权人的议价能力会越高，因此会有较高的专利价值，属于正向影响。

(3) 侵权专利对于侵权人的商业价值

在确定合理许可费赔偿倍数的考虑中，侵权人因侵犯专利而获得利益是要考虑的因素，侵权专利对于侵权人的商业价值是侵权人的经济动机，只有剥夺侵权人因侵权行为的获利才有可能预防专利侵权的发生。

A. 侵权专利给侵权人带来的实际利益

对于侵权人来说，通过使用他人的专利技术，可以更好地改进产品性能或服务质量，从而达到吸引消费者、增加销售量和利润率的作用。侵权产品的销售额和利润率是衡量侵权人实际获利的指标。在考虑侵权专利对侵权人利润贡献时，应当区分归功于专利贡献的产品利润与侵权产品的非专利特征的贡献，如产品工艺、市场风险等因素，专利权人无权获得那些并非来自侵权行为的利润，侵权人可以获得非因专利侵权的获利。美国联邦法院在确定了"利润比较法"，将侵权人实现的利润减去如果他使用公知技术所能实现的利润，就是侵权人因返回的获利。[①] 比较的对象可以是行业的平均利润，或者是侵权人未侵权之前的同类产品或技术方案中的利润。在利润分割案件中，由哪一方当事人承担举证义务对裁判结果具有重要意义。一般认为应由侵权人对利润分割承担举证义务，法院首先推定侵权产品的所有利润都来自侵权行为，证明哪些利润

---

① Mark Schankerman, Suzanne Scotchmer, "Damages and Injunctions in Protecting Intellectual Property", *The RAND Journal of Economics*, Vol. 31, No. 1, 2001, p. 199.

并非来自侵权由侵权人举证,这是因为侵权人在财务上将合法收入和侵权收入混在一起,原告是无法证明的。实际上,法院要求的并不是如数学般精确性,只是合理概算。

实施侵权专利给侵权人带来利益还包括销售侵权专利产品对侵权其他产品的促销作用,例如衍生销售。如果专利权人通过侵权产品销售带动和侵权产品相关的非侵权产品销售量的增长,这部分衍生销售的获利的也应是合理许可费倍数考虑因素。

侵权人获利也包括侵权人因实施侵权专利而获得成本节省,侵权人因未经许可实施专利权人专利,可以节省下研发专利技术费用,此处利益是边际利益,是与侵权人使用非侵权"次佳选择"(second best)技术相比的利益增加。在一般情况下,未获得许可使用他人专利是在专利失效后才开始实施并着手准备进入市场,但侵权人通过实施侵权专利可以提前进入市场,获得加快进入市场的利益,这部分利益也应是考虑因素。总之,侵权人因侵权获利越多,销售量增长越快,节约成本越多就越应支付更多许可费赔偿。

因此,侵权行为人在非侵权方面对侵权产品价值的贡献,包括营销策略、生产管理策略等,此贡献也会造成侵权产品的价值提高,但该贡献并非来源于专利权人,不应归结于专利的价值,故侵权人贡献属于负向影响;一般情况下,涉案专利特征与侵权产品整体依附性越高,越无法分割,则其专利价值越高,故此涉案专利产品对其他相关商品的销售影响是正向影响。

B. 专利产品商业成功程度

侵权发生时,权利人或许可人的专利产品商业成功程度是判定合理许可费重要因素。产品商业成功程度可以从产品的市场占有率、销售率、盈利率等来判断,如果该产品已经在市场上确立地位,并获得较高利润,则侵权人应支付较高许可费,若该产品市场前景不明朗,需要专利权人进一步投资扩大市场,则侵权人支付许可费应低。例如专利权人如果可以证明在侵权发生时,相比在先许可合同签订时,专利技术使得产品的市场份额扩大,获得更多市场价值,那么他就可以要求较高的许可费赔偿。

因此专利已经实施，在市场上表现为一定的专利商品，说明专利市场接受程度较高，会有较高专利价值，故专利本质和实施属于正向影响。

美国专利侵权损害赔偿诉讼的主体大约有一半是拥有专利自己并不实施专利，即不将专利用于市场商业领域的产品的专利权人[①]，他们不商业化自己的专利，没有任何因其专利权而获取利润的目的，而是闲置专利坐等别人实施专利，承担商业化专利的风险，等别人成功了，再诉求合理许可费赔偿。这显然不仅和专利制度的基本宗旨鼓励技术传播、鼓励技术创新不符，也和合理许可费赔偿制度的建立的初衷不符，合理许可费赔偿建立是为了便利专利商业化初期的专利权人在无法证明损害时的举证，而不是鼓励专利权人去等待他人行为不慎落入该专利申请范围而任意求偿。美国有学者建议只有在专利商业化和侵权人抄袭权利人的专利的情况下，专利权利人才可以获得较高的赔偿。[②] 我国虽然还没有出现大规模的"专利螳螂"诉讼现象，但我们需要警惕上述现象在我国的出现，同时我国的专利实施率本来就很低，如果专利损害赔偿的结果鼓励了权利人不实施专利权，那么我国提高专利实施率将会更困难，所以，在我国也有必要把专利权人所获得合理许可费赔偿和专利商业化的程度挂钩。专利权本身不再被视为目的，而是促进有用发明发展和传播的手段，在专利权排他理论下，政策制定者将决定给予专利权人优化专利活动多大的奖励。如果专利权覆盖了专利期间大量使用的技术，则专利权人可以从使用者获取大量的许可费，如果专利没有在排他性权利下制造或使用，那么该专利通常价值不大。因此，如果专利权人不进行商业化生产，就不可能获得专利排他权利的商业性的收入，遭受侵权时，在我国的合理许可费赔偿制度下只能获得一倍的赔偿。

C. 侵权人对专利技术的需求度

在决定合理许可费赔偿时，应考虑侵权人对专利技术的需求。比如，侵权人如果不使用侵权专利，则必须使用非侵权的替代技术，而调查显

[①] J. Feng, X. Jaravel, "Who Feeds the Trolls? Patent Trolls and the Patent Examination Process", *SSRN Electronic Journal*, Vol. 5, No. 3, 2016, p.34.

[②] Liivak-Oskar, "When Nominal is Reasonable: Damages for the Unpracticed Patent", *Boston College Law Review*, Vol. 56, No. 3, 2014, p.56.

示侵权专利技术是侵权人最佳选择，这一事实可以成为专利权人要求较高许可费的依据。专利权人主张较高的许可费，可以先从专利技术上优点方面说明涉案专利比非侵权的替代品更具有优势，再从市场分析的角度说明消费者的购买需求来自系争专利的进步性，同时专利权人也可以说明涉案专利难以回避设计或市场上无法提供非侵权替代品；相反，侵权人可以主张以下事实，以降低合理许可费的倍数：专利技术很容易回避设计；侵权人可以轻易地采取其他非侵权的替代品。

D. 侵权产品销售额占侵权人总销售收入的比例

侵权产品的销售额占侵权人总销售收入的比例越高，专利权就越应获得较高的许可费赔偿。因为，侵权人如果不实施侵权专利，侵权人的销售将会受到比较大的影响，影响的不仅仅是侵权产品的利润，而且是侵权人整个产品的销售利润，据此，法院也应判决较高许可费。

（4）侵权人的主观状态

在各国的专利法中，有以侵权人的主观要件作为确定增加或减少赔偿额的要件，比如美国将"故意"作为提高赔偿额的依据。日本专利法第102条第4款规定，在专利权人请求高于许可费的赔偿时，若侵害人并非出于故意或重大过失，法院有权斟酌决定赔偿额。也就是说如果侵害人能证明其仅是因为轻过失而未侵权行为，法院可以依其裁量酌定较低的赔偿额。我国在专利侵权损害赔偿中，是把侵权人的主观状态作为重要的参考因素的，对于专利合理许可费赔偿的参考因素，我国最高法院司法解释规定："有专利许可使用费可以参照的，人民法院可以根据专利权的类型、侵权行为的性质和情节、专利许可的性质、范围、时间等因素，参照该专利许可使用费的倍数合理确定赔偿数额。"其中"侵权行为的性质"包括侵权人主观状态。我国在第四次专利法修改送审稿中也规定了"故意"侵犯他人专利权应惩罚性赔偿。在专利侵权损害的惩罚性赔偿进入我国专利法已经基本定局的情况下，在合理许可费赔偿中，侵权人的主观状态的考虑主要应在于侵权人的过失状态。过失一般分为无认识意识的过失和有认识意识的过失，前者是指权利人应尽注意义务，并且能尽注意义务而不注意，后者指对于构成侵权行为的事实有预见，而确信其不会发生。美国专利法创立了善意信赖原则排除侵权人的故意，在侵权人善意信赖该专利为无效、不可执行或者其行为不构成侵权，于该善意信赖期间内，法院不得认定侵权人为故意侵害专利权。善意信赖可以由以下方式建立：（1）合理信赖专家的意见；（2）证据显示，侵权人在知悉专利权之后，试图改变其行为，比如回避性设计，以避免侵权；（3）法院认为有其他足以证明善意信赖的证据。①

虽然专利权是实质存在的权利，但是在其公告后，并非为一般社会大众所知晓，因为专利产品所牵涉的商业市场体系包括制造商、批发商、销售商等，还存在是否与专利权人存在竞争关系等情形，这其中每一类人，对于专利权是否存在，认识能力是完全不同的，即使行为人是该所属领域专业人士，在通过专利检索等行为之前，该专利权利范围也不能确切知晓，这和传统民法的权利为社会上任何一个都可以明确知晓保护的边界完全不同。即使专利权上的客观注意义务，是以专利公告为基础专利检索导致的回避义务，但对于同行业从业者、有竞争关系的制造者、销售者到市场下游的单纯零售者，其客观注意义务在以善良管理人的注意义务为标准时，其实质内容应不同，法院在个案审理中必须做出调整。一般来说，和专利权人有竞争关系的专利实施人的善良管理人的注意义务应高于无竞争关系专利实施人的注意义务，制造商的注意义务要高于销售商的注意义务，法院在决定合理许可费倍数时要和侵权人过失程度适应，有竞争关系的专利实施人和制造商一般应承担合理许可费的倍数高于无竞争关系的专利实施人和销售商。

在专利侵权案的审理过程中，法官应让双方当事人就以上参考因素进行辩论，并说明这些因素与合理许可费赔偿是正相关还是负相关，法官充分发挥自由裁量权决定对哪些决定赔偿额的因素予以采纳。这样的程序既可以保证当事人诉讼权利的充分行使，也是法官对当事人的诉求有了充分的了解。权利人提供的正相关的参考因素被法院采纳的越多所获得的合理许可费赔偿额就越多，当事人对赔偿额也有了大致的预估，诉讼结果可预测性也获得了增强。

2. 标准必要专利、当然许可专利侵权合理许可费赔偿确定参考因素

---

① 张玲、纪璐：《美国专利侵权惩罚性赔偿制度及其启示》，《法学杂志》2013 年第 2 期。

探讨

（1）FRAND 许可原则下的标准必要专利侵权损害中合理许可费赔偿

所谓标准必要专利（Standard Essential Patent，简称 SEP）系指标准制定组织对于一项技术被采纳为标准，要求必须是不可缺少且难以回避的一项技术，且该技术又作为一项专利技术被专利权人所独占。专利被纳入标准时，标准实施者欲使用技术标准所要求的规格技术时，由于该专利的无可替代性，使该专利成为实现其技术的唯一途径，因此标准实施者在实施技术标准无法避免不落入该专利的保护范围，则该标准具有必要性，此时标准实施者必须向专利权人请求授权许可，以免侵害他人的专利权。标准必要专利具有规范性、强制性和公益性的特点，标准必要专利在进入标准之前，权利人已经向标准组织做了单方面的许可承诺，即公平、合理无歧视的 FRAND 许可承诺。

由于专利被纳入技术标准而具有不同于普通专利的特殊性，在涉及技术标准的专利侵权诉讼中，禁令一旦发放，其产品将不得不退出市场。法院在审理涉及技术标准的专利侵权案件时，和普通专利侵权请求不同，通常会考虑专利权人在加入技术标准过程中所做的 FRAND 许可承诺，对专利权人的禁令救济请求会慎重对待，对侵权合理许可费赔偿数额会限制。我国学者研究对涉及技术标准的专利权受到限制的理由主要有三个方面：一是权利人的 FRAND 承诺和披露义务；二是技术标准背后的公共利益对于专利权人的制约；三是良性竞争秩序对专利权人的约束。[①] 因此，标准必要专利侵权案件有别于普通专利侵权案件，其主要区别在于：专利纳入技术标准且该标准被广泛使用后使该专利具有了"锁定效应"，并具备了一定的公共利益属性；此外，专利权利效力上承载专利权人做出的不可撤销承诺对专利权的行使产生一定的约束力。[②]

一般情况下，标准实施带来的网络效应使标准必要专利的实施者众多，在专利侵权损害赔偿中，适用权利人所失利益和侵权人获利的赔偿方式比普通专利侵权认定将更加困难。同时，由于标准必要专利的实施

[①] 张平：《论涉及技术标准专利侵权救济的限制》，《科技与法律》2013 年第 5 期。
[②] （2017）京民终 454 号。

主体众多，许可的历史记录也就众多，而且根据 FRAND 原则，许可的条件也应相同，这也为标准必要专利侵权损害合理许可费赔偿的适用提供了极其便利的条件，合理许可费也就成为确定赔偿的最适宜的方式。标准必要专利许可更多地涉及技术的传播和普及，具有较多的公益性色彩，受 FRAND 原则约束，其许可费和普通专利的许可费应有所不同。普通专利的许可费是在市场规则下，自由平等谈判的市场价格，因为竞争的存在，一般是公平的，而标准必要专利 FRAND 原则下的许可费是因为纳入了标准而消除了市场竞争的情况下，被许可人只有选择与标准兼容，专利权人可能实施专利劫持并独占标准的实施带来的利益，因此，原则下的许可费也应低于普通专利根据市场竞争达成的许可费，那么显然 FRAND 原则下合理许可费赔偿额应比普通专利合理许可费赔偿额低。

标准必要专利的侵权损害赔偿不能独立于技术标准之外，不应当仅仅从单一的专利角度依据专利法关于侵权赔偿的规定进行考虑损害赔偿，而应该结合标准必要专利的权利人的 FRAND 义务的限制，在公共利益的平台上进行综合的法律价值判断。

在美国的 Microsoft Corp v. Motorola, Inc 案中①，法官罗伯特（Robart）对合理许可费赔偿的参考佐治亚·太平洋考虑因素在涉及标准必要专利侵权时，在 FRAND 原则下对此框架做出修正，将 15 个因素修正为 11 个因素，以适应标准必要专利合理许可费赔偿的需要，在专利权人做出 FRAND 许可承诺的情况下，本身就含有只要标准的使用者支付合理的对价就应该许可其实施的意味，在标准必要专利权利人请求损害赔偿时，理应在 FRAND 许可原则下进行考虑。

因素 1（已经确定的许可费）：专利权人必须证明已有的许可费率是在 FRAND 许可义务和其他可对比的协商条件下确定的，双方当事人都了解 FRAND 许可义务的情况所成立的许可协议才能成为参考因素；因素 2（相似专利许可费）：被许可人已经支付其他可以相似系争专利的许可费比率（本案未对分析因素 2 提出修正）；因素 3（授权范围与限制）：权利的性质或范围，例如专属许可或非专属授权，具有限制区域的许可等

---

① Microsoft Corp v. Motorola, Inc, 904 F. Supp. 2d 1109 (W. D. Wash. 2012).

（本案未对因素3分析提出修正）；因素4（专利权人的独占地位）：普通专利权利人为了维护市场独占地位，倾向于不许可他人使用专利或在特殊情形下许可。但在FRAND许可条件下，专利权人已经承诺以FRAND许可条件进行承诺不能拒绝他人许可以维持独占的地位。因此，此项分析因素在FRAND许可情形下并不适用；因素5（专利权人与被许可人之间关系）：普通专利侵权要分析许可人和被许可人之间的竞争关系，如果具有竞争关系，专利权人可以享有更多的许可费。在FRAND许可条件下，专利权人已经承诺以FRAND许可条件进行许可，因此专利权人不得在许可条件上给予竞争对手差别待遇。故此项分析因素不适合FRAND许可情形；因素6（附随销售）、因素10（专利商品化的程度）与因素11（侵权程度）：包括涉案专利对侵权人的与涉案专利产品销售的促进情况、专利产品的特征为专利权人带来的利益、侵权人因侵权获得利益等因素。在FRAND许可情形下，此因素的分析应集中在专利技术排除被纳入标准所产生的效益。合理许可费赔偿应考虑涉案专利对于标准的贡献度、标准专利实施者的相关技术能力贡献以及对标准实施者的产品销售的贡献；因素7（授权期间）：该因素考虑专利的有效期，即从假想协商的日期到该专利到期的时间长短。在FRAND许可情境中，专利许可期间等同于许可存续期间；因素8（专利产品商业上的成功）：包括涉案专利的产品获利、商业上的成功和市场普及情况等。在FRAND许可情形下，不应将专利技术纳入标准后的利益计算在专利产品的商业成功程度的考虑中，专利产品的商业成功程度应只和专利技术本身的价值相关联；因素9（专利技术的进步性）：涉案专利与现有技术相比的优势。在FRAND许可情形下，进行虚拟谈判的双方当事人会考虑并非涉案专利而是其他替代技术被纳入标准的情形，与其他可以被纳入标准的其他替代技术相比较，以计算出该专利技术的具体价值；因素12（发明带来的利润）：主要考虑特定行业的惯常利润。在FRAND情形下，使用涉案标准必要专利通常可以获得的利润或销售价格；因素13（利润的分割）：即在存在技术分摊的情况下，涉案专利带来的利润才能纳入许可费赔偿。在FRAND许可情况下，涉案专利所贡献的部分与专利被纳入标准所获得价值，需要分开。专利纳入标准所获得价值会使标准必要专利所有人取得出自标准本身的价值回报，此情形是与 FRAND 许可原则相违背的；因素 14（专家意见）：专家证人的证言对专利侵权赔偿有重要作用（本案未对因素 14 提出修正）；因素 15（假想协商）：该因素是适用前 14 个因素的基础，属于兜底条款。在 FRAND 许可情形下，标准必要专利所有权人与标准实施者在考虑 FRAND 许可原则下进行协商并达成协议。FRAND 许可原则的目的在于使标准能够被广泛运用到市场上，标准必要专利权利人应遵循 FRAND 原则授权。

在 2013 年的 In re Innovatio IP Ventures, LLC 案[1] 和 2014 年的 CSIROv. CiscoSys., Inc[2] 案中法官也采取的修正后 Georgia-Pacific 分析 FRAND 原则下的合理许可费赔偿。在 Ericsson, Inc. v. D-LinkSystems, Inc 案[3]中，联邦巡回上诉法院首次对标准必要专利侵权赔偿发表意见，认为几个佐治亚·太平洋因素在 FRAND 许可的原则下必须做出调整。例如第 8 因素的"专利产品的商业成功"就需要调整，因为标准要求所有产品都采用该专利计划。第 9 因素"专利技术的进步性"，在考虑时需要谨慎，标准必要专利因为必要而被使用，并非因为其优于在先技术。第 10 因素"专利商业化程度"要求考虑许可人自己的商业实施，但标准必要专利要求所有相同行业都采用该技术。至于其他因素，必须根据个案判断而决定是否需要调整每一个因素。

联邦巡回上诉法院还提到了在计算合理许可费赔偿时的分配原则，在计算涉案专利的价值时，要算的不是整个标准对整体产品的价值，而是涉案专利的附加价值，所以要找出标准中涉案专利特征，而排除标准中的其他非涉案专利的特征。为了确保所算出来的许可费是真实反映出专利附加于该产品上的附加价值，而非因为该技术被标准化后而增加的价值。一项专利被选为标准有很多原因，而企业愿意采用该专利技术，是因为该专利是标准，而不是因为专利技术先进，因此，在计算标准必要专利的许可费时，不应考虑因为该专利技术标准化后而增加的价值，

---

[1] In re Innovation IP Ventures, LLC Patent Litigation, 2013 WL 5593609,（N. D. Ill, 2013）.
[2] CSIRO v. Cisco Sys, Inc, 2014 WL 3805817（E. D. Tex. 2014）.
[3] Ericsson, Inc. v. D-Link Systems, Inc, 773 F. 3d 1201（2014）.

而是该专利技术本身的附加价值。在标准必要专利诉讼中，虚拟谈判的时间点是专利技术被标准采纳时，而不是像普通专利那样在侵权开始的时候，因为如果侵权开始的时间作为 FRAND 假想谈判的时间点，则专利权人将把标准的普及而非专利技术本身的优势带来的价值据为己有，这显然对标准必要专利的使用者不公平。

因此，美国法院在标准必要专利合理许可费赔偿的计算中并非采用产品终端价格的一定比例作为合理许可费的基础，而是以涉案专利占该产品的价格比例并考虑涉案专利对标准与标准实施者的整体技术贡献程度作为计算基础，并且参考标准相关专利联盟所制定的许可费比例。修正后佐治亚·太平洋分析将专利挟制和许可费累积纳入计算考虑。

日本 Apple Japan vs Samsung[①] 案的东京地方裁判所一审法官认为，三星公司的请求赔偿的权利违反 FRAND 原则，属于权利滥用的行为而不应被允许行使。在上诉审中，知识产权高等裁判所维持了一审法院东京地方裁判所认定专利侵权的判决，推翻了三星（Samsung）不能实行损害赔偿权的判决，知识产权高等裁判所估算符合 FRAND 许可原则的损害赔偿的具体计算方式分为三步：（1）侵权产品的销售中标准的贡献比率；（2）涉案专利技术对于标准的贡献率；（3）将许可费累积纳入考虑，对技术标准下的众多必要专利采取了平均主义的计算方式，对涉案标准下的 529 个专利，其中一种的数额就是 1/529，不区分哪个专利贡献更大，在计算前述专利技术占标准的贡献率时，标准的全部许可费不能超出终端产品销售总额一定比例（5%），最后判决认为损害赔偿额等于符合 FRAND 承诺的专利许可费。这一结果的损害赔偿仅仅反映了专利权的技术贡献部分，与普通专利侵权案件相比，对许可费费率设立了封顶[②]，法院可能给出较低的许可费率，日本对标准必要专利下实施许可费实际上是减额的计算方式。[③]

---

① 东京地判平成 23 年第 38969 号，http：//www.courts.go.jp/hanrei/pdf/20130322172650.pdf。2017 年 4 月 29 日。

② 刘影：《日本标准必要专利损害赔偿额的计算——以 "Apple Japan vs. Samsung" 案为视角》，《知识产权》2017 年第 3 期。

③ 张鹏：《日本专利侵权损害赔偿数额计算的理念与制度》，《知识产权》2017 年第 6 期。

2008年7月8日，最高人民法院在"关于朝阳兴诺公司按照建设部颁发的行业标准《复合载体夯扩桩设计规程》设计、施工而实施标准中专利的行为是否构成侵犯专利权问题的函"中指出："鉴于目前我国标准制定机关尚未建立有关标准中专利信息的公开披露及使用制度的实际情况，专利权人参与了标准的制定或者经其同意，将专利纳入国家、行业或者地方标准的，视为专利权人许可他人在实施标准的同时实施该专利，他人的有关实施行为不属于专利法第十一条所规定的侵犯专利权的行为。专利权人可以要求实施人支付一定的使用费，但支付的数额应明显低于正常的许可使用费；专利权人承诺放弃专利使用费的，依其承诺处理。"

最高人民法院的复函虽然是针对个案有效，对复函体现的对标准必要专利权人侵权损害赔偿权限制的精神对以后审判提供了指引：标准必要专利的专利许可费应低于该专利没有进入技术标准时设定的许可费①在衡水子牙河建筑工程有限公司与张晶廷等侵犯发明专利权纠纷案中，二审法院充分考虑了标准必要专利的特性，将一审法院认定的80万元的赔偿额下调为10万元的许可费。

2017年3月22日，在西电捷通诉索尼标准专利侵权案②中（一审），法院根据涉案专利的类型（无线局域网安全领域的基础发明、被纳入了国家标准）、侵权行为的性质和情节（判决书重点分析了协商中侵权方的过错）、涉案专利的许可实施（专利许可的性质、范围、时间）、媒体报道和获奖情况等考虑因素，判决索尼赔偿西电捷通主张的涉案专利许可费3倍的赔偿，共9103367元。

该案一审判决没有体现标准必要专利侵权和普通专利侵权赔偿的不同，没有分析标准必要专利FRAND许可原则对侵权损害赔偿的影响、专利许可费所占产品利润的比例以及专利费累积问题，主要依靠侵权人的主观过错参照许可费3倍确定赔偿额略显草率。2018年3月28日，该案

---

① 张玲、纪璐：《美国专利侵权惩罚性赔偿制度及其启示》，《法学杂志》2013年第2期。
② （2015）京知民初字第1194号。

二审判决书虽然指出了标准必要专利侵权和普通专利侵权的不同①，但却没有分析这种不同对损害赔偿的影响，维持了一审判决的损害赔偿部分的判定。

过高的标准必要专利合理许可费赔偿是不利于技术标准的普及和推广，技术标准运用的滞后会损害社会的整体福利。专利权是法律赋予专利权人在一定时间内享有排他权，属于专利权人的无形财产权，若他人欲使用该专利时，应向专利权人取得授权许可，专利权人通常为了回收研发成本已经获得更大的利益会倾向于提高许可费。和普通专利许可不同的是标准必要专利会涉及专利挟制和专利累积问题，当标准必要专利的专利权人，要求过高的权利金，就会出现专利挟制（patent hold-up）问题。一个标准上会有上百个专利，若每一家公司都要对所有标准必要专利权人支付学费，彼此累积，加起来会太高，形成专利累积（royalty stacking），导致被许可人的利润空间将会很少或没有。技术标准是提供产品的普适判断，强调公开性和广泛利用性，因此专利权与技术标准在价值取向上似有所矛盾，专利制度作为促进技术创新发展的工具，在社会整体的福利面前，应有所抑制。为了技术标准的广泛实施，专利权的排他性权利受到限制有其合理性。在确保专利权人得到与其技术贡献相应的报酬，这样才能确保专利权人愿意公开技术换取保护，也才能保障专利权人愿意将专利纳入技术标准中。法院在审理相关案件时应分析标准必要专利权人、标准的使用者的利益，权利人只获得专利所带来的利益，考虑到专利累积问题，可以设置最高许可费率的限制。

（2）当然许可专利侵权损害中的合理许可费赔偿

为了提高我国专利的实施和运用，参照国外的相关条款，我国专利法第四次修改送审稿第 82 条第 1 款规定了当然许可制度，专利权人以书面方式向国务院专利行政部门声明愿意许可任何人实施其专利，明确许可费，并由国务院专利行政部门予以公告。由此可见，所谓专利当然许

---

① 该案二审法院认为："标准必要专利侵权案件有别于普通专利侵权案件，主要区别在于：专利纳入技术标准且该标准被广泛使用后使该专利具有了'锁定效应'，并具备了一定的公共利益属性；此外，专利权利效力上承载专利权人做出的不可撤销承诺对专利权的行使产生一定的约束力"。参见（2017）京民终 454 号。

可，是指专利权人向专利行政部门申请当然许可并经批准后公告，任何第三人在支付了相应的许可使用费以及满足其他实施条件后，实施该专利，专利权人不得以任何理由拒绝许可。

处于当然许可的专利的特性并没有改变，专利权人仍然具有排他性的权利，他人未经权利人许可而使用当然专利仍应构成专利侵权，权利人仍应获得救济。在损害赔偿方式的选择上，由于当然许可的许可费一般都已经确定，合理许可费赔偿方式也就成为适宜的选择。

在合理许可费赔偿方式的适用中，首先要考虑当然许可和普通许可的不同。首先，在当然许可的许可费设定上，根据国外经验，当然许可是非专属许可，并且许可费标准的设定仅为普通许可费的一半。① 当然许可费设定的标准低固然对专利权人不利，但通过降低许可费，可以吸引更多的人实施其专利，专利权人也就能从许可实施中获得更多的许可收益。同时，更多的人实施专利也和当然许可设立的目的促进专利实施相吻合。其次，处于当然许可的专利，任何人只要同意专利许可费条件，并通知专利权人，专利权人就应许可他人实施专利而不能拒绝。也就是说专利权人在普通专利许可中选择被许可人的权利受到了限制。

基于当然许可制度促进专利实施的目的和当然许可本身具有的特性，在当然许可侵权损害诉讼中，当然许可权利人的权利是受到一定限制的。比如，专利法第四次修改送审稿第83条第3款规定：当然许可期间，专利权人不能就该专利给予独占或排他许可、请求诉前临时禁令。因为当然许可专利的权利人本来就是只要任何人同意许可费，就可以使用专利，专利侵权人事先没有取得专利权人的同意而使用当然许可专利固然构成侵权，但假如侵权人在使用一段时间后，答应当然许可的条件，专利权人同样不能拒绝当然许可。因此，专利侵权人只要答应当然许可的条件，侵权行为就可以转化为被许可行为而继续使用。

在专利侵权的阶段，专利侵权人可以要求损害赔偿，当然许可的许

---

① 李文江：《我国专利当然许可制度分析——兼评〈专利法（修订草案送审稿）〉第82、83、84条》，《知识产权》2016年第6期；胡建新：《我国专利当然许可制度的构建》，《知识产权》2016年第6期。

可费的设定标准一般要低于普通许可费，合理许可费赔偿的确定要参照在先的已经确定的许可费，那么当然许可侵权合理许可费的赔偿自然要比普通专利侵权赔偿低。同时当然许可权利人的赔偿请求权相对普通专利侵权也应受到限制，损害赔偿额应有上限的限制。国外的专利法有关当然许可专利侵权的损害赔偿中，有的规定了合理许可费赔偿的上限，如《英国专利法》第46条第（3）款第（c）项后半部分的规定，在当然许可专利侵权案件中，损害赔偿数额最多可达到专利侵权行为发生之初，依据当然许可条件，侵权人本应向专利权人支付的专利许可使用费的两倍。《南非专利法》第53条第（2）款第（c）项后半部分也有类似的规定，在当然许可专利侵权案件中，侵权人应当支付的损害赔偿数额，最多可达到专利侵权行为发生之初，其获得当然许可所应支付的许可使用费的两倍。有学者认为当然许可侵权损害赔偿是当然许可费2倍的规定，体现了对专利侵权人故意侵权的惩罚。① 这种观点只是看到普通专利侵权合理许可费赔偿额要比正常商业许可费要高的特点，没有看到当然许可专利侵权和普通专利侵权的不同的特点。其实仅仅从两国法条的用语"最多可达到……许可使用费的两倍"中的"最多"两字也可以明显看出这是对当然许可权利人损害赔偿额的限制。

我国专利法修改送审稿只对当然许可损害诉讼中临时禁令的限制有规定，没有有关损害赔偿额的规定，我们建议应规定当然许可专利损害合理许可费赔偿的限额。我国专利侵权损害合理许可费赔偿是通过合理倍数来实现的，这经过了长期的立法和司法实践，又恰与国外有关当然许可合理许可费赔偿倍数的限额规定相契合，因此我国可以借鉴国外的规定，完善当然许可损害赔偿制度，规定当然许可期间，专利权利人的损害赔偿额不能超过当然许可费的2倍。

---

① 刘明江：《当然许可期间专利侵权救济探讨——兼评〈专利法（修订草案送审稿）〉第83条第3款》，《知识产权》2016年第6期。

第三节 法定赔偿的命运

目前，我国专利转化率低，许可贸易不发达，可用来合理许可费赔偿参照的许可合同不多，在没有在先许可费可以参照情况下，还需要适用法定赔偿，因而在现阶段法定赔偿还有存在的价值。随着我国科技创新战略的实施，专利转化率和专利许可率会有进一步的提高。可以预见在将来，我国专利转化率和许可率会和美、德、日等西方国家相差无几，专利侵权案件会有足够的在先许可费作为参考。到那时，我们是否要考虑引进类似美国的虚拟谈判法确定合理许可费赔偿？相对于法定赔偿而言，合理许可费赔偿是以许可费为中心构建的，而许可费当事人在市场条件下协商的结果，是基本反映专利的市场价值的，合理许可费赔偿也就更接近于专利价值的减损补偿，更符合权利填平原则。该制度因权利人举证责任的减轻而适用简单、便捷成为美、德、日等西方国家专利侵权损害赔偿的主流方式。专利侵权损害赔偿是法律技术性问题，我们是可以考虑借鉴西方行之有效的赔偿方式的。

未来如果要引进类似美国虚拟谈判法确定合理许可费赔偿，我们需要进一步考虑的是现行的法定赔偿的存废问题。本文认为未来合理许可费赔偿制度可以承担法定赔偿的功能，法定赔偿没有存在的必要性。

首先，合理赔偿制度的出现要早于法定赔偿制度，法定赔偿制度的构建是作为兜底条款出现的。

我国最高人民法院在1992年的司法解释中就确定了合理许可费赔偿制度，并于2000年专利法第二次修改时进入专利法。[①] 而法定赔偿直到1998年7月20日下发的最高人民法院召开的知识产权审判工作座谈会纪

---

① 1992年最高人民法院《关于审理专利纠纷案件若干问题的解答》规定专利损害赔偿的三种方式：(1) 以专利权人因侵权行为受到的实际经济损失作为赔偿额；(2) 以侵权人因侵权行为获得全部利润作为损失赔偿额；(3) 以不低于专利许可使用费的合理数额作为损失赔偿额。

要上第一次提出①，2001年最高院司法解释确定了法定赔偿制度②，2008年专利法第三次修改时进入专利法。③ 无论从法条的历史沿革还是具体内容来看，法定赔偿均是为了弥补权利人所失利益、侵权人获利和合理许可费赔偿的不足而出现的，是最后适用的兜底条款。权利人所失利益和侵权人获利两种方式因为专利权客体的无形性和非物质性，难以确定赔偿额和侵权行为之间的因果关系，在专利侵权损害赔偿领域有天然适用困难，而合理许可费赔偿则不然，它可以避免前者缺陷。我们可以大胆想象，如果当年我国合理许可费赔偿制度可以发挥作用，得到很好的适用，大概也就不会有以后的法定赔偿制度出现了。

其次，前文我们已经论述，在我国法定赔偿中，法官考虑的因素包括专利权类型、侵权行为性质和侵权等，实践上和美国虚拟谈判法确定合理许可费赔偿佐治亚·太平洋因素中所列的第5到第11项因素高度重叠。两者均主要是发挥法官自由裁量权来酌定赔偿费，考虑因素基本相同，只不过虚拟谈判法是围绕许可费设计的。我国法定赔偿实践中，法官有时也要考虑许可费因素，其实就有虚拟谈判确定合理许可费赔偿的影子。

综上，在专利市场不发达的情况下，法定赔偿可以起到有利于裁判的功能，而在专利市场活跃，许可贸易发达的情况下，合理许可费赔偿则会是主要赔偿方式。在美、日、德等主要适用合理许可费赔偿的西方国家，就不存在法定赔偿方式。

因此，在未来我国许可贸易发达的状况下，合理许可费赔偿已经成

---

① 最高人民法院《关于全国部分法院知识产权审判工作座谈会会议纪要》中的"（五）损害赔偿"一节提出，原告损失额和被告获利额均不能确认的案件，可以采取定额赔偿的办法确定赔偿额。

② 2001年最高人民法院出台的《关于审理专利纠纷案件适用法律问题的若干规定》第21条规定没有专利许可使用费可以参照或者专利许可使用费明显不合理的，人民法院可以根据专利权的类别、侵权人侵权的性质和情节等因素，一般在人民币5000元以上30万元以下确定赔偿数额，最多不得超过人民币50万元。

③ 2008年修改后专利法第65条增加了第2款规定，在权利人的损失、侵权人获利和专利许可费均难以确定情况下，人民法院可以根据专利权的类别、侵权人侵权的性质和情节等因素，一般在人民币1万元以上100万元以下确定赔偿数额。

为主要赔偿方式的情况下，法定赔偿是否继续存在是个值得考虑的问题。

本章小结

合理许可费赔偿制度的改进包括改进的总体思路和具体的建议。

从改进的总体思路方面看，主要包括借鉴国外相对成熟的经验和法官裁量制度。面对我国专利侵权合理许可费赔偿适用率过低，范围狭窄的困境，有学者提出在不存在许可事实的情况下，可以参考美国的"虚拟谈判法"确定赔偿额。本文认为美国的"虚拟谈判法"并不适合我国专利侵权损害赔偿的实际，现阶段不宜引入该制度。一方面，美国"虚拟谈判法"确定的许可费赔偿额本身存在不可预测性和不可复审性缺点，和我国目前专利侵权赔偿存在的问题有相似之处。另一方面，如果建立通过类似"虚拟谈判"法来确定合理许可费制度，那么此种设计的合理许可费赔偿制度和我国现行的在后法定赔偿制度之间将难以存在界限，因为法定赔偿的适用前提也是无许可费可以参照。法官在实际裁判中将无所适从，不可能准确选择适用何种制度。我国目前扩大合理许可费的适用应考虑设计有较为明确的裁判基础、易操作的标准。

在裁判中应充分运用法官自由心证制度，判决中应展现心证的过程，分析证据内容与损害赔偿之间的关系，使证据认定与损害赔偿额确定之间有一定因果关系，增加判决说服力。在裁判过程中，让双方当事人提出对己有利证据，并适度依职权调查取证，以增加合理许可费赔偿适用的合理空间，同时提高判决可预测性。

从制度改进的具体建议来看，在灵活许可费适用模式方面，我们应允许权利人自由选择适用模式，允许合理许可费赔偿模式和其他赔偿模式的并用，以实现对权利人的完全赔偿；在扩大适用范围方面，法定赔偿阶段的许可费考虑因素应提前到合理许可费阶段，适用合理许可费基准扩大到相似专利的许可费。

我国法院在参照适用许可费合理倍数赔偿方式时在程序上可以分两个阶段：

第一，专利权人和独立第三方存在真实、合理的许可合同。有两种情况：一是许可合同是普通许可合同，专利的授权内容和侵权的类型（制造、进口、使用、许诺销售、销售）等相匹配，可以直接以该许可合同确定的许可费作为计算许可费合理倍数的基数。二是在侵权行为的类型、时间等因素和许可合同不一致时，应充分考虑正常的许可合同与侵权实施的时间、范围、规模和实施方式等方面的不同，以及专利产品的市场前景，必要时可以参照行业惯例，对许可合同中的许可费做出适当调整，增加或降低许可费，再以此作为许可费合理倍数计算的基数。第二，当专利权人和独立的第三方不存在真实、合理的许可合同时，可以考虑参照相同或相似行业的同类或相似专利许可合同的许可费。若无满足条件的相同或相似产业的同类或相似专利可供分析对比时，方才可适用法定赔偿确立专利侵权赔偿。

在明确合理许可费倍数赔偿的参考因素方面，由于参考因素基本是涉及法律技术性的问题，所以美国确定合理许可费赔偿佐治亚·太平洋考虑因素及其明确化对我国改进合理许可费赔偿制度有一定的借鉴意义，从专利本身的权利特征、当事人之间的市场竞争关系、侵权专利对于侵权人的商业价值、侵权人的主观状态四个方面细化合理倍数确定的参考因素，就需要对参考因素逐条和赔偿额关联性进行对比分析，考虑其对赔偿额的正或负项影响，在个案的裁量中斟酌以上因素的正、负影响后，还需要要进一步考虑个案因素影响的强度不同，最后综合考虑确定最后合理许可费倍数。

标准必要专利和当然许可侵权合理许可费赔偿参考因素有其特殊性，有单独讨论的必要性。标准必要专利合理许可费赔偿应受 FRAND 许可原则指引，权利人只获得专利所带来的利益，考虑到专利累积问题，可以设置最高许可费率的限制。当然许可的许可费一般要比普通许可费低，因此，合理许可费赔偿也应较普通许可费低，可以借鉴其他国家经验，赔偿额不能超过许可费的 2 倍。

第七章

结论与展望

第一节 结论

本书针对专利合理许可费赔偿制度，以问题研究为导向，分析了制度的现实状况，探讨了制度的理论基础和法律性质，通过伦理学、民法学、经济学角度论证了制度正当性，以改进我国专利合理许可费赔偿制度为目的，针对我国合理许可费赔偿制度存在的问题，剖析问题存在的原因，合理借鉴国外相关经验，探究我国合理许可费赔偿制度的改进。

我国专利侵权合理许可费赔偿制度的起步较早，但发展缓慢，目前适用率过于低。在现阶段，我国专利侵权合理许可费赔偿制度存在适用范围狭窄、赔偿顺序固化、适用模式单一、适用过程简陋的问题。

我国专利合理许可费赔偿制度存在上述问题的原因主要有：我国专利转化率低、许可贸易不发达导致可参照许可合同确定的许可费不多；我国虚假诉讼的现象在一定程度上存在，导致法院对许可合同的真实性保持谨慎的态度；法官适用自由心证往往省略心证过程，导致裁判过程过于简陋；对我国专利侵权合理许可费制度法律条文限缩性解释导致在没有可以供参考的相同专利的许可费时，将直接适用法定赔偿。

专利权属于民事财产权利的范畴，应从民事财产权损害赔偿的理论探求专利合理许可费赔偿的理论基础。在传统有形财产权物权受到侵害的情况下，物权人丧失了通过在该物上设立用益物权的物权性方式或通过契约的债权性方式允许他人使用自己物的权利，因此也丧失了因允许他人使用而获得的收益，权利人可以获得相当于用益物权使用费或租金的赔偿。物权使用费属于未来可得利益，其损害的证明遵循传统有形财产损害的证明规则，物权人需要证明未来许可他人使用事实的存在，才能以物权使用费作为权利损失的赔偿。物权使用费仅是权利人所失利益的一种计算方式。

专利侵权合理许可费赔偿是被法律拟制和权利人所失利益赔偿相并列的一种独立的赔偿制度，专利侵害合理许可费赔偿是指法官以有意合法制造、销售或利用该专利以获得市场合理利润的人，在市场上所愿意支付的许可费数额，直接拟定为专利权人最低应可获得赔偿额，法官亦可根据侵权的具体情形，提高合理许可费赔偿以适应填补权利人所失利益。它克服了传统有形财产损害赔偿的举证责任对于专利侵权损害的不适性，专利权人只需证明侵权行为的存在，就可以获得合理许可费赔偿，为权利人提供了最低的赔偿保障，具有财产性、预期性、属人性、确定性的事实属性和法定性、拟定性、裁量性的法律属性。专利权利人在获得合理许可费赔偿的同时是否获得停止侵害的裁判对专利侵权合理费赔偿的性质有影响。

合理许可费赔偿数额应该高于一般商业协商许可合同确定许可费，"高于"的幅度或数量是通过合理许可费赔偿中的"合理"来调整的，在我国体现为合理倍数的调整，合理许可费赔偿计算基数应是和侵权行为相匹配许可合同确定的许可费。我国合理许可费赔偿的较高倍数具有一定惩罚性功能，在惩罚性功能由惩罚性赔偿承担后，倍数设置仍然要体现合理许可费高于一般商业协商许可合同确定许可费，依然有保留必要。

专利产品不存在有形物质产品产量的概念，和生产成本没有必然联系，劳动价值理论和成本费用理论难以解释专利价值的形成，专利价值是由消费者需求决定，专利权人自己实施专利，那么其独占使用收益就是其实现了专利价值，如果转让或许可他人使用专利，那么转让费或许可费就是专利对于专利权人的价值，效用价值论可以用来解释专利价值的形成。

专利侵害主要是所失利益的损失、专利权人对专利权控制弱以及专利损害赔偿额难以计算等原因使专利侵害赔偿适合于损害赔偿的规范说，只要有侵权行为发生，就应认定权利人受有损害。专利侵权损害赔偿全面赔偿原则目的是弥补权利人所失利益。这种所失利益是对专利权利用而产生收益的减少或丧失，是专利价值的减损，专利价值量是损害赔偿司法定价基础。侵权人获利是将侵权人的侵权获利推定为权利人的所失利益，合理许可费赔偿是将权利许可费拟定为权利人所失利益，是权利人所受损害的客观计算结果，适用时不论侵权人是否因侵权行为而获利或给权利人带来利益损失，侵权人都应以正当许可使用该权利时的许可费予以赔偿，具有补偿性质。

合理许可费赔偿制度可以从伦理学、民法学和经济学的角度论证其制度的正义性。首先，从伦理学角度看，损害赔偿制度是通过弥补权利人所受损失实现全面补偿来实现矫正正义。从法理上看财产权权利本质主要有以洛克为代表的劳动利益说和以黑格尔为代表的意志说，利益说着眼于权利所指向的客观利益，意志说则关注主体意思自由支配的范围，反映了权利主体的自由精神。在大多数财产侵权中，权利人的财产权益会发生减损，同时权利人自由支配自己财产权的自由意志也会受到侵犯，在有形财产权侵权时，两者可以达到统一，分别从不同的侧面描述了权利本质的内涵。以事实上损害为基础的传统有形财产权损害难以适用于专利侵权，但权利人主观处分意志损害却和有形财产权并无二致。合理许可费赔偿不考虑专利权人是否有许可事实，也不考虑专利权人是否有许可意愿，只要存在侵权行为，就认为权利人受到了损害，专利权人就可以要求合理许可费的赔偿，彰显了损害赔偿中的人本主义价值。其次，从民法的角度看，合理许可费赔偿制度是信赖理论在侵权领域的运用，专利合理许可费赔偿本质上是对未来期待经济利益的保护，按信赖理论，其他人负有不阻碍这些利益关系正常发展的默示义务，否则将承担侵权赔偿责任，合理许可费赔偿意味着社会信赖关系稳定延续的保障，体现了法的安定性，彰显了法的秩序价值。合理许可费赔偿最大限度在专利侵权赔偿领域实现了补偿功能，合理许可费赔偿作为损害赔偿的客观计算方法，避免了主观计算方法根据不同权利个体举证困难的窘态，实现了对权利人保护的周全；最后，从经济学的角度看，侵权人以合理许可费作为赔偿数额，相当于侵权人可以侵犯权利人的专利，只要事后支付相应的许可费即可的模式，体现了责任财产规则。但这显然会纵容侵权，所以仅适用责任规则是不够的，应用财产规则加以补充，赔偿数额应高于正常商业许可费，以完全弥补权利人损失。合理许可费赔偿可以简单、便捷地确定权利人损失额，增强了诉讼可预期性，将会成为促进理性当事人迅速做出和解或诉讼的重要参考，避免过度诉讼达到节约司法资源、诉讼经济目的。

我国专利侵权合理许可费赔偿制度应借鉴国外经验，结合我国实际做出改进。

从制度改进总体思路来看，现阶段，我国引进美国的"虚拟谈判法"确定合理许可费赔偿制度的时机不成熟。一方面，美国"虚拟谈判法"确定的许可费赔偿额存在不可预测性和不可复审性的缺点，和我国目前专利侵权赔偿存在的问题有相似之处；另一方面，美国"虚拟谈判法"和我国现有法定赔偿制度在设立目的、前提基本相同，都要求自由裁量权的运用，现阶段引进"虚拟谈判法"确定赔偿额会和我国现有法定赔偿制度冲突。在我国目前具体的专利侵权裁判现实下，扩大合理许可费赔偿适用应考虑设计有较为明确裁判基础、易操作的标准。

从制度改进的具体建议来看，在灵活许可费适用模式方面，我们应允许权利人自由选择适用模式，允许合理许可费赔偿模式和其他赔偿模式并用，以实现对权利人的完全赔偿；在扩大适用范围方面，法定赔偿阶段许可费因素应提前到合理许可费阶段考虑，把适用合理许可费的基准扩大到相似专利的许可费。

我国法院在参照适用许可费合理倍数的赔偿方式时在程序上可以分两个阶段：第一，专利权人和独立第三方存在真实、合理的许可合同。有两种情况：一是许可合同是普通许可合同，专利的授权内容和侵权的类型（制造、进口、使用、许诺销售、销售）等相匹配，可以直接以该许可合同确定的许可费作为计算许可费合理倍数的基数。二是在侵权行为的类型、时间等因素和许可合同不一致时，应充分考虑正常的许可合同与侵权实施的时间、范围、规模和实施方式等方面的不同，以及专利产品的市场前景，必要时可以参照行业惯例，对许可合同中的许可费做出适当的调整，增加或降低许可费，再以此作为许可费合理倍数计算的基数。第二，当专利权人和独立的第三方不存在真实、合理的许可合同时，可以考虑参照相同或相似行业的同类或相似专利许可合同的许可费。若无满足条件的相同或相似产业的同类或相似专利可供分析对比时，方才可适用法定赔偿确立专利侵权赔偿。

在明确合理许可费倍数赔偿的参考因素方面，虽然美国的"虚拟谈判法"确定合理许可费赔偿制度和我国的法定赔偿制度存在重叠和冲突，现阶段引进该制度的时机并不成熟，但在美国"虚拟谈判法"确定合理许可费赔偿的过程中，需要考虑的因素却值得我们借鉴。合理许可费赔偿是通过法官自由心证确定的赔偿额，是法律认定的赔偿，相对于事实认定的赔偿主观性较大，因此法官据以参考的因素在裁判中具有重要意义。参考因素基本是涉及法律技术性的问题，所以美国确定合理许可费赔偿佐治亚·太平洋考虑因素及其明确化对我国改进合理许可费赔偿制度有一定的借鉴意义。

从专利本身的权利特征、当事人之间的市场竞争关系、侵权专利对于侵权人的商业价值、侵权人的主观状态四个方面细化合理倍数确定的参考因素，就需要对参考因素逐条和赔偿额关联性进行对比分析，考虑其对赔偿额的正或负项影响，在个案裁量中斟酌以上因素的正、负影响后，还需要进一步考虑个案因素影响的强度不同，最后综合考虑确定最后合理许可费倍数。在裁判中应充分运用法官自由心证制度，判决中应展现心证的过程，分析证据内容与损害赔偿之间的关系，使证据的认定与损害赔偿额确定之间有一定因果关系，增加判决说服力。在裁判过程中，让双方当事人提出对己有利证据，并适度依职权调查取证，以增加合理许可费赔偿适用合理空间，同时提高判决可预测性。

标准必要专利和当然许可侵权合理许可费赔偿参考因素有其特殊性，有单独讨论必要性。标准必要专利合理许可费赔偿应受 FRAND 许可原则指引，权利人只能获得专利所带来的利益，考虑到专利累积问题，可以设置最高的许可费率限制。当然许可的许可费一般要比普通许可费低，因此，合理许可费赔偿也应较普通许可费低，可以借鉴其他国家经验，赔偿额不能超过许可费的 2 倍。

本文从理论和实践两个部分展开论述，论证了专利合理许可费赔偿制度的正当性，明确该赔偿制度的理论基础和法律性质，为改进我国专利许可费赔偿制度提供理论支撑，并从国内国际两个方面阐释了专利合理许可费赔偿制度的裁判案例，为改进我国合理许可费赔偿制度提供实践借鉴。

第二节 研究的局限

专利合理许可费赔偿制度研究有假设的前提：专利许可贸易发达，专利许可合同众多。如果假设不存在，没有足够专利许可费可资参照，本研究的结论基本上就是无本之木，无水之源，难有实用价值。而我国专利许可费赔偿适用率低的一个原因就是专利许可率不高，由于研究的重点以及篇幅，本研究从专利合理许可费赔偿制度的本身特性出发，针对制度本身存在的问题及改进的研究，对专利成果转化，专利许可率提高研究不够。

本研究主要运用法学、经济学等学科研究方法对问题进行实证研究，主要关注的是相关立法条文和案例判决书，进行逻辑实证和语义实证研究，对经验事实的捕捉和分析，提炼规范性和理论性的原则。由于笔者知识结构的局限性，对法学调查的社会实证方法运用不够；缺乏将问题和现象用数量表示，基于因果关系和回归分析的统计学的定量研究。

在研究样本和数据的获得上，由于语言的限制，本研究更多地集中在中国和英美法系国家的立法和案例，德日等大陆法系出自英文、中文的二手文献，缺乏一手文献的收集和研究。

第三节 研究的展望

专利侵权合理许可费赔偿因其简单、便捷的特点成为美、德、日等西方国家专利侵权损害赔偿的主流方式。同时，该赔偿制度也不断被著作权和商标权等其他知识产权损害赔偿所借鉴和引入，目前我国商标法已经引入了合理许可费赔偿，著作权法第四次修改送审稿也加入了合理许可费赔偿制度。我国需要进一步考虑的是现阶段我国专利侵权合理许可赔偿制度存在的适用率过低的问题会不会在商标权和著作权侵权领域同样存在？如果存在，专利侵权合理许可费赔偿的理论和实践是否可以提供在立法上预防性设置或在司法上警醒性裁判？这需要考虑商标权、著作权侵权损害和专利侵权损害的异同，做出进一步研究。知识产权客体都具有无形性的特征，在立法上合理许可费赔偿制度是否可以进一步推广至商业秘密侵权乃至不当竞争领域也值得进一步研究。

参考文献

一 著作类

曹建明主编，最高人民法院民事审判第三庭编著：《新专利法司法解释精解》，人民法院出版社2002年版。

程永顺：《专利纠纷与处理》，知识产权出版社2006年版。

程永顺：《案说专利法》，知识产权出版社2008年版。

陈志刚：《比较专利法》，兰州大学出版社1993年版。

崔国斌：《专利法：原理与案例》，北京大学出版社2012年版。

冯晓青：《专利侵权专题判解与学理研究》，中国大百科全书出版社2010年版。

黄茂荣：《债法通则之四：无因管理与不当得利》，厦门大学出版社2014年版。

黄丽萍：《知识产权强制许可制度研究》，知识产权出版社2012年版。

黄武双、阮开欣、刘迪等：《美国专利损害赔偿：原理与判例》，法律出版社2017年版。

胡晶晶：《专利侵权损害赔偿额之确定：中德日比较研究》，华中科技大学出版社2019年版。

和育东：《美国专利侵权救济》，法律出版社2009年版。

李素华：《专利权侵害之损害赔偿计算方式》，元照出版有限公司2013年版。

刘晓海：《德国知识产权理论与司法实践》，知识产权出版社2012

年版。

刘茂林：《知识产权法的经济分析》，法律出版社1996年版。

孔祥俊：《最高人民法院知识产权司法解释理解适用》，中国法制出版2012年版。

彭立静：《伦理视野中的知识产权》，知识产权出版社2010年版。

汤宗舜：《专利法解说》，知识产权出版社2002年版。

徐银波：《侵权损害赔偿论》，中国法制出版社2014年版。

王利明、杨立新：《侵权行为法》，法律出版社2005年版。

王利明：《侵权行为法研究》（上卷），中国人民大学出版社2004年版。

王利明主编：《中国民法典草案建议稿及说明》，中国法制出版社2004年版。

王利明：《物权法研究》（下卷），中国人民大学出版社2013年版。

王吉法：《知识产权资本化研究》，山东大学出版社2010年版。

王泽鉴：《侵权行为法》（第一册），中国政法大学出版社2001年版。

王泽鉴：《不当得利》，中国政法大学出版社2002年版。

王军：《侵权损害赔偿制度比较研究》，法律出版社2011年版。

吴汉东：《中国知识产权理论体系研究》，商务印书馆2018年版。

吴汉东：《知识产权精要：制度创新与知识创新》，法律出版社2017年版。

杨彪：《可得利益的民法治理：一种侵权法的理论诠释》，北京大学出版社2014年版。

杨立新：《侵权损害赔偿》，法律出版社2010年版。

杨立新：《人格权法》，法律出版社2011年版。

杨立新：《侵权行为法专论》，高等教育出版社2005年版。

杨立新：《侵权法论》（第5版），人民法院出版社2013年版。

杨延超：《知识产权资本化》，法律出版社2008年版。

尹新天、文希凯：《新专利法详解》，知识产权出版社2001年版。

尹新天：《中国专利法详解》，知识产权出版社2011年版。

张新宝：《侵权责任法原理》，中国人民大学出版社2005年版。

张民安：《现代法国侵权责任制度研究》，法律出版社2007年版。

张玉敏：《知识产权法》，法律出版社2005年版。

张广良：《知识产权民事诉讼热点专题研究》，知识产权出版社2009年版。

张鹏：《专利侵权损害赔偿制度研究》，知识产权出版社2017年版。

张乃根：《美国专利法：判例与分析》，上海交通大学出版社2010年版。

郑胜利、王晔：《世界知识产权组织知识产权指南：政策、法律及应用》，知识产权出版社2012年版。

周成启、李善明、丁冰：《政治经济学原理的历史考察》，上海人民出版社1988年版。

朱彤书：《近代西方经济理论发展史》，华东师范大学出版社1989年版。

朱雪忠：《知识产权管理》，高等教育出版社2016年版。

曾世雄：《损害赔偿法原理》，中国政法大学出版社2001年版。

［古希腊］亚里士多德：《政治学》，颜一译，中国人民大学出版社1999年版。

［日］田村善之：《日本知识产权法》，周超等译，知识产权出版社2011年版。

［日］田村善之：《知识产权的损害赔偿》，弘文堂2004年版。

［英］托马斯·霍布斯：《利维坦》，黎思复等译，中国政法大学出版社2003年版。

［奥］弗·冯·维塞尔：《自然价值》，陈国庆译，商务印书馆2009年版。

［美］理查德·波斯纳：《法律的经济分析》，蒋兆康，法律出版社2012年版。

［美］罗素·帕尔、戈登·史密斯：《知识产权价值评估、开发与侵权赔偿》，周叔敏译，电子工业出版社2012年版。

［德］鲁道夫·克拉瑟：《专利法》（第6版），单晓光等译，知识产权出版社2016年版。

［英］杰里米·边沁：《道德与立法原理导论》，时殷弘译，商务印书馆 2000 年版。

［德］克雷斯蒂·安巴尔：《欧洲比较侵权行为法》，张新宝译，法律出版社 2001 年版。

［日］堺屋太一：《知识价值革命》，黄晓勇译，沈阳出版社 1999 年版。

［美］斯蒂文·萨维尔：《法律经济分析的基础理论》，赵海怡译，中国人民大学出版社 2013 年版。

［英］约翰·罗尔斯：《正义论》，何怀宏译，中国社会科学出版社 1988 年版。

二　论文类

阿依加马丽·苏皮：《人格权中财产利益的私法保护研究》，博士学位论文，吉林大学，2015 年。

程永顺：《实施新专利法亟待研究的若干问题》，《电子知识产权》2001 年第 3 期。

程萍：《专利侵权的损害赔偿》，《法学杂志》1999 年第 4 期。

程合红：《商事人格权论》，博士学位论文，中国政法大学，2001 年。

程建华：《商品价值创造中的三种劳动及作用》，《经济经纬》2005 年第 3 期。

陈蕙君：《论专利权的价值——以选择最适鉴价机制为基础》，博士学位论文，台湾中正大学，2015 年。

董美根：《美国专利永久禁令适用之例外对我国强制许可的启示——兼论〈专利法〉（第三次）修订》，《电子知识产权》2009 年第 1 期。

范晓波：《以许可使用费确定专利侵权损害赔偿额探析》，《知识产权》2016 年第 8 期

高莉：《专利法理论的偏误与矫正——基于不确定性缺陷的理论重塑》，《江海学刊》2014 年第 4 期。

郭羽佼、闫文军：《eBay 案与美国专利制度改革》，《科技与法律》2012 年第 2 期。

贺宁馨、袁晓东：《我国专利侵权损害赔偿制度有效性的实证研究》，《科研管理》2012 年第 4 期。

和育东：《专利侵权损害赔偿计算制度：变迁、比较与借鉴》，《知识产权》2009 年第 5 期。

胡晶晶：《知识产权"利润剥夺"损害赔偿请求权基础研究》，《法律科学》2014 年第 6 期。

胡建新：《我国专利当然许可制度的构建》，《知识产权》2016 年第 6 期。

蒋志培、张辉：《关于实施专利法两个司法解释的理解与适用》，《人民司法》2001 年第 8 期。

蒋志培：《论知识产权侵权损害的赔偿（上）》，《电子知识产权》1998 年第 1 期。

姜福晓：《人格权财产化和财产权人格化理论困境的剖析与破解》，《法学家》2016 年第 2 期。

江苏省高级人民法院民三庭：《专利侵权案件审理中的几个问题》，《人民司法》2003 年第 12 期。

李明德：《关于知识产权损害赔偿的几点思考》，《知识产权》2016 年第 5 期。

李磊：《美国专利侵权损害赔偿额的计算及借鉴意义》，《宁夏社会科学》2016 年第 3 期。

李军：《知识产权侵权合理许可费赔偿制度的民法分析》，《广西社会科学》2017 年第 10 期。

李军：《知识产权侵权合理许可费赔偿的哲学基础》，《学术探索》2018 年第 8 期。

李军、杨志祥：《专利侵权不停止侵害的替代措施研究》，《知识产权》2016 年第 10 期。

李秀娟：《专利价值评估的影响因子》，《电子知识产权》2009 年第 5 期。

李志敏、黄柳权：《对认定和处理侵犯专利权行为若干问题的探讨》，《中外法学》1990 年第 2 期。

李素华：《专利权侵害之损害赔偿计算以合理权利金法为例》，《全国律师》2010年第6期。

李晓桃、袁晓东：《揭开专利侵权赔偿低的黑箱：激励创新角度》，《科研管理》2019年第2期。

李小武：《论专利法中法定赔偿制度的终结》，《电子知识产权》2015年第10期。

李黎明：《专利侵权法定赔偿中的主体特征和产业属性研究——基于2002—2010年专利侵权案件的实证分析》，《现代法学》2015年第4期。

李永明：《知识产权侵权损害法定赔偿研究》，《中国法学》2002年第5期。

李文江：《我国专利当然许可制度分析——兼评〈专利法（修订草案送审稿）〉第82、83、84条》，《知识产权》2016年第6期。

李孟聪：《专利法之损害赔偿——以日本平成修法沿革为中心》，硕士学位论文，中原大学，2006年。

吕国强：《上海法院加强知识产权保护的司法实践》，《人民司法》1999年第3期。

林威融：《论专利侵权损害赔偿之计算》，硕士学位论文，台湾大学，2009年。

凌相权、刘剑文：《略论专利侵权赔偿责任》，《政法论坛》1990年第5期。

凌斌：《法律救济的规则选择：财产规则、责任规则与卡梅框架的法律经济学重构》，《中国法学》2012年第6期。

阮开欣：《解读美国专利侵权损害赔偿计算中的合理许可费方法》，《中国发明与专利》2012年第7期。

刘强、沈立华、马德帅：《我国专利侵权损害赔偿数额实证研究》，《武陵学刊》2014年第5期。

刘影：《日本标准必要专利损害赔偿额的计算——以"Apple Japan vs. Samsung"案为视角》，《知识产权》2017年第3期。

刘明江：《当然许可期间专利侵权救济探讨——兼评〈专利法（修订草案送审稿）〉第83条第3款》，《知识产权》2016年第6期。

罗莉：《论惩罚性赔偿在知识产权法中的引进及实施》，《法学》2014年第4期。

廖志刚：《专利侵权损害赔偿研究》，《重庆大学学报》（社会科学版）2007年第3期。

南京市中级人民法院知识产权庭：《专利侵权案件赔偿适用的标准》，《人民司法》1997年第7期。

倪贵荣：《WTO会员设定强制授权事由的权限：以维也纳条约法公约之解释原则分析飞利浦CD-R专利特许实施事由与TRIPS的兼容性》，《台大法学论丛》2010年第3期。

曲三强：《知识产权许可合同中契约自由原则的适用和限制》，《云南社会科学》2006年第2期。

上海市高级人民法院经济庭：《专利诉讼案件的几个问题和对策》，《法律适用》1993年第11期。

沈宗伦：《以合理权利金为中心的新专利损害赔偿法制》，《月旦法学杂志》2012年第12期。

隋彭生：《人格派生财产权初探》，《北京航空航天大学学报》（社会科学版）2013年第5期。

天津市高级人民法院知识产权庭：《确定专利侵权损害赔偿额的几个问题》，《人民司法》1997年第10期。

唐力、谷佳杰：《论知识产权诉讼中损害赔偿数额的确定》，《法学评论》2014年第2期。

唐珺：《我国专利侵权惩罚性赔偿的制度构建》，《政治与法律》2014年第9期。

许忠信：《从德国法之观点看专利权侵害之损害赔偿责任》，《台北大学法学论丛》2007年第1期。

肖志松：《美国专利法最新修改及其对中国的借鉴研究》，硕士学位论文，复旦大学，2012年。

许春明、单晓光：《中国知识产权保护强度指标体系的构建及验证》，《科学学研究》2008年第4期。

徐小奔：《论专利侵权合理许可费赔偿条款的适用》，《法商研究》

2016 年第 5 期。

徐瑄：《关于知识产权的几个深层理论问题》，《北京大学学报》（哲学社会科学版）2003 年第 3 期。

徐聪颖：《我国专利权法定赔偿的实践与反思》，《河北法学》2014 年第 12 期。

徐银波：《侵权损害赔偿论》，博士学位论文，西南政法大学，2013 年。

王迁、谈天、朱翔：《知识产权侵权损害赔偿：问题与反思》，《知识产权》2016 年第 5 期。

王泽鉴：《损害赔偿法之目的：损害填补、损害预防、惩罚制裁》，《月旦法学杂志》2005 年第 8 期。

王俊河：《确定专利侵权损害赔偿数额的几个问题》，《山东审判》2003 年第 5 期。

王河：《论专利侵权的法律保护》，《现代法学》1988 年第 3 期。

王文宇、郑中人：《从经济观点论知识产权的定位与保障方式》，《月旦法学杂志》2007 年第 8 期。

魏建、宋微：《财产规则与责任规则的选择——产权保护理论的法经济学进展》，《中国政法大学学报》2008 年第 5 期。

文聿奎：《专利侵权纠纷案件的特点及其对策》，《人民司法》1992 年第 4 期。

吴汉东：《知识产权损害赔偿的市场价值基础与司法裁判规则》，《中外法学》2016 年第 6 期。

杨彪：《可得利益损害赔偿理论研究》，博士学位论文，中国人民大学，2008 年。

杨才然：《知识产权法的正义价值取向》，《电子知识产权》2006 年第 7 期。

姚元和：《试论侵害专利权的赔偿》，《人民司法》1992 年第 8 期。

姚维红：《以专利财产价值减损作为侵权赔偿额计算依据的探讨——兼评〈专利法〉第 65 条》，《政法论丛》2017 年第 2 期。

杨彪：《可得利益损害赔偿的变迁与展望》，《北方法学》2009 年第

3 期。

袁晓东、蔡学辉、许艳霞：《我国专利侵权赔偿制度实施效果及法定培养数额影响因素研究》，《情报杂志》2017 年第 5 期。

詹映、张弘：《我国知识产权侵权司法判例实证研究——以维权成本和侵权代价为中心》，《科研管理》2015 年第 7 期。

詹映：《我国知识产权侵权损害赔偿司法现状再调查与再思考——基于我国 11984 件知识产权侵权司法判例的深度分析》，《法律科学》2019 年第 11 期。

詹世友：《康德正义理论的设计与论证》，《华中科技大学学报》（社会科学版）2010 年第 1 期

张新宝：《侵权责任法立法：功能定位、利益平衡与制度构建》，《人民大学学报》2009 年第 3 期。

张玉敏、杨晓玲：《美国专利侵权诉讼中损害赔偿金计算及对我国的借鉴意义》，《法律适用》2014 年第 8 期。

张陈果：《专利诉讼"权利救济实效"的实证分析——兼评中国专利法修订的成效与未来》，《当代法学》2017 年第 2 期。

张扬欢：《专利侵权之许可费损失赔偿研究》，《电子知识产权》2016 年第 12 期。

张鹏：《日本专利侵权损害赔偿数额计算的理念与制度》，《知识产权》2017 年第 6 期。

张玲、纪璐：《美国专利侵权惩罚性赔偿制度及其启示》，《法学杂志》2013 年第 2 期。

张平：《论涉及技术标准专利侵权救济的限制》，《科技与法律》2013 年第 5 期。

赵海涛、阎亚男：《专利侵权赔偿原则问题的思考》，《政法论丛》2003 年第 5 期。

周健宇：《无专利许可使用费可供参照的专利侵权损害赔偿探讨》，《当代经济管理》2012 年第 7 期。

周汉威：《专利侵权损害赔偿论"合理权利金"之增订及法理依据》，《铭传大学法学论坛》2005 年第 5 期。

周竺、黄瑞华:《对专利侵权赔偿的经济学分析》,《科研管理》2007年第1期。

周文华:《正义:"给每个人以其所应得"》,《哲学动态》2005年第11期。

周晖国:《知识产权法定赔偿的司法适用》,《知识产权》2007年第1期。

朱雪忠、陈荣秋:《专利保护的经济分析》,《科研管理》1999年第2期。

朱雪忠:《辩证看待中国专利的数量与质量》,《中国科学院院刊》2013年第4期。

朱启莉:《我国知识产权法定赔偿制度研究》,博士学位论文,吉林大学,2010年。

朱玛:《侵害知识产权损害赔偿问题研究》,博士学位论文,西南政法大学,2015年。

祝建辉:《基于经济分析的专利使用费赔偿制度研究》,《科技管理研究》2010年第11期。

三 外文文献

A. Haus, S. Juranek, "Non-practicing entities: Enforcement specialists?", *Social Science Electronic Publishing*, Vol. 5, No. 2, 2017.

A. Layne-Farrar, A. J. Padilla, R. Schmalensee, "Pricing patents for licensing in Standard-Setting organizations: Making sense of frand commitments", *Antitrust Law Journal*, Vol. 74, No. 3, 2007.

A. M. Tettenborn, D. Wilby, *The Law of Damages*, New York, LexisNexis, 2010.

A. Schmitt-Nilsen, "The Unpredictability of Patent Litigation Damage Awards: Causes and Comparative Notes", *Intellectual Property Brief*, Vol. 3, No. 3, 2012.

B. J. Love, "The Misuse of Reasonable Royalty Damages as a Patent Infringement Deterrent", *Social Science Electronic Publishing*, Vol. 741,

No. 4, 2009.

B. Seaman, Christopher, "Reconsidering the Georgia-Pacific Standard for Reasonable Royalty Patent Damages", *Brigham Young University Law Review*, Vol. 5, No. 5, 2010.

Carroll, W. Michael, "Patent Injunctions and the Problem of Uniformity Cost", *Michigan Telecommunications and Technology Law Review*, Vol. 13, No. 2, 2007.

C. B. Seaman, "The Reports of Willfulness's Demise Are Greatly Exaggerated: An Empirical Study of Willful Patent Infringement After In re Seagate", *Presenter, Intellectual Property Scholars Conference* (IPSC) . 2010.

C. Crampes, C. Langinier, "Litigation and Settlement in Patent Infringement Cases", *Rand Journal of Economics*, Vol. 33, No. 2, 2002.

C. V. Chien, "Startups and Patent Trolls", *Social Science Electronic Publishing*, Vol. 2, No. 1, 2012.

D. Geradin, M. Rato, "Can standard-setting lead to exploitative abuse? A dissonant view on patent hold-up, royalty stacking and the meaning of FRAND", *European Competition Journal*, Vol. 3, No. 1, 2007.

D. J. Durie, M. A. Lemley, "A Structured Approach to Calculating Reasonable Royalties", *Social Science Electronic Publishing*, Vol. 14, No. 2, 2011.

D. L. Burk, M. A. Lemley, "Courts and the Patent System", *Social Science Electronic Publishing*, Vol. 2, No. 2, 2009.

D. S. Chisum, "Principles of patent law: cases and materials", *Biotechnology Advances*, Vol. 1, No. 6, 2004.

D. W. Opderbeck, "Patent Damages Reform and the Shape of Patent Law", *Social Science Electronic Publishing*, Vol. 89, No. 1, 2008.

E. E. Bensen, D. M. White, "Using Apportionment to Rein in the Georgia-Pacific Factors", *Ssrn Electronic Journal*, Vol. 4, No. 1, 2008.

G. Calabresi, A. D. Melamed, "Property Rules, Liability Rules, and Inalienability: One View of the Cathedral", *Harvard Law Review*, Vol. 85,

No. 6, 2007.

G. Hull Robert Merges, "Justifying intellectual property", *Philosophy & Public Affairs*, Vol. 18, No. 1, 1989.

Gooding M. K., Rooklidge W. C., "Real Problem with Patent Infringement Damages", *J. pat. & Trademark Off. socy*, Vol. 484, No. 91, 2009.

G. S. J. Lunney, "Reexamining Copyright's Incentives-Access Paradigm", *Vanderbilt Law Review*, Vol. 49, No. 3, 1996.

H. Jeon, "Patent infringement, litigation, and settlement", *Economic Modelling*, Vol. 11, No. 1, 2015.

Janicke, M. Paul, "Implementing the Adequate Remedy at Lawfor Ongoing Patent Infringement after eBay v. MercExchange", Vol. 51, No. 2, 2013.

J. Bessen, J. Ford, M. J. Meurer, "The private and social costs of patent-trolls", *Regulation*, Vol. 4, No. 1, 2011.

J. C. Jarosz, M. J. Chapman, "the hypothetical negotiation and reasonable royalty damages: the tall wagging the dog", *Stanford Technology Law Review*, Vol. 34, No. 2, 2013.

J. Daniel Greenhalgh, "Georgia-Pacific to the Rescue: Paice's Modified Georgia-Pacific Analysis for Ongoing Royalty Assessment", *Mich. St. L. Rev*, Vol. 45, No. 3, 2010.

J. D. Taurman, "Reasonable Royalty for Patent Infringement-Theory and Practice", *Ipl News*, Vol. 23, No. 3, 2005.

J. Evensky, C. Rowley, R. Tollison, et al., "The Political Economy of Rent-Seeking", *Topics in Regulatory Economics & Policy*, Vol. 4, No. 1, 1988.

J. E. Wright, "Willful Patent Infringement and Enhanced Damages-Evolution and Analysis", *Geomason L. Rev*, Vol. 97, No. 10, 2001.

J. Feng, X. Jaravel, "Who Feeds the Trolls? Patent Trolls and the Patent Examination Process", *SSRN Electronic Journal*, Vol. 5, No. 3, 2016.

J. Hughes, "The Philosophy of Intellectual Property", *Intellectual Property Law & Policy Journal*, Vol. 37, No. 1, 1988.

J. L. Contreras, "Fixing FRAND: A Pseudo-Pool Approach to Standards-Based Patent Licensing", *Social Science Electronic Publishing*, Vol. 79, No. 1, 2013.

J. L. Contreras, Gilbert R. , "A Unified Framework for RAND and Other Reasonable Royalties", *Berkeley Technology Law Journal*, Vol. 18, No. 4, 2015.

J. Lu, "The 25 Percent Rule Still Rules: New Evidence from Pro Forma Analysis in Royalty Rates", *Social Science Electronic Publishing*, Vol. 13, No. 2, 2010.

J. P. Choi, "How Reasonable is the 'Reasonable' Royalty Rate? Damage Rules and Probabilistic Intellectual Property Rights", *Cession Working Paper*, Vol. 18, No. 8, 2006.

J. S. Turner, "The Nonmanufacturing Patent Owner: Toward a Theory of Efficient Infringement", *California Law Review*, Vol. 86, No. 1, 1998.

J. W. Schlicher, "Patent Damages, the Patent Reform Act, and Better Alternatives for the Courts and Congress", *J. pat. & Trademark Off socy*, Vol. 91, No. 1, 2009.

L. Coury C'est, "What? Saisie! A Comparison of Patent Infringement Remedies Among the G7. Economic Nations", *Media & Entertainment Law Journal*, Vol. 13, No. 4, 2003.

L. G. Goldberg, C. M. Carr, "Remedies for Patent Infringement under U. S. Law", *Social Science Electronic Publishing*, Vol. 56, No. 4, 2010.

Liivak Oskar, "When Nominal is Reasonable: Damages for the Unpracticed Patent", *Boston College Law Review*, Vol. 56, No. 3, 2015.

L. J. Stiroh, R. T. Rapp, "modern methods the valuation of intellectual property", *Nera Consulting Economists*, Vol. 42, No. 3, 1998.

L. Kaplow, S. Shavell, "Property Rules versus Liability Rules: An Economic Analysis", *Harvard Law Review*, Vol. 109, No. 4, 1998.

L. L. Fuller, W. R. Perdue, "The Reliance Interest in Contract Damages: 1", *Yale Law Journal*, Vol. 46, No. 1, 1936.

M. A. Lemley, Carl Shapiro, "A Simple Approach to Setting Reasonable Royalties for Standard-Essential Patents", *BerkeleyTechnology Law Journal*, Vol. 28, No. 2, 2013.

M. A. Lemley, C. Shapiro, "Patent Holdup and Royalty Stacking", *Social Science Electronic Publishing*, Vol. 85, No. 7, 2007.

M. A. Lemley, "Distinguishing Lost Profits from Reasonable Royalties", *Social Science Electronic Publishing*, Vol. 2, No. 2, 2009.

Mark Schankerman, Suzanne Scotchmer, "Damages and Injunctions in Protecting Intellectual Property", *The RAND Journal of Economics*, Vol. 31, No. 1, 2001.

M. B. Stewart, "Calculating Economic Damages in Intellectual Property Disputes: The Role of Market Definition", *J. pat. & Trademark Off. socy*, Vol. 2, No. 2, 1995.

M. Glick, L. A. Reymann, R. Hoffman, *Intellectual Property Damages: Guidelines and Analysis*, New York, John Wiley & Sons, 2002.

M. J. Hasbrouck, "Protecting the Gates of Reasonable Royalty: A Damages Framework for Patent Infringement Cases", *J. Marshall Rev. Intell. Prop. L.*, Vol. 11, No. 1, 2011.

M. J. Mazzeo, J. H. Ashtor, S. Zyontz, "Excessive or Unpredictable? An Empirical Analysis of Patent Infringement Awards", *Social Science Electronic Publishing*, Vol. 7, No. 7, 2011.

M. Mariniello, FAIR, "reasonable and Non-discriminatory (Frand) Terms: A challenge for competition authorities", *Journal of Competition Law & Economics*, Vol. 7, No. 3, 2011.

M. M. Klee, "What is a reasonable royalty?", *IEEE Engineering in Medicine & Biology Magazine*, Vol. 24, No. 1, 2005.

M. M. Peters, "Equitable Inequitable: Adding Proportionality and Predictability to Inequitable Conduct in the Patent Reform Act of 2008", *Depaul J. art Tech. & Intell. prop*, Vol. 19, No. 1, 2008.

N. Petrov, "What is Reasonable? Royalty Calculation in Patent Litigation and Competition Law: Balancing Compensation and Limitation Considerations", *Social Science Electronic Publishing*, Vol. 41, No. 1, 2016.

N. Siebrasse, T. F. Cotter, "A New Framework for Determining Reasonable Royalties in Patent Litigation", *Social Science Electronic Publishing*, Vol. 8, No. 2, 2015.

P. J. Groves, K. King, C. I. O. Bankers, *Intellectual Property Rights and Their Valuation: A Handbook for Bankers, Companies and Their Advisers*, New York, Gresham Books, 1997.

R. A. Posner, "On the Receipt of the Ronald H. Coase Medal: Uncertainty, the Economic Crisis, and the Future of Law and Economics", *American Law and Economics Review*, Vol. 12, No. 2, 2010.

R. B. Troxel, W. O. Kerr, *Calculating Intellectual Property Damages*, New York, Thomson West, 2007.

R. Cooter, T. Ulen, "*Law & economics*", New York, Pearson, 2012.

R. E. Dodge, Reasonable Royalty Patent Infringement Damages: "A Proposal for More Predictable, Reliable, and Reviewable Standards of Admissibility and Proof for Determining a Reasonable Royalty", *Indiana Law Review*, Vol. 48, No. 3, 2015.

R. Fair, "Does Climate Change Justify Compulsory Licensing of Green Technology?", *Brigham Young University International Law & Management Review*, Vol. 6, No. 1, 2010.

R. G. Brooks, D. Geradin, "Taking Contracts Seriously: The Meaning of the Voluntary Commitment to License Essential Patents on 'Fair and Reasonable' Terms", *Social Science Electronic Publishing*, Vol. 56, No. 2, 2010.

R. G. Brooks, Geradin D., "Interpreting and Enforcing the Voluntary FRANDCommitment", *Social Science Electronic Publishing*, Vol. 9, No. 1, 2011.

R. J. Epstein, A. J. Marcus, "Economic Analysis of the Reasonable Royalty: Simplification and Extension of the Georgia-Pacific Factors", *J. pat. & Trademark Off. socy*, Vol. 85, No. 7, 2003.

R. J. Epstein, P. Malherbe, "Reasonable Royalty Patent Infringement Damages after Uniloc", *Aipla Q. J.*, Vol. 7, No. 7, 2011.

R. John, Boyce, Aidan Hollis, "Preliminary Injunctions and Damage Rules in Patent Law", *Journal of Economics & Management Strategy*, Vol. 16, No. 2, 2007.

R. J. Sharpe, S. M. Waddams, "Damages for Lost Opportunity to Bargain", *Oxford Journal of Legal Studies*, Vol. 2, No. 2, 1982.

R. L. Parr, *Intellectual Property: Valuation, Exploitation, and Infringement Damages*, New York, John Wiley & Sons, 2005.

R. P. Merges, P. S. Menell, M. A. Lemley, *Intellectual Property in the New Technological Age*, New York, Aspen Law & Business, 1997.

S. J. I. Shapiro, "More Pitfalls in Determining the Reasonable Royalty in Patent Cases", *Journal of Legal Economics*, Vol. 75, No. 17, 2011.

S. M. Amundson, "Apportionment and the Entire Market Value Rule Have Presented Problems in Practice When Determining the Value of a Patented Invention", *Texas Intellectual Property Law Journal*, Vol. 23, No. 1, 2014.

Tim Carlton, "The Ongoing Royalty: What Remedy Should a Patent Holder Receive When a Permanent Injunction Is Denied?", *GA. L. REV.* Vol. 43, No. 43, 2009.

V. Denicolò, D. Geradin, A. Laynefarrar, et al., "Revisting Injuctive Relief: Interpreting ebay In High-Techindusries With Non - Proacticing Patent Holders", *Journal of Competition Law & Economics*, Vol. 4, No. 3, 2007.

V. P. Tassinari, "Patent Compensation under 35 U. S. C. 284", *J. intell. Prop*, Vol. 59, No. 5, 1997.

W. Choi, R. Weinstein, "An Analytical Solution to Reasonable Royalty Rate Calculations", *The Journal of Law and Technology*, Vol. 41, No. 1, 2001.

W. F. Lee, A. D. Melamed, "Breaking the Vicious Cycle of Patent Damages", *SSRN Electronic Journal*, Vol. 1, No. 2, 2016.

W. M. Landes, "An Empirical Analysis of Intellectual Property Litigation:

Some Preliminary Results", *Hous. L. Rev*, Vol. 41, No. 1, 2004.

Z. Yang, "Damaging Royalties: An Overview of Reasonable Royalty Damages", *Berkeley Tech. LJ*, Vol. 29, No. 1, 2014.